本书获"集美大学出版基金"资助

對外漢語

对外汉语语用教学研究

A study on the pragmatic teaching of Chinese as a foreign language

董于雯 ◎ 著

中国社会科学出版社

图书在版编目(CIP)数据

对外汉语语用教学研究 / 董于雯著. —北京：中国社会科学出版社，2015.12
ISBN 978 - 7 - 5161 - 7187 - 5

Ⅰ.①对⋯ Ⅱ.①董⋯ Ⅲ.①汉语 - 语用学 - 对外汉语教学 - 教学研究 Ⅳ.①H195.3

中国版本图书馆 CIP 数据核字(2015)第 291008 号

出 版 人	赵剑英
责任编辑	任　明
特约编辑	李晓丽
责任校对	刘　娟
责任印制	何　艳

出　　版	中国社会科学出版社
社　　址	北京鼓楼西大街甲 158 号
邮　　编	100720
网　　址	http://www.csspw.cn
发 行 部	010 - 84083685
门 市 部	010 - 84029450
经　　销	新华书店及其他书店

印刷装订	北京市兴怀印刷厂
版　　次	2015 年 12 月第 1 版
印　　次	2015 年 12 月第 1 次印刷

开　　本	710 × 1000　1/16
印　　张	17.25
插　　页	2
字　　数	285 千字
定　　价	58.00 元

凡购买中国社会科学出版社图书，如有质量问题请与本社营销中心联系调换
电话：010 - 84083683
版权所有　侵权必究

前　　言

　　1981年，德语著作 *Pragmatische Aspekte in der Interimsprache*（*Pragmatic Aspects in Interlanguage*）的面世标志着第二语言习得纳入语用视角的开始，第二语言语用习得研究（L2 Pragmatic Acquisition）从此展开。作为一个语用学和第二语言习得之间的交叉学科，第二语言语用习得研究更多地被称为语际语语用学（Interlanguage Pragmatics），它主要从语用学的角度探讨非母语的第二语言操作者在使用和习得第二语言行为时的模式。语际语语用学可以分为静态的和动态的两大类。语际语语用学产生之初的十几年间，大部分的研究都是静态的，包括对第二语言使用者目的语语用现象的语用学研究，以及对第二语言使用者理解目的语时所采用的语用知识的研究，其落脚点是语用学；20世纪90年代后期开始，动态的研究——即对第二语言学习者或使用者目的语语用能力的形成和发展的探讨——逐渐受到关注，成为研究的热点。在对外汉语教学界，从20世纪90年代开始就有人关注到了留学生汉语中的语用偏误问题，近几年，越来越多的汉语教师和研究者开始注意汉语教学中的语用问题，对语用能力的调查和培养进行了一些探讨，例如对留学生语用失误和语用能力现状的调查分析，对如何提高语用能力提出具体教学建议，等等。

　　总的说来，语际语语用学经过30多年的发展，目前已臻于成熟，其理论框架和研究方法已经基本确立，相关成果也比较丰富。然而，现有的研究还存在一些不足，国外的研究都是以西方语言（尤其是英语）的习得为对象，在很大程度上限制了相关理论及方法的适用范围；而国内对外汉语教学界的研究大都是思辨性的，所提的观点比较简单笼统，缺乏实际的调查或检验，基本还停留在讨论阶段。这些问题使包括语用教学在内的语际语用学研究仍有待进一步的扩充和发展。在中国社会文化和教育背景下，汉语学习者的语用能力的整体状况如何？他们和以汉语为母语的人在使用汉语的过程中有什么不同表现？以汉语为目的语，有意识的语用教学是否对提高汉语学习者的语用能力有效？我们试图以理论和实践相结合的方法研究和回答这些问题。

  本书以语用学理论、第二语言习得理论和语际语语用学理论为基础，通过系统的分析，描述对外汉语语用教学内容的基本框架，通过精心设计的调查和语用教学实验，对汉语语用教学的必要性和可行性进行考察，并在实践的基础上，从理论的高度探讨语用习得的规律和过程，语用教学模式，以及语用教学对教材编写的要求。

  全书共分五章，第一章对语用教学相关概念和语际语语用学的研究现状进行了梳理，提出了本文研究的内容、意义、目的和方法；第二章通过汉外语语用对比分析和汉语学习者语用失误分析，勾勒出对外汉语语用教学内容的基本框架；第三章分析了语用教学实验的过程和结果，并通过比较归纳出了汉语学习者与汉语本族语者语用能力的差异；第四章从理论上探讨了汉语学习者语用习得的认知特点和认知过程，提出语用教学模式，以及突显语用教学的教材编写模式；第五章讨论了语用教学在对外汉语教学中的重要性以及对汉语教师的要求。

  本书只是对汉语作为第二语言语用习得研究的一个尝试，肯定会有很多缺陷和可商榷之处，希望能抛砖引玉，也希望会有更多的同行来关注汉语作为第二语言的语际语语用研究。

Abstract

Pragmatic competence is the core of communicative competence, and it's an unavoidable problem for second language teacher to train learners' pragmatic competence by means of pragmatic teaching. The specific characters of Chinese cause that pragmatic teaching is especially important in teaching Chinese as second language, and pragmatic teaching should be adequately carried out in the whole process of Chinese teaching. On the basis of theories of pragmatics, second language acquisition and interlanguage pragmatics, this paper gives a description of the frame of Chinese pragmatic teaching, demonstrates the necessity and feasibility of pragmatic teaching by means of investigation and experiment on pragmatic competence and pragmatic teaching, and discusses the disciplines and process of pragmatic acquisition, the model of pragmatic teaching, and the pragmatic requirements of textbook compiling.

The contents of Chinese pragmatic teaching mainlyincludes the structure of "topic—direction", performance means of focus, the disciplines of sentence variety and its pragmatic meanings, the manners of tones, discourse markers, deixises, the realization way of speech acts, the comprehension way of conversational implication and its principles of politeness & face, and structural model of conversation in Chinese.

The result by quantitative and qualitative analysis of the investigation on pragmatic competence shows that there is a magnificent gap of the overall level on pragmatic competence between Chinese and none-Chinese native speakers, and it shows both in structural and communicative pragmatic. From the cognitive point of view, just because of lacking the forms of expression of Chinese pragmatic functions in their knowledge structure, Chinese learners hardly can express their communicative information fully and accurately, and the transfer of their native language causes that their Chinese expression cannot conform to the pragmatic principle of Chinese native speakers. So it is necessary to teach pragmatics during the process of teaching Chinese as a second language. At the same time, the result of experiment on Chinese pragmatic teaching and the cognitive extrapolation of learners' pragmatic acquisition both proves that pragmatics teaching which accords with cognitive regular in Chinese class could promote learners' pragmatic competence greatly. Therefore, pragmatic teaching is quite feasible.

An integrated process of pragmatic teaching includes four stages: introduction, presentation of language materials and explanation of pragmatic knowledge, practice, evaluation and feedback. We should follow authenticity of teaching content, interactiveness of teaching process, targeted principles to different countries etc. Materials of language teaching should reflect the acquisition laws and scientific teaching methods of learners, furthermore, the pragmatic information and knowledge should be rendered in Chinese textbooks, which should follow the principles of materials authenticized and contextualized, pragmatic information is representative and could keep pace with the times, and content of pragmatic teaching processes step by step.

This paper has five chapters. The first one brings forward the paper's content, meaning, purpose and method through discussion of academic status in conceptions which are related to pragmatic teaching and interlanguage pragmatics. The second chapter outlines the basic framework of the content of Chinese pragmatic teaching by contrastive analysis between Chinese and foreign languages pragmatics, and the analysis of Chinese learners' pragmatic failures. The third chapter construes the process and outcome of Chinese pragmatic teaching experiment. At the same time, it has detected the difference in pragmatic competence between Chinese learners and native speakers by comparison. The fourth chapter discusses Chinese learners' cognitive trait and course in pragmatic acquisition, puts forward the correlative model of pragmatic teaching, and gives prominence to the model of textbook compiling on pragmatic teaching. The fifth chapter discusses the importance of pragmatic teaching in teaching Chinese as second language, and the basic requirements for Chinese teacher.

Keywords: teaching Chinese as a foreign language; pragmatic teaching; pragmatic competence

目 录

第一章 绪论 ………………………………………………… (1)
  第一节 研究的缘起 ……………………………………… (1)
  第二节 语用学及相关概念的界定 ……………………… (4)
    一 语用学的定义 …………………………………… (4)
    二 语用学的主要研究内容 ………………………… (7)
    三 语用能力和语用失误 …………………………… (17)
  第三节 第二语言语用习得与教学研究综述 …………… (23)
    一 英语等作为第二语言的语用习得研究与实践 … (23)
    二 汉语作为第二语言的语用习得研究 …………… (33)
  第四节 研究的意义 ……………………………………… (37)
    一 现有研究的成果与不足 ………………………… (37)
    二 本研究的意义 …………………………………… (39)
  第五节 研究内容、目的和方法 ………………………… (42)
    一 主要研究内容 …………………………………… (42)
    二 研究目的 ………………………………………… (42)
    三 研究方法 ………………………………………… (43)
  第六节 本章小结 ………………………………………… (44)

第二章 汉语语用教学内容 ………………………………… (45)
  第一节 汉外语用对比分析 ……………………………… (46)
    一 结构语用方面的对比 …………………………… (47)
    二 交际语用方面的对比 …………………………… (58)
  第二节 外国人学汉语的语用失误分析 ………………… (67)
    一 结构语用方面的失误 …………………………… (68)
    二 交际语用方面的失误 …………………………… (77)
  第三节 汉语语用教学内容总述 ………………………… (85)
    一 结构语用方面的教学内容 ……………………… (85)

二　交际语用方面的教学内容 …………………………………… (86)
　第四节　本章小结 ……………………………………………………… (87)
第三章　初级口语课语用教学实验 ……………………………………… (89)
　第一节　实验设计与过程 ……………………………………………… (89)
　　一　研究问题及假设 ………………………………………………… (89)
　　二　实验对象 ………………………………………………………… (89)
　　三　语料收集方法 …………………………………………………… (91)
　　四　实验过程 ………………………………………………………… (93)
　第二节　汉语学习者和汉语本族语者的语用差异 …………………… (97)
　　一　前测结果的统计分析 …………………………………………… (97)
　　二　留学生与中国学生语用能力差异的具体表现 ………………… (104)
　　三　本节小结 ………………………………………………………… (113)
　第三节　语用教学和传统教学的过程对比 …………………………… (114)
　　一　传统教学法的教学过程 ………………………………………… (115)
　　二　语用教学法的教学过程 ………………………………………… (117)
　　三　语用教学法和传统教学法的异同 ……………………………… (122)
　第四节　语用教学和传统教学效果对比 ……………………………… (124)
　　一　相关成绩的统计分析 …………………………………………… (124)
　　二　不同教学法对语用能力发展的影响 …………………………… (141)
　　三　不同教学法对学习者交际能力的影响 ………………………… (147)
　　四　本节小结 ………………………………………………………… (149)
　第五节　本次教学实验的启示 ………………………………………… (150)
　　一　对学习者语用学习过程分析的启示 …………………………… (150)
　　二　年龄因素对语用习得的影响 …………………………………… (151)
　　三　语用教学过程中的经验和教训 ………………………………… (152)
　　四　教材对教学效果的影响 ………………………………………… (153)
　第六节　本章小结 ……………………………………………………… (156)
第四章　汉语语用教学的理论探讨 ……………………………………… (158)
　第一节　语用习得的认知分析 ………………………………………… (158)
　　一　语用习得和第二语言习得 ……………………………………… (158)
　　二　汉语学习者语用认知的局限性 ………………………………… (161)
　　三　汉语学习者语用习得过程探析 ………………………………… (166)

第二节　语用教学模式 ……………………………………… (172)
　　一　语用教学模式的理论基础 ………………………… (172)
　　二　语用教学模式的教学目标 ………………………… (173)
　　三　语用教学模式的操作程序 ………………………… (174)
　　四　语用教学模式的教学策略 ………………………… (179)
　　五　语用教学模式的评价 ……………………………… (184)
第三节　语用教学与教材编写 …………………………… (186)
　　一　从语用教学看现有汉语教材的问题 ……………… (187)
　　二　突出语用教学的教材编写原则 …………………… (193)
第四节　本章小结 ………………………………………… (198)
　　一　汉语语用习得理论 ………………………………… (198)
　　二　语用教学模式 ……………………………………… (198)
　　三　教材编写中贯彻语用教学需遵循的原则 ………… (199)

第五章　综合讨论 …………………………………………… (200)
　　一　语用教学在汉语作为第二语言教学中的地位 …… (200)
　　二　对汉语语用本体研究的反思 ……………………… (203)
　　三　语用教学对汉语教师的要求 ……………………… (206)

结语 …………………………………………………………… (210)
　　一　主要研究结论 ……………………………………… (210)
　　二　本研究的创新与价值 ……………………………… (213)
　　三　本研究的不足之处 ………………………………… (215)
　　四　研究展望 …………………………………………… (215)

参考文献 ……………………………………………………… (217)

附录 …………………………………………………………… (234)
　　附录一　问卷材料 ……………………………………… (234)
　　附录二　不同受试多项选择话语填充部分具体情况 … (247)
　　附录三　问卷 SPSS17.0 数据处理结果 ………………… (250)

后记 …………………………………………………………… (261)

Table of Contents

Chapter 1　Introduction ……………………………………… (1)
　Section 1　The Reasonof the Research ………………………… (1)
　Section 2　The Definition of Some Related Conceptions ……… (4)
　Section 3　Evaluation on Previous Achievements ……………… (23)
　Section 4　The Significance of the Topic ……………………… (37)
　Section 5　Content, Purpose, Method, Object and Corpus
　　　　　　　Source ………………………………………………… (42)
　Section 6　Summary ……………………………………………… (44)
Chapter 2　The Content of Pragmatics Teaching ………… (45)
　Section 1　Comparison between Chinese and Foreign Language
　　　　　　　Pragmatics …………………………………………… (46)
　Section 2　Analysis of Chinese Learners' Pragmatic Failors …… (67)
　Section 3　The Summation of the Content of Pragmatics
　　　　　　　Teaching ……………………………………………… (85)
　Section 4　Summary ……………………………………………… (87)
**Chapter 3　The Pragmatics Teaching Experiment in Oral Chinese
　　　　　　　Class** ………………………………………………… (89)
　Section 1　Designment and Process of the Experiment ………… (89)
　Section 2　Pragmatic Difference Between Chinese Learners and the
　　　　　　　Native Speakers ……………………………………… (97)
　Section 3　Comparison between Pragmatic and Traditional Teaching
　　　　　　　Process ……………………………………………… (114)
　Section 4　Comparison between Pragmatic and Traditional Teaching
　　　　　　　Effectiveness ………………………………………… (124)
　Section 5　The Revelation of the Experiment ………………… (150)

Section 6　Summary ·· (156)
Chapter 4　Theoretical Analysis of Pragmatic Teaching ············ (158)
　　Section 1　Cognitive Analysis of Pragmatic Acquisition ············ (158)
　　Section 2　Model of PragmaticTeaching ····························· (172)
　　Section 3　Pragmatic Teaching and Textbook Compiling ·············· (186)
　　Section 4　Summary ·· (198)
Chapter 5　Comprehensive Discussion ································ (200)
Conclusion and Prospect ·· (210)
Reference ·· (217)
Appendix ··· (234)
Acknowledgement ·· (261)

第一章 绪论

第一节 研究的缘起

对外汉语教学是指针对外国人把汉语作为第二语言的教学。新中国的对外汉语教学事业初创于20世纪50年代，80年代之后得到迅速发展，至今已逐渐走向成熟。在半个多世纪的发展历程中，对外汉语教学的目标、教学内容也随着相关理论探讨的深入而不断发展。对外汉语教学的目标是让学习者掌握汉语的语言知识和听、说、读、写等语言技能，还是培养学习者运用汉语进行交际的能力？这个问题目前对于绝大多数对外汉语教师来说已经非常清楚，即对外汉语教学就是要以"培养出能用汉语进行交际的人才"[①]为最终目标。同时，对外汉语教学的内容也被普遍地设定为汉语的语音、词汇、语法、汉字和中国文化，其中尤其注重在汉语本体研究中相对成熟、已成系统的语音、词汇、语法和汉字的教学。

然而，作为以培养交际能力为目的的第二语言教学，只强调语音、词汇、语法、汉字的重要性是远远不够的，衡量一个学生是否真正学好了汉语，不光是看他每个音节发音的标准程度，有多大的汉语词汇量，掌握了多少语法，会写多少个汉字，更重要的是看他能否用汉语顺利地进行得体的交际活动。虽然现在已有很多教师开始有意识地在汉语教学中导入中国文化，对学生的汉语交际能力有所裨益，但效果仍不太理想。

在对外汉语教学实践和跟留学生交流的过程中，我们常常会碰到这样的情况：很多留学生已经学了一段时间汉语，掌握了一定数量的汉语词汇和语法，课堂表现不错，也能比较顺利地通过各门汉语课程的考试，但是

[①] 周小兵、李海鸥主编，《对外汉语教学入门》，中山大学出版社2004年版，第17页。

在实际和中国人进行交际的过程中却总会遇到问题，不能得体地表达自己的意见或正确理解对方的话语，造成各种各样的交际失误。如：

  场景一，一个法国男同学课间休息时和他的年轻女汉语老师聊天。
  法国男同学：老师，我觉得您很性感！
  女教师：（尴尬地）呃……呵呵。
  场景二，一个男性留学生去中国朋友的家里做客，朋友的母亲夸他汉语说得好。
  朋友的母亲：你汉语真不错！跟中国人差不多了。
  那位男同学：瞧您说的，人家还差得远呢！

  在场景一中，那位男同学本来是想表达对老师的欣赏和赞美，却让女教师感到不舒服，是因为他不了解在中国的社会文化中，"性感"对于女性来说并不会被普遍当作赞美，男性通常是不能当面评价女性性感的，否则就会被认为是不怀好意的轻浮举动，是对女性的不尊重。场景二中的那位男学生懂得在中国受到表扬和夸奖时应该表现出谦虚的态度，这说明他对中国文化有所了解，知道谦虚是一种美德，能采取正确的言语策略，但是他说的话却仍然让人觉得稍欠得体，是因为"瞧您说的"虽然是表示不好意思，但通常适用于女子在受到称赞时感到难为情的场合使用，"人家"更是典型的女性用语，很显然，这位男同学并不明白这些。还有留学生通常会对中国人见面打招呼问的"吃了吗？"感到莫名其妙，对于"你去哪儿呀？"作具体的回答，即使他心里也许并不想回答，其实他们不知道对方只是打个招呼而已，并没有要请客吃饭或探听隐私的意思。
  这几个例子中，留学生所犯的错误并不是由于他们不懂汉语的语法或词语造成的，而是因为说话时不合时宜，说话方式不妥，或不了解中国人某些表达习惯等，从而导致交际不能取得预期效果或顺利进行的失误。根据我们的观察，如果留学生在汉语交际过程中出现语法错误，固然会影响交际，但这类错误属于表层结构的错误，容易被受话者识别，而且留学生是非本族语使用者，通常能得到本族语者较大程度的容忍。但是如果学生汉语说得很流利，却不注意结合语境准确得体地使用汉语，在言谈中因表达不当而显得不礼貌或冒失唐突，则会使母语为汉语的人感到不快，甚至感到被冒犯。这些事实表明，对外汉语教学不能只讲字正腔圆、遣词造句的正误，更重要的是要关注学生对言语交际中语料的理解和汉语的使用是否正确、合适、得体。

得体交际除了要求学习者应掌握正确的汉语语音、词汇、语法等语言要素知识以外，更要求学习者具备得体使用汉语的语用能力，语用能力是交际能力中的一个核心部分。[①] 从对外汉语教学的现状来看，虽然绝大多数汉语教师都能非常明确地意识到培养汉语交际能力的重要性，但真正能将其贯彻在汉语教学中的却相对较少，这主要和汉语教师的语言观及语言学背景有关。众所周知，任何一种教学理念、教学方法的产生和实践都是以相应的语言学理论为基础的，语法—翻译法以传统语言学和历史比较语言学为基础，听说法以结构主义语言学为基础，认知法以转换生成语法为基础，等等。由此，我们可以推断，语言教师的语言学背景也会对其确定教学内容、教学重点和教学方法产生决定性的影响。现代语言学之父索绪尔区分了语言和言语两个概念，并认为语言学研究的是语言，应对语言结构规则进行分析描写，而不是言语。索绪尔给语言学设定的这个研究范围统治了语言学界数十年，对中国的汉语研究也影响深远，时至今日，国内的汉语语言学研究尽管已经引进了功能主义语言学、认知语言学等流派，但仍以结构主义为主流。拿高校中文系语言类基础课程的教材来说，几十年来，大部分高校"语言学概论"课程使用的是叶蜚声、徐通锵两位先生编写的《语言学纲要》，"现代汉语"课程使用的是黄伯荣、廖序东先生主编的《现代汉语》或胡裕树先生编写的《现代汉语》，这些都是典型的以结构主义语言学为理论框架的著作，这就致使包括汉语教师和教材编写者在内的大部分语言工作者头脑中结构主义的语言观根深蒂固。强调汉语结构的分析描写当然有其积极意义，但同时也导致了对汉语使用的研究一直以来没有得到应有的重视。这样的语言观体现在汉语教学上，就是十分注重语言要素的教学，而轻视语言使用的教学，不利于提高学生的汉语实际交际能力，这也是学生在交际中常常失误的重要原因。意识到这一点，我们就应更多地关注汉语使用的相关问题。

语用学，简单地说就是语言使用的学问，分析和探讨的焦点就是语言

---

① 关于语用能力和交际能力的关系具体见本章第二节。

的使用。语用研究"填补了传统语言理论和对语言交际的解释之间的空白"。[①] 在汉语作为第二语言教学领域的理论和实践中,语用具有十分重要的意义。因此,本研究选题就定位于在汉语教学中应关注哪些语用要素,如何有效地利用语用方面的知识去指导学习者的汉语语言实践的问题上,研究对外汉语语用教学。这一研究属于语际语语用学[②](interlanguage pragmatics)中的第二语言语用习得研究(L2 pragmatic acquisition),是介于语用学和第二语言教学/习得之间的交叉学科。

第二节 语用学及相关概念的界定

一 语用学的定义

"语用学"(pragmatics)这一术语最早产生于语言哲学领域。1938年,美国语言哲学家莫里斯(Morris)在其著作《符号学理论基础》(*Foundation of the Theory of Signs*)中首先提出了"符号学三分说",即"句法学""语义学""语用学",并认为"语用学是研究符号和符号解释者之间的关系"。[③] 自此,"语用学"这一术语被哲学家和语言学家普遍采用,但不同学者对这一术语的界定和解释却不尽相同。关于"语用学"的定义在列文森(Levinson)的《语用学》(*Pragmatics*)一书中占据了将近 50 页的篇幅,可见其复杂性。现将国内外学者给"语用学"的较有代表性的定义列举如下:

(1)"语用学是符号学的这样一个部分,它在符号出现的行为中研究符号的起源、应用与效果。"[④]

(2)"如果一项研究明确地涉及语言使用者,我们就把它归入语用学

[①] 何兆熊:《新编语用学概要》,上海外语教育出版社 2000 年版,第 25 页。
[②] 国内大部分学者把"interlanguage pragmatics"译为"语际语用学",但我们更赞同何兆熊和洪岗先生的译法,即"语际语语用学",因为"它更符合英语 interlanguage pragmatics 的原意,是对语际语进行的语用学研究"。
[③] 转引自[瑞典]Allwood, J.《语用学概观》,沈家煊译,《国外语言学》1985 年第 1 期,第 5—12 页。
[④] Morris, C. W., *Signs, Language, Behaviour*, Cambridge, Mass: MIT Press, 1946: 219.

领域。"①

（3）"语用学研究语言结构中被语法化或被编码的语言和语境之间的关系。"

（4）"语用学是对所有那些未能纳入语义理论的意义侧面的研究。"

（5）"语用学是对语言和语境之间对于说明语言理解来说是十分根本的那些关系的研究。"

（6）"语用学研究语言使用者将语句和恰当使用该语句的语境结合起来的能力。"

（7）"语用学是对语言行为以及实施这些行为语境所作的研究。"（Stalnaker）

（8）"语用学是一种旨在描述说话人如何使用一种语言的句子来达到成功交际的理论。"②

（9）"语用学是对话语怎样在情景中获得意义的研究。"③

（10）"语用学研究由社会语境确定的人类使用的语言的条件。"④

（11）"语用学研究如何利用语境来推断出意义。"⑤

（12）"语用学研究人们相互交谈中的意义。"⑥

（13）"语用学研究说话者意义、语境意义、交往亲密程度的表达方式，以及研究如何通过话语的明说内容传递更多的信息。"⑦

（14）"语用学是一种与人类诸种行为中的语言现象的使用相关的且从认知的、社会的和文化的整体角度对语言现象的综观。"⑧

（15）"语用学是现代语言学用来指从使用者的角度研究语言，特别是使用者所做的选择、他们在社会互动中所受的制约、他们的语言使用对

---

① 转引何自然、冉永平《语用学概论》，湖南教育出版社 2006 年版，第 5—6 页。
② 第 3—8 个定义均引自 Levinson, S. C. *Pragmatics*, Cambridge：Cambridge University Press, 1983：9—48.
③ Leech, G., *Principles of Pragmatics*, London and New York：Longman, 1983：xi.
④ Mey, J. L., *Pragmatics：An Introduction*, Oxford：Blackwell, 1993：42.
⑤ Fasold, R., *Sociolinguistics of Language*, Oxford：Blackwell, 1993：119.
⑥ Thomas, J., *Meaning in Interaction：An Introduction to Pragmatics*, London：Longman, 1995：24.
⑦ Yule, G., *Pragmatics*，上海外语教育出版社，2000：3.
⑧ ［比］耶夫·维索尔伦：《语用学诠释》，钱冠连、霍永寿译，清华大学出版社 2003 年版，第 9 页。

信递活动中其他参与者的影响。"①

（16）"语用学研究在社会互动中控制我们选择语言的要素以及我们的选择在他人身上所产生的效果。"②

（17）"语用学研究在一定的上下文里语言的使用，包括所产生的字面意义和蕴含意义，以及可能产生的效果的学科。"③

（18）"窄式语用学是一种语言功能理论，它研究语言使用人是如何在附着于人的符号束、语境和智力的参与和干涉之下对多于话面（字面）的含义做出解释的。宽式语用学是一种语言功能理论，它研究语言使用人是如何在附着符号束、语境和智力的参与和干涉之下理解并运用话语的。"④

（19）"语用学研究语言的使用和理解，既研究说话人利用语言和外部语境来表达意义，也研究听话人对发话人说出的话语的解码和推理。"⑤

（20）"语用学就是研究话语在使用中的语境意义，或话语在特定语境条件下的交际意义，包括意义的产生与理解，也包括交际中语言形式或策略的恰当选择与使用。"⑥

对以上各种定义稍加梳理，即可提炼出几个关键性的基本概念，即"语言的使用""语言使用者"（包括发话人和受话人）、"语境""意义产生和理解"。为了区别语义学和语用学，利奇（Leech，1981）提出了四条标准，以判断对意义的某种讨论是否属于语用学的范围：

（1）"是否涉及发话人或受话人，或（在不考虑说/写区别的情况下我宁可称他们为）言者或听者"；

（2）"是否涉及言者的意图或听者的理解"；

---

① ［英］戴维·克里斯特尔：《现代语言学词典》，沈家煊译，商务印书馆2002年版，第278页。

② Crystal, D., *The Cambridge Encyclopedia of Language*, Cambridge: Cambridge University Press, 1987: 120.

③ 季羡林等：《中国大百科全书·语言文字卷》，中国大百科全书出版社1988年版，第496页。

④ 钱冠连：《汉语文化语用学》（第二版），清华大学出版社2002年版，第8页。

⑤ 张新红、何自然：《语用翻译：语用学理论在翻译中的应用》，《现代外语》2001年第3期，第258—293页。

⑥ 冉永平：《语用学：现象与分析》，北京大学出版社2006年版，第16页。

(3)"是否涉及语境";

(4)"是否涉及通过使用语言或依靠使用语言而施行的那种行为或行动"。①

如果对以上四个问题的回答至少有一个是肯定的,那么就可以认为讨论的对象属于语用学。根据提炼出的关键词以及利奇的四个标准,本书把"语用学"界定为:语用学研究语言在语境中的使用,即语言使用者(包括说话人和听话人)在一定的语境中交际时如何利用语言进行意义的表达和理解。

二 语用学的主要研究内容

(一)国外的语用研究

在20世纪30—40年代莫里斯提出语用学概念之初,学界主要争论的是语用学感念本身的含义和它同语义学的区别,而关于语用学的具体研究对象并没有被明确地提出来。到了50年代,巴尔·希列尔(Bar Hillel)总结了先师们的研究,提出把语言中的指示语(indexical expressions)作为语用学的研究对象②,指示语成为第一个明确的语用研究单位。

60年代,英国哲学家奥斯汀(Austin)把语言的使用视为一种行为,提出了言语行为(Speech Act)理论,主张"说话就是做事"(to say something is to do something)③,他的基本观点是说话人如果说出了有一定意义并可以被听话人理解的话语,他就是实施了某种行为,这种行为称为言语行为。奥斯汀的学生塞尔(Searle)在70年代进一步完善和发展了言语行为理论,并提出间接言语行为(Indirect Speech Act)理论,即在某些时候话语的字面意义并不能直接反映出说话者的交际意图,"说话人之所以能传达出多于或有别于话语字面意义的含义,其所依靠的是他和听话人之间的共有知识,以及听话人所具有的一般分析和推理能力"。④ 言语行为理论在语用研究中意义重大,甚至可以说是语用研究的核心理论,言

---

① Leech, G., *Semantics*, Harmondsworth: Penguin, 1981: 320.

② 张绍杰、杨忠:《语用学的形成、确立及其发展》,《外语学刊》1990年第4期,第1—7页。

③ Austin, J. L., *How to Do Things with Words*, Oxford: Oxford University Press, 1962: 12.

④ Searle, J., "Indirect Speech Acts", In Cole, P, Morgan, J. L. eds, *Syntax and Semantics*3: *Speech Acts*, New York: Academic Pr, 1975: 59—82.

语行为相应地也成为语用分析的基本单元。

70年代，语用研究还有一个重要进展，就是美国哲学家格赖斯（Grice）提出了"会话含意"（Conversational Implicature）说，他把话语的含意分为常规含意（conventional implicature）和会话含意，常规含意由组成话语的词语意义确定，不需要借助语境，而会话含意的推导需要语境因素的参与。格赖斯还提出了如何推导会话含意的"合作原则"（Cooperative Principle），包括数量准则、质量准则、关系准则和方式准则四条准则，指出这是交际双方为了使会话顺利进行，应该共同遵守的一些原则，如果交际的一方违反了其中的一个或几个准则，就产生了会话含意。[①] 会话含意及其推导机制成为语用学研究的又一热点，对格赖斯会话合作原则和会话含意的修正甚至成为语用学研究的主要工作，其中比较有代表性的是霍恩（Horn）、列文森、利奇以及斯珀波和威尔逊（Sperber & Wilson）的研究。

霍恩（1984）把格赖斯的四条准则改造为两个原则：量原则和关系原则[②]，但由于过分原则化，缺乏会话含意推导的媒介，实用性不强，所以影响有限。列文森在其专著和论文中多次阐释了会话含意推导机制，于1991年正式提出"新格赖斯语用学机制"的三原则，即量原则、信息原则、方式原则[③]，成为相关理论多年研究的集大成者。

为了"补救"合作原则，利奇（1983）在前人研究的基础上提出了"礼貌原则"（Politeness Principle）。利奇把礼貌原则表述为："尽量减少（其他因素相等的情况下）不礼貌信念的表达，尽量增加（其他因素相等的情况下）礼貌信念的表达。"具体包含六条准则，即得体准则、慷慨准则、赞誉准则、谦逊准则、一致准则和同情准则。[④] 礼貌原则解释了某些合作原则无法解释的现象，是对合作原则的重要补充。布朗（Brown）和

---

① Grice, H. P., "Logic and Conversation", In Cole, P., Morgan, J. L. eds, *Syntax and Semantics*3: *Speech Acts*, New York: Academic Pr, 1975: 41—58.

② Horn, L. R., "Towards a New Taxonomy for Pragmatic Inference: Q-based and R-based Implicature", In Schiffrin, D. ed., *Meaning, Form, and Use in Context: Linguisitic Applications*, Washington, D. C.: Georgetown University Press, 1984: 11—42.

③ Levinson, S. C., "Pragmatics Reduction of the Binding Conditions Revisited", *Journal of Linguisitics*, 1991, 27: 107—161.

④ Leech, G., *Principles of Pragmatics*, London and New York: Longman, 1983: 132.

列文森也探讨了交际中的礼貌问题,提出"面子理论",认为"所有有理性的社会成员都具有面子",包括负面面子(negative face 又称消极面子)和正面面子(positive face 又称积极面子),面子是"人们的基本愿望或需求","在社会交往中,交际者必须时刻注意照顾或增加彼此的面子",人们在实施一些威胁面子的言语行为时,为了减少对对方面子的损害,需要采取某些礼貌策略(Politeness Strategies)。① 在礼貌原则和面子理论的框架下,众多研究者对不同社会文化背景下的礼貌现象和礼貌策略进行了大量研究,礼貌现象成为语用学研究的又一个基本单元。

对格赖斯语用含意推理机制的修正最具有突破性的是斯珀波和威尔逊的"关联理论",从人类认知的角度对言语交际进行解释。他们认为,"定识在语境中的关联程度取决于其语境效果能达到多大限度,以及所需要的心力能控制在多小限度"。② 提出了最佳关联假设:"明示刺激(ostensive stimulus)具有足够的关联性,值得听话人付出努力进行加工处理;它与说话人的能力和偏爱(preferences)相一致,因而最具关联性。"③ 交际的两个关联原则:一是认知关联原则(Cognitive Principle of Relevance),即"人的认知倾向于追求最大关联";二是交际关联原则(Communicative Principle of Relevance),即"每一个明示的交际行为都应设想为它本身具有最佳关联性"。④ 关联理论是在分析格赖斯会话合作原则缺陷的基础上产生的,使有关含意推导的话语认知理论得到了进一步的发展,将语用学的研究与认知科学联系起来,开拓了语用学新的路向——认知语用学。

20 世纪 60 年代,德国的一些学者如阿恩特(Arndt)等人开始关注话语小品词的作用,这里所谓的话语小品词后来被称为话语标记语或语用标记语。他们的研究具有开拓性的意义,此后,人们开始从功能的角度探讨话语标记语。列文森也发现了这一现象,只是没有直接使用话语标记语

---

① Brown, G., Levinson, S. *Politeness*: *Some Universals in Language Usage*, Cambridge: Cambridge University Press, 1987: 24—69.

② [法]丹·斯珀波、[英]迪埃珏·威尔逊:《关联:交际与认知》,蒋严译,中国社会科学出版社 2008 年版,第 169 页。

③ Sperber, D., Wilson, D., *Relevance*: *Communication and Cognition*, Oxford: Blackwell1, 1995: 270.

④ Ibid., pp. 260—266.

这样的术语，他指出："英语，毫无疑问绝大多数语言中，都有很多标记某一话语与前面话语之间所存在的某种关系的词语和短语，如位于句首的but，therefore，in conclusion……等。人们普遍认为，这些词语至少包含了非真值条件意义……它们常常表示所在的话语仅仅是前面话语的一种回应、延续。"① 70—80 年代之后，随着语用学的确立和发展，话语标记语也成为语用学研究的一个重要方面，对话语标记语的研究都是从句法—语用的角度进行的。

除了以上提到的指示语、言语行为、会话含意及其推导机制、礼貌原则、面子理论和话语标记语之外，列文森在《语用学》中把预设和会话结构也明确纳入语用研究的范畴。预设（Presupposition，又译为"前提"或"先设"）最早是一个哲学概念，20 世纪 70 年代受到语用研究的关注，语用学对预设的研究主要集中在两个问题上，一是预设对语境的敏感性，二是预设的本质问题。关于预设的本质，学界大致有三种看法：第一种认为语用预设是一种语用推理，指"那些对语境敏感的，与说话人的信念、态度、意图有关的前提关系"；第二种认为语用预设是"有效实施言语行为必须满足的恰当性条件"；第三种看法认为，语用预设"指交际双方所共有的知识"。② 会话是一种最基本的语言使用形式，对会话结构（Conversational Structure）的分析，可以使我们观察和了解到话语结构在语用方面的表现，帮助我们正确使用语言。分析会话结构，就是要考察语言使用者在进行言语交际的时候遵循的是什么样的程序，并研究这些程序的语用表现。"从语用学的角度看会话结构，往往把结构格式同语用学的其他内容（指示语、前提、含义、言语行为等）结合起来观察。"③ 会话结构分析涉及其中的预示语、插入语，等等。

综上所述，语用学研究可以说是理论纷出、分支众多，它们从不同的角度研究语言在使用过程中跟语境有关的各种情况，它们的研究方法和基本理论既有差异又有重叠。由此发端产生了语用模块论，即当前语用研究的不同分支可以归纳为社会文化模式和认知模式两种基本类型。语用研究的社会文化模式探究的是各种社会因素和文化因素如何影响语言的使用，

---

① Levinson, S. C., *Pragmatics*, Cambridge: Cambridge University Press, 1983: 87—88.
② 何自然、陈新仁：《当代语用学》，外语教学与研究出版社 2004 年版，第 141—142 页。
③ 何自然、冉永平：《语用学概论》，湖南教育出版社 2006 年版，第 300 页。

"目的是发现和阐明一定的社会集团中或一定的人群中,制约人们语言使用的潜在规范",研究某一特定社会环境中人们的说话习惯和语言使用常规,从而概括出对语用现象具有解释力的预测力的规律。[①] 语用研究的认知模式则主要探索人在语言使用中的认知基础和头脑中理解言语信息含义的推导过程,重视研究一些普遍的认知原则,主要使用演绎的方法,"以解释性机制和普遍适用性为理论目标"。[②] 社会文化模式和认知模式既相互独立又互相依存,共同构成语用理论框架的统一体,前者把语用看作一种社会文化现象,归纳出语用常规或规范,具有社会文化依赖性;后者把语言使用看作认知现象,研究语用认知的原则或规律。

通过以上论述,我们可以大致归纳出语用学的研究基本分析单元:

指示语:用于完成指示功能的语言形式。

言语行为:说话人如果说出了有意义且能被理解的话语,他实际上就是实施了某个行为。

会话结构:语言使用者交际时所遵循的结构格式及其语用体现。

礼貌和面子:说话人为了实现交际目的而会采取礼貌策略,顾及彼此的面子,维护和睦关系。

话语标记语:指的是一些在言语交际中的词语或结构,具有丰富的语用功能,在话语的理解和生成中起着重要作用。

预设:"以实际的语言结构意义为依据,靠逻辑概念、语义、语境等推断出的话语的先决条件。"[③]

以上属于社会文化模式,下面的"会话含意"属于认知模式。

会话含意:说话人在交际中所要表达的意义或意图,这种意义不一定是字面意思直接表达的,往往需要利用会话原则(合作原则、关联原则等)推导出来。

同以上把语用划分为几个基本分析单元进行研究形成鲜明对比的是"语用综观论",代表人物是比利时的维索尔伦(Verschueren),他

[①] 潘永樑:《语用模块论:语用研究中社会文化模式与认知模式的整合》,见《外国语言文学》编辑部编辑《语用学研究:文化、认知与应用》,福建人民出版社2006年版,第19—29页。

[②] 同上书,第22页。

[③] 由于目前学界对预设的本质问题没有统一的看法,在此暂且引用何自然(2006)在《语用学概论》中的表述。

(1999)在《语用学诠释》(*Understanding Pragmatics*)一书中较为系统地阐释了语用综观论的观点。"语用综观论"反对"基本分析单元说",认为"语用学不仅不能和语音学、音位学、形态学、句法、语义学这个对比集相并列,也不属于神经语言学、心理语言学、社会语言学、文化语言学这类跨学科领域","语用学涉及到的是语言性行为的全部复杂现象"①,所以根本无法给语用学设定一个基本分析单元,这从维索尔伦给语用学下的定义中也可以看出来。②"语用综观论"结合语言运用的认知过程,并将其放在社会、文化大背景下考察语言的功能和交际的运作,指出语言使用过程在语境中具有选择性、协商性和顺应性。

英美的"语用基本单元分析说"和欧洲大陆的"语用综观论"是目前语用学研究领域的两大派别,分别形成了"微观语用学"和"宏观语用学"两种研究方向。从"语用即语言使用"这样最基本的认识来看,人类是在一定的社会文化语境下使用语言,其过程必然伴随着认知活动,语用分析的各个基本单元之间也有着千丝万缕的联系,难以相互剥离、截然分开。因此,在语用分析的过程中应有宏观的视野和普遍联系的意识。语用学涉及语言内部和外部多层次、多方面的复杂情况,就本研究来说,讨论的是第二语言语用教学与习得问题,如果采用综观论的视角,则极可能导致问题的复杂化,不易在教学实践中贯彻,所以,本书的相关讨论将在宏观意识的指导下,以语用基本单位为对象进行。

(二)我国的语用研究

语用学在我国的发展大致可以分为两个方面:一是对国外语用学的引进、评价和研究,二是从语用角度研究汉语语法。

1. 国外语用学的引介和研究

20 世纪 70 年代末,我国外语学界就已开始引进西方语用学的相关理论。学者们有的把国外有代表性的语用学著作译成汉语,有的发表专题文章或系列文章介绍和评价语用学理论,使语用学的主要研究对象和语用原则(以微观语用学为主,也有宏观语用学)相继被引入中国。在此基础上,学界在语用理论与实践方面也展开了一些研究,有的利用语用理论探

---

① [比]耶夫·维索尔伦:《语用学诠释》,钱冠连、霍永寿译,清华大学出版社 2003 年版,第 8 页。

② 参见本节第一小节。

讨语言交际（大部分是英语）的具体问题，有的对会话原则进行修正和补充，研究范畴基本没有超出上文所论述的西方语用学分析框架，此处不再赘述。另外，也有一些学者开始探索建立汉语语用学，如左思民的《汉语语用学》（2000）、钱冠连的《汉语文化语用学》（1997），等等。

2. 从语用角度研究汉语语法

汉语学界对语用研究也有浓厚的兴趣，但关注的重点和西方语用学不同，研究的范围大小也不一样。西方语用学旨在探索和揭示语言交际的本质，研究人们使用语言进行交际的整个过程中的原则和规律，涉及社会语言文化情境中语言使用的方方面面，研究范围比较大，称为大语用，或交际语用学。汉语研究者主要关注的语用问题，则只是限于上下文语境下和句法结构有关的语言运用，是语法三个平面——句法、语义、语用——当中的语用平面，属于句法语用研究，或结构语用研究，称为小语用，或结构语用学。①

最早提出三个平面（句法、语义、语用）理论的是胡裕树和范晓两位先生（1985），他们认为，语法研究中的句法平面研究词与词之间（符号之间）的关系，语义平面研究词与客观事物（符号与内容）之间的关系，而"语法研究的语用平面，是指对句子进行语用分析。句子词语与使用者（符号与人）之间也有一定的关系，这种关系是属于语用的（pragmatical）。研究语用，也就是研究人怎样运用词语组成句子相互进行交际"，是对句子的动态分析。② 结构语用学研究的语用，即跟句法有关的语用主要包括以下几个方面。

（1）话题结构（topic structure）

话题结构即句子"话题—述题"的语用结构。话题是表述的出发点，谈论的对象，通常是已知信息。述题是说明主题的部分，对话题进行叙述、描写、解释或评议，通常是未知信息。同样的语义结构，如果表达的话题不同，使用的句式就不一样，语用价值也就不一样。例如"我喝橘

---

① "交际语用学"和"结构语用学"这两个名称参考了范开泰《语法分析三个平面》，《语言教学与研究》1993年第3期，第37—52页；鲁川《语义的先决性·句法的强制性·语用的选定性》，《汉语学习》2000年第3期，第1—9页。

② 胡裕树、范晓：《试论语法研究的三个平面》，《新疆师范大学学报》1985年第2期，第7—15页。

子汁"和"橘子汁我喝",前者的话题是"我",说的是"我怎么样",后者的话题是"橘子汁",说的是"橘子汁怎么样",话题不同,表现出说话人关注的中心不一样。研究话题结构,可以帮助我们了解言谈的中心和表述的起始点,以及句子中的已知信息和未知信息,在交际中把握说话人关心的是什么。

(2) 信息结构（information structure）

信息结构指的是信息传输过程构成句子的各种信息的组织模式。为了更明确地表意,在交际中传输的信息既有新信息又有旧信息,既有各种时空信息又有各种事理信息,我们必须把这些信息按照一定的组织结构组装在一起发送出去。交际最基本的单位是句子,因此,如何通过一定的句法手段把各种信息编排在句子中,一方面不同的语言有不同的方式；另一方面也能体现出说话人的交际意图。研究信息结构,主要研究新信息和旧信息、时空信息、事理信息等的句法表现、组织模式和推进方式。

(3) 焦点（focus）

焦点又称为表达重点或表达重心,指的是一个句子中因为表达需要而重点说明的部分。一个具体的句子有一定的句法结构,句法结构中的哪个句法成分属于表达的重心是由表达的意图决定的。为了突出焦点的表达,常常要变化句式。例如"是我打扫的房间""我打扫的是房间（不是厨房）""我把房间打扫了",这三句话的结构变化是由不同的表达重点引发的,第一句的焦点是"我",第二句的焦点是"房间",第三句的焦点是"打扫了"。研究焦点有助于解释句法结构发生变化的原因,在交际中也可以帮助听话人了解说话人的表达意图。

(4) 语气（mood）

语气反映句子的表达用途,可以分为陈述语气、疑问语气、感叹语气、祈使语气等。相同的句法结构,加上不同的语气,表达用途就不同；相同的语气,即使句法结构不同,表达用途也相同。例如"他有十块钱。"和"他有十块钱?"句法结构相同,但一个是陈述语气,一个是疑问语气。"他有十块钱吗?"和"他是不是有十块钱?"句法结构不同,但都是疑问语气。这里需要说明的是,语气和句类并不是一一对应的,例如疑问句,既可以表达疑问语气,也可以表达感叹或祈使语气。研究语气就是要揭示表现不同语气的句法手段和附加手段,也有助于了解说话者的言语行为类型。

(5) 口气 (modality)

口气指的是交际时附着在句法结构上的说话者对所表达的话语的主观情态。句子可以表现种种口气，肯定与否定、急促与舒缓、直接与委婉，等等。表现口气的句法手段可以是使用副词，比如"确实、简直、干脆、何必、难道、一定"等，也可以在句子中添加独立成分，比如"依我看、据说、看样子、说不定、老实说"，等等。研究口气，可以揭示表达不同口气的语言形式，在现实中有助于了解说话人对所表达命题的主观态度和评价。

(6) 句法成分的位移 (the movement of the syntactic constiteunts)

在静态的语法分析中，句子都有一定的结构规则，而在语言使用的动态过程中，为了诸如主题、焦点、语气、口气等表达的需要，句法成分常常发生位移，在语序上出现种种变化，成为变式句；或在语境中省略某个成分，成为省略句。研究句法成为的位移和省略，可以了解各种句型、句式、变式句和省略句所表现的语用价值，相应地也有助于在表达某种特定的语用意义时选择正确的句子形式。

(三) 中西方语用研究综观

1. 交际语用学和结构语用学的关系

如前所述，西方语用学界主要研究的是交际语用，中国汉语学界主要研究的是结构语用，二者虽然各有侧重，但也不无交叉。

话语标记语是西方语用学较少从结构语用角度研究的语用现象，汉语学界在语用平面的研究中也注意并涉及了这一现象，只是没有使用专门的术语进行专门的研究。

指示语是西方语用学研究的基本单元之一，分为人称指示 (person deixis)、时间指示 (time deixis)、地点指示 (place deixis)、话语指示 (descourse deixis)、社交指示 (social deixis) 五类。确定指示语所指代的信息才能正确理解话语的意义。指示语通常作为句法成分出现，例如，人称指示语"我、你、他"，时间指示语"以前、现在、下个星期"，地点指示语"这儿、那儿、附近"，等等。当确定指示语的所指需要情境语境参与，且和句法结构无关时，不在结构语用学研究范围内；当确定指示语的所指只需通过上下文语境并联系句法结构时，它就成为语用平面研究的内容，例如"小李这个人，我不喜欢他。""他"作为人称指示语，指的是前移位成分"小李这个人"。

关于预设，虽然西方语用学界还有很多争论，但研究的目的是通过推导话语中携带的预设信息，使听话人能够准确地理解话语，达到交际意图。结构语用研究预设，主要跟句子的焦点有关。例如"考上厦门大学的是小李。"焦点是"小李"，预设是"有人考上厦门大学"；"小李考上的是厦门大学。"焦点是"厦门大学"，预设是"小李考上了某个大学"。

西方言语行为研究如何以言行事，结构语用研究对此也有所涉及，语气研究的陈述、疑问等其实就是言语行为的类型，不过语气的研究对象仅限于与句法结构相关的附着在句法结构上的句子功能方面的信息。言语行为的表达和理解如果涉及情境语境或者社会文化语境，就不属于语用平面了。

会话结构也是交际语用学和结构语用学都关注的问题，但侧重点不同。交际语用学重点探讨话轮的推进和转换模式，结构语用学主要讨论主题结构、位移结构、焦点结构等句子内部的信息组合方式。说话人表达信息时的推进方式是两者共同研究的对象，只是交际语用学更关注句子和句子之间组合方式，而结构语用学更侧重句子内部的信息编排研究。

会话含意需要在特定的语境下推导，面子问题和礼貌现象则同一定的社会文化背景密切相关，因而都不是结构语用学讨论的范畴。

2. 语用学的分类

利奇（1983）把语用学分为语用语言学（pragmalinguisitics）和社交语用学（sociolinguistics）[1]。他指出，语用语言学涉及的是语用学和语言学交叉点，也就是指在一定的语言中要传达某种特殊的示意（illocutions）所采用的特定的语言形式，以及某种特定的语言形式所传达的示意[2]；社交语用学指的是语用学的社会学界面，和社会语言学非常相近。利奇还使用了一个图表来标明语用语言学是和语法有关的，社交语用学是和社会学有关的。[3] 利奇对语用学的这种分类是目前学界比较认可、也最常引用的一种分类。利奇的分类主要是在交际语用学范围内产生的，虽然考虑到了

---

[1] sociolinguistics 有的学者翻译为"社交语用学"（如何自然），有的学者译为"社会语言学"（如何兆熊），目前国内各种相关论著中较多采用"社交语用学"的译法。

[2] "示意"（illocutions）这个词是言语行为理论中的一个术语，利奇在此使用这个术语，说明他所指的语用学和语言学的交叉点主要是指表达某种言语行为的语言形式。

[3] Leech, G., *Principles of Pragmatics*, London and New York: Longman, 1983: 10—11.

语用和语法的关系，但是主要说的是语法形式和言语行为的关系，关于信息结构的编排等并没有提及，而且利奇并没有明确地举例说明，也没有提出区分语用语言学和社交语用学的方法和标准，导致后来的研究者在引用他的分类时出现了不同的解释和观点，目前仍难以完全统一。

本研究从汉语的特点出发，把和句法结构有关的语言运用纳入语用学研究的范围内讨论语用学的分类，认为把语用学分为交际语用学和结构语用学更为恰当，也更具有操作性。如前所述，交际语用学研究的范围大，结构语用学研究的范围小，交际语用学的研究在某些方面包含了结构语用学的研究内容，为了将两个概念分开，需要对它们进行重新的界定。

结构语用学研究句法结构在使用中的变化及其产生的语用意义，研究范围限于上下文语境影响下的和句法表现形式有关的语用问题。

交际语用学研究交际过程的原则和规律，研究范围涉及在情境语境和社会文化语境影响下语言的使用和理解。

从以上界定可以看出，结构语用学和交际语用学的区别主要有两个方面。其一，结构语用学管辖的是句子内部的语用问题，交际语用学管辖的是句子外部或超句子的语用问题；其二，结构语用学只关心制约句法结构的上下文语境，交际语用学关心制约语言使用的情景语境和社会文化语境。结构语用学和交际语用学加在一起恰好构成语用学的全部研究范围，这样符合我们在前文给语用学下的定义。[①]

三 语用能力和语用失误

（一）什么是语用能力

语用能力（pragmatics competence）是语际语语用学研究中提出的、和语用教学与习得密切相关一个概念。说到语用能力，人们很容易把它和交际能力[②]（communication competence）联系在一起。海姆斯（Hymes, 1972）认为交际能力由四个部分构成，即"形式上的合法性"（grammaticality）、"实施手段上的可接受性"（acceptability）、"语境的适应性"

---

① 参见本节第一小节。
② 这里指的是使用语言进行交际的能力。

(appropriateness)、"现实使用的可能性"(probability)。① 第一个部分指的是语法能力,后三个部分则可以看作语用能力。卡奈尔和斯万(Canale & Swain, 1980)认为,交际能力由四部分组成:"语法能力"(grammatical competence)、"社会语言能力"(sociolinguistic competence)、"话语能力"(discourse competence)、"策略能力"(strategic competence),其中社会语言能力"强调语境中言语交际的恰当性,体现了语用能力"。② 巴赫曼(Bachman, 1990)认为交际能力由"语言能力"(language competence)、"策略能力"(strategic competence)和"心理—生理机制"(psychophysiological mechanisms)三部分构成,其中语言能力由组织能力和语用能力构成。③ 范开泰(1992)提出了汉语交际能力包含三方面内容:"汉语语言系统能力(competence of Chinese language systematicness),即使用汉语要有合法性和可接受性;汉语得体表达能力(competence of tactful expression in Chinese),即使用汉语时要具有得体性,能根据说话人和听话人的具体条件和说话时的具体语境选择最恰当的表达方式,以取得最理想表达效果;汉语文化适应能力(Chinese competence of cultural adeptability),即使用汉语进行交际时能适应中国人的社会文化心理习惯"④,其中可接受性、得体性和文化适应性构成语用能力。学者们对于交际能力的看法虽然不完全相同,但语用能力是交际能力的一部分却是不可否认的,这也是学界一致认可的观点。威多森(Winddowson, 1989)认为"语言能力由知识和技能两个部分组成,前者相当于语法能力,后者相当于语用能力"。⑤

那么什么是语用能力呢? 不同的学者给出了不同描述。

科德(Corder)指出"学习者应该具备在特定的社会情景下选择特定

---

① Hymes, D., "On Communication Competence", In Pride, J. B., Holmes, J. eds., *Sociolinguistics*, Hanmondsworth, England: Penguin Books, 1972: 269—293.

② Canale, M., Swan, M., "Theoretical Bases of Communicative Approaches to Second Language Teaching and Testing", *Applied Linguistics*, 1980, 1: 1—4.

③ Bachman, L. F., *Fundamental Considerations in Language Testing*, Oxford: OUP, 1990: 89—90.

④ 范开泰:《论汉语交际能力的培养》,《世界汉语教学》1992年第1期,第13—16页。

⑤ Winddowson, H., "Knowledge of Language and Ability for Use", *Applied Linguisitics*, 1989, 2: 128—137.

的（呼应的）语法和（合适的）词汇进行表达的能力，即选择恰如其分的语序的语用能力"。①

托马斯（Thomas）把语用能力定义为"有效地使用语言以取得某种目的的能力和理解在具体情景中如何使用语言的能力"。②

罗斯（Rose）认为语用能力主要包括："语用系统知识——提供不同言语行为中选择语言的范围，恰当使用语用系统的知识——使人们能够在某个具体的情景中作出恰当的选择。"③

巴伦（Barron）把语用能力概括为语言使用者所具有的三方面的知识："某一语言所提供的实现某一言外之力的语言资源，构成言语行为系列层面的知识，恰当地使上述语言资源语境化的知识。"④

刘绍忠认为，"语用能力指听话人对语境的认识能力和在对语境的认识的基础上理解别人的意思和意图、能够准确表达自己的意思和意图的能力"。⑤

何自然、张巨文认为语用能力有四个特征："a）在语用语言层面上遵守语言规则；b）在社交语用层面上注重文化差异；c）在心理认知层面上了解态度和行为的制约；d）在时空情境层面上讲究语境的限制。"⑥

综合分析以上各家的看法，可以发现，语用能力至少涉及以下几个要素：

语境（情景），任何交际都必然在语境中进行，包括社会文化语境、具体的交际情景和上下文语境；

理解，即在识别语境的基础上正确理解交际对象所传达的意思和意图；

选择，即在了解语用系统知识的基础上选择恰当的语言形式；

---

① Corder, S. P., *IntroducingApplied Linguistics*, Harmondsworth: Penguin Books, 1973: 92.
② Thomas, J., "Cross-Cultural Pragmatic Failure", *Applied Linguisitics*, 1983, 4: 91—112.
③ Rose, K. R., Pragmatics in Teacher Education for Nonnative-Speaking Teachers: A Consciousness-Raising Approach, *Language, Culture and Curriculum*, 1997, 2: 125—138.
④ Barron, A., *Acquisition in Interlanguage Pragmatics*, Amsterdam/ Philadeophia: John Benjamins Publishing Company, 2002: 10.
⑤ 刘绍忠：《语境与语用能力》，《外国语》1997年第3期，第24—32页。
⑥ 何自然、张巨文：《外语教学中的语用路向探索》，《山东外语教学》2003年第4期，第3—8页。

表达，即在具体的语境中使用语言准确、得体地表达自己的意思和意图。

由此，"语用能力"可以界定为，在了解语用知识的基础上，在语境中正确理解对方的交际意图，并选择恰当的语言形式准确、得体地表达自己交际意图的能力。

对于语用能力的分类，大部分研究者（如托马斯、巴伦、何自然等）都因受利奇语用学分类的影响，把语用能力分为语用语言能力和社交语用能力。语用语言能力"以语法能力为基础，涉及语言的使用规则，不仅指正确地利用语法规则遣词造句的能力，而且包括在一定语境条件下正确地使用语言形式实施某一交际功能的能力"；社交语用能力"主要指根据一定的社会文化规则进行得体交际的能力"。[①] 但是，由于利奇对语用学的分类本身存在缺陷，在此框架下对语用能力的分类也难免不妥。

如前所述，语用学可分为结构语用学和交际语用学，因此对于语用能力的分类也应该使用同样的框架标准，将其分为结构语用能力和交际语用能力。结构语用能力指的是，在一定的上下文语境中选择恰当的语句结构模式正确表意，并且准确理解某种语句结构特定含义的能力。例如：

五个人挤一辆出租车。（语用意义：人太多）
一辆出租车挤五个人。（语用意义：车太少或太小）

如果学习者能够准确理解或使用恰当的结构正确表达以上两个句子不同的语用意义，那就说明其具备了这方面的结构语用能力。

交际语用能力指的是，在一定的社会文化语境和具体的情景中按照交际的原则和规律正确理解和得体使用语言的能力。例如，学习者对于中国式的招呼语"去哪儿啊？""看书呢？""吃了吗？"等如果能够理解为单纯的打招呼或问候，而非感到莫名其妙或被侵犯隐私，就说明其具备了一定程度的交际语用能力。

需要特别指出的是，语言教学中的交际能力"不是一个绝对的、静态的和抽象的概念，而是相对的、可比较的、动态的和具体的[②]概念。"

[①] 何自然、冉永平：《语用学概论》，湖南教育出版社2006年版，第28页。
[②] 黄国文：《交际能力与交际语言学》，《现代外语》1993年第3期，第14—19页。

作为交际能力一部分的语用能力，也是相对的。语用能力没有一个最高限度，最低限度也许就是表意。我们很难说一个人完全没有某种语言的语用能力，除非他对这种语言一无所知；我们也不能说一个人完全具备了某种语言的语用能力，因为即使是本族语使用者在交际中也会出现失误，无法达到尽善尽美的水平。在语用教学和测试中，对这一点要有明确的认识。

(二) 什么是语用失误

语用失误（pragmatics failure）也是语际语语用学中的重要概念，和语用习得关系密切。这个概念是托马斯（1983）提出的，她把语用失误定义为不能正确理解或表达话语的语用意义。托马斯在这里没有用第二语言习得中常用的"偏误"（error）一词，主要是因为偏误通常指的是语音形式或语法形式方面的错误，而语用失误主要是由于说话的方式不符合表达习惯，欠妥当，不得体造成的，不是语法形式违反语法规则导致的问题。一般来说，说话人在交际中使用了句法规则正确的句子，但却不自觉地违反了人际交往规范或社会习惯，违背了目的语特有的文化价值观念，或者话语不合时空背景，没有恰当考虑交际双方的身份等，使交际过程遇到障碍，导致交际不能顺利进行或达到预期效果，这样性质的错误就叫语用失误。语用失误是比语法偏误更深层次的问题，给交际造成的影响或破坏力更大。

根据托马斯的观点，语用失误也可以分为语用语言失误和社交语用失误。语用语言失误指的是说话人"所使用的话语不符合本族语者的语言习惯，误用了其他表达方式；或者不知道目的语的正确表达方式，而按母语的语言习惯去生成话语"。社交语用失误指的是"在跨文化交际中因不了解双方的社会文化背景差异，导致了没有使用恰当的言语表达方式"。[①]托马斯的语用失误分类被相关研究广泛采用，但并不是没有缺陷的，就连她自己也提到，语用语言失误和社交语用失误并不能截然分开，二者之间是有灰色地带的，有的语用失误从一个角度看是语用语言方面的，但从另一个角度看，则是社交语用方面的。例如，中国学生在向英语外教提问时常常会说：

I have a question to ask you.

---

① Thomas, J., "Cross-Cultural Pragmatic Failure", *Applied Linguisitics*, 1983, 4: 91—112.

而按照英语的习惯，这样的情况应说成：

Could I ask a question?

I'd like to ask you a question.

则更加恰当。这里中国学生犯的错误可以看成语用语言失误，因为"I have a question to ask you."是按照汉语的表达习惯直叙的，不符合英语的语言习惯。而从另一个角度看，也是社交语用失误，因为在中国，学生向老师提问时可以直接说"我有一个问题请教您"不会显得不礼貌，而在英语国家，这样直接的表达方式被认为是不礼貌的表现，请老师回答问题通常要用疑问句或其他比较委婉的方式才是礼貌的，中国学生显然没有意识到两种文化中礼貌手段的差异，才导致了言语的不得体。

本研究对语用失误的分类应该同语用学、语用能力的分类保持一致性，再加上托马斯的语用失误分类法存在缺陷，因此，本书拟将语用失误分为结构语用失误和交际语用失误。

结构语用失误指的是句子内部的结构安排不符合中国人的习惯和上下文语境，或者不能准确反映和理解主题、焦点、说话者的主观情态等。例如：

甲：我的汉语书不见了。

乙：小王拿了你的汉语书。

以上对话中，甲所表达的主题是"我的汉语书"，在回答甲的疑问时也应该针对这个主题，但是乙却把主题换成了"小王"，使问答显得缺乏连贯性，而且按照汉语信息结构的习惯，在没有对比焦点的情况下，句子的焦点（通常是新信息）都在句尾，而乙把"你的汉语书"这个旧信息安排在句尾显然是不恰当的，因此乙说的话虽然符合汉语语法，却造成了结构语用失误。

交际语用失误指的是由于不了解目的语社会的文化习惯或交际原则和规律，导致说话方式和内容不得体，不符合目的语社会的习惯，表意不准确，或者不能正确理解话语含义。例如有的留学生想找老师聊天时说：

老师，我想找你谈话，你什么时候有时间？

这句话在句法上没错，在结构语用方面也没有问题，但是中国人仍然会觉得不对劲，是因为这个学生不了解在中国通常是上对下的时候才用"找XX谈话"这种说法，学生对老师这样说是不礼貌的，这种失误就属于交际语用失误。

第三节 第二语言语用习得与教学研究综述

一 英语等作为第二语言的语用习得研究与实践

第二语言语用习得研究（L2 Pragmatic Acquisition）是语用学和第二语言习得之间的交叉学科，作为一个学科，它更多地被称为语际语语用学（Interlanguage Pragmatics），"主要是从语用学的角度探讨非母语的第二语言操作者在使用和习得第二语言行为时的模式"。[①] 语际语语用学可以分为静态的和动态的两大类。静态的语际语语用学是"从静态的角度对语际语言进行的语用学研究"[②]，包括对第二语言使用者目的语语用现象的语用学研究，以及对第二语言使用者理解目的语时所采用的语用知识的研究，落脚点是语用学。语际语语用学产生之初的十几年间（20世纪80—90年代初），大部分的研究都是静态的，包括语用理解、言语行为的表达、语用迁移、交际效果和语用失误等。动态的语际语语用学"是对第二语言使用者或学习者语用能力的形成和发展进行研究"[③]，更倾向于第二语言习得领域。从20世纪90年代后期开始，动态的研究逐渐受到关注，成为研究的热点。

（一）第二语言使用者语用能力调查分析

静态语际语语用学研究的主要内容就是调查和分析第二语言使用者所使用的语际语的语用情况，也就是他们的语用能力。具体来说，就是考察第二语言使用者的语用迁移、第二语言使用者与本族语者的语用差异、第

[①] Kasper, G, Blum-Kulka, S., "Interlanguage Pragmatics: An Introducting", In Kasper, G., Blum-Kulka, S. eds., *Interlanguage Pragmatics*. New York: Oxford University Press, 1993: 3—17.

[②] 洪岗:《语际语语用学研究》,《杭州教育学院学报》2000年第3期, 第1—7页。

[③] 同上。

二语言使用者语言水平与语用水平之间的关系等方面的问题。

　　首先,语用迁移是语际语语用学和主流第二语言习得研究联系极紧密的一个领域。卡斯帕(Kasper)把语用迁移定义为"学习者已有的语言和文化语用知识对二语语用信息的理解、产出和学习所施加的影响"。[①] 布卢姆－库尔卡(Blum-Kulka)考察了母语为英语的加拿大学习者在使用希伯来语作为第二语言时的请求言语行为,发现学习者在使用二语时母语既有正迁移,也有负迁移。[②] 费尔察(Faerch)和卡斯帕(Kaspe)以及高桥和杜芬(Takahashi & Dufon)也研究了请求言语行为迁移的问题,发现学习者确实会在使用二语实施请求行为时依赖第一语言的策略。[③] 科恩和奥尔西坦(Cohen & Olshtain)发现希伯来英语学习者道歉言语行为中存在第一语言对二语的负迁移[④],但乔斯勃格(Trosborg)研究丹麦英语学习者道歉言语行为中却没有发现显著的负迁移。[⑤]

　　社会文化语境因素的差异会影响第二语言使用者对交际风格和礼貌的选择,造成语用迁移。高桥和毕比(Beebe)通过调查研究纠错言语行为的策略,发现日本英语学习者会在英语语境中采用日语的交际风格,造成语用负迁移,并认为这是日美两种文化不同的礼貌取向造成的。[⑥] 奥尔西坦对英德两国希伯来语学习者的调查和罗宾森(Robinson)对日本英语学

[①] Kasper, G., "Pragmatic Transfer", *Second Language Research*, 1992, 8: 203—231.

[②] Blum-Kulka, S., "Learning How to Say What You Mean in a Second Language: A Study of Speech Act Performance of Learners of Hebrew as a Second Language", *Applied Linguistics*, 1982, 3: 29—59.

[③] Faerch, C., Kasper, G., "Internal and external modification in interlanguage request realization", In Blum-Kulka, S., House, J., Kasper, G. eds., *Cross-cultural Pragmatics*, Norwood, NJ: Ablex, 1989: 221—247. Takahashi, T., DuFon, M., "Cross-linguistic Influence in indirectness: The Case of English Directives performed by Native Japanese Speakers", Unpublished manuscript, *Department of English as a Second Language*, University of Hawaiiat Manoa, 1989: 1—38.

[④] Cohen, A., E. Olshtain, "Developing a Measure of Sociolinguistic Competence: The Case of apology", *Language Learning*, 1981, 31: 113—134.

[⑤] Trosborg, A., "Apology Strategies in Natives/Non-natives", *Journal of Pragmatics*, 1987, 11: 147—167.

[⑥] Takahashi, T., L. M. Beebe, "Cross-linguistic Influence in the Speech Act of Correction", In Kasper, G., Blum-Kulka, S. eds., *Interlanguage Pragmatics*, New York: Oxford University Press, 1993: 138—158.

习者的调查也得出了基本相同的结论。① 杨文慧分析了中国学生在英语交际中的语用负迁移问题,认为语用负迁移并不一定会导致交际的失败②。

对于语用迁移和第二语言水平之间的关系,高桥和毕比提出了正相关假设,也就是第二语言水平越高,语用迁移就越明显。③ 一些研究间接地证明了这个假设的合理性。但是,其他一些研究的结论却不支持正相关假设,甚至刚好相反。高桥和杜芬的研究发现日本初级英语学习者比高级学习者出现了更多的语用迁移现象。④ 前柴(Maeshiba)等人为了检验语言水平和语用迁移的正相关假设专门对美国的日本中高级英语学习者作了道歉言语行为的调查,结果表明中级学习者更有可能把母语的言语行为策略迁移到目的语⑤,证明二语语言水平和语用迁移呈负相关。

关于语言学习环境对语用迁移的影响,高桥和毕比也提出了假设,认为在母语环境中学习第二语言会比在目的语环境中学习出现更多的语用迁移。⑥ 他们通过对不同水平的分别在日本和美国学习英语的 EFL 学习者和 ESL 学习者的语用考察证明了该假设的正确性。目前并没有研究直接证明在目的语环境的学习时间和语用迁移是负相关的关系,却有报告指出学习

---

① Olshtain, E., "Sociolinguistic Competence and Language Transfer: The Case of Apology", In Gass, S., Selinker, L. eds. *Language Transfer in Language Learning*, Rowley, MA: Newbury House, 1983: 46—71. Robinson, M. A., "Introspectivemet hodology in interlanguage pragmatics research", In Kasper, G. ed. *Pragmatics of Japanese as Native and Target Language*, Second Language Teaching and Curriculum (*Center Technical Report No. 3*), Honolulu, HI: University of Hawaii Press, 1992: 251—310.

② 杨文慧:《正负语用迁移与外语语用效应问题探析》,《华南理工大学学报》(社会科学版) 2004 年第 4 期,第 69—72 页。

③ Takahashi, T., L. M. Beebe, "The Development of Pragmatic Competence by Japanese Learners of English", *JALT Journal*, 1987, 8: 131—155.

④ Faerch, C., Kasper, G., "Internal and external modification in interlanguage request realization", In Blum-Kulka, S., House, J., Kasper, G. eds., *Cross-cultural Pragmatics*, Norwood, NJ: Ablex, 1989: 221—247. Takahashi, T., DuFon, M., "Cross-linguistic Influence in indirectness: The Case of English Directives performed by Native Japanese Speakers", Unpublished manuscript, *Department of English as a Second Language*, University of Hawaiiat Manoa, 1989: 1—38.

⑤ Maeshiba, N., Yoshinaga, N., Kasper, G., Ross, S., "Transfr and Proficiency in Interlanguage Apologizing", In Gass, S., Neu, J. eds. *Speech Acts Across Cultures*, Berlin: Mouton, 1996: 155—190.

⑥ Takahashi, T., Beebe, L. M., "The Development of Pragmatic Competence by Japanese Learners of English", *JALT Journal*, 1987, 8: 131—155.

环境对语用能力的提高并不是最重要的因素。①

其次，学界普遍认为，第二语言学习者，即使是语言水平很高的，语用能力都难以达到本族语者水平。二者的语用差异主要表现在言语行为、语言结构和语义形式三个方面。② 豪斯（House）和卡斯帕对母语为德语和丹麦语的高水平英语学习者请求言语行为的研究，发现他们对请求礼貌级别的认知和本族语者趋于一致，不过他们更倾向于使用礼貌标记。③ 艾森斯坦和博德曼（Eisenstein & Bodman）观察了英语第二语言学习者和本族语者如何表达感谢④，巴多维-哈莉希和哈特福德（Bardovi-Harlig & Hartford）观察了英语第二语言学习者和本族语者在谈论课程选修时的表现，都发现第二语言学习者和本族语者常常采用不同的言语策略或言语行为。⑤

周瑾序的调查研究发现中国英语学习者和英语本族语者在道歉策略的选择方面差别不大，在对道歉情景的评价方面存在差异，学习者在实施言语行为时出现的失误较多。⑥ 杨仙菊在考察中国英语学习者和英语本族语者实施请求言语行为的对比中也发现了类似情况。⑦

布顿（Bouton）研究了来自德国、西班牙、葡萄牙、中国、日本、韩国等六个国家的英语学习者在理解间接言语行为时的表现，发现他们和美

---

① Niezgoda, K., RÖver, C., "Pragmatic and Grammatical Awareness: A Function of Learning Environment?", In Rose, K. R., Kasper, G. eds., *Pragmatics in Language Teaching*, Cambridge: Cambridge University Press, 2001: 63—79.

② Cohen, A., "Developing the Ability to Perform Speech Acts", *Studies in Second Language Acquisition*, 1996, 18: 253—268.

③ House, J., Kasper, G., "Interlanguage Pragmatics: Requesting in a Foreign Language", In Lrscher, W., Schultze, R. eds., *Perspectives on Language in Performance*, Tübingen: Gunter Narr, 1987: 61—75.

④ Eisenstein, M., Bodman, J., "Expressing Gratitude in American English", In Kasper, G., Blum-Kulka, S. eds., *Interlanguage Pragmatics*, New York: Oxford University Press, 1993: 64—81.

⑤ Bardovi-Harlig, K., Hartford, B., "Learning the Rules of Academic Talk: A Longitudinal Study of Pragmatic Change", *Studies in Second Language Acquisition*, 1993, 15: 279—304.

⑥ 周瑾序：《二语学习者道歉言语行为习得研究》，博士学位论文，上海外国语大学，2008年。

⑦ 杨仙菊：《第二语言语用习得：中国学习者英语"请求"言语行为习得的横向研究》，博士学位论文，上海外国语大学，2006年。

国英语本族语者之间有明显差别,而且他们各自之间也不相同。①

以上研究说明第二语言学习者和本族语者在言语行为的表达和理解上都存在差距,需要加强。

最后,第二语言使用者语言水平和语用能力之间的关系也是争论的热点。斯卡拉(Scarclla)考察了不同英语水平的阿拉伯英语学习者实施邀请和要求两种言语行为的情况,发现他们实施言语行为的手段随着英语水平的提高而进步。② 同一时期的卡雷尔(Carrell)考察的是会话含意理解,发现语言水平高的更容易理解会话含意,而且能够运用自己推理能力去理解间接言语行为。③ 埃利斯(Ellis)在回顾第二语言语用研究的基础上指出,语言学习者的二语水平是影响其语用能力的重要因素,如果不具备一定的语言水平,学习者无法表达出恰当的言语行为。④ 一些研究支持了这一观点,但是也有一些研究得出了不同的结论,例如涅兹高达和勒韦尔(Niezgoda & Röver)分析了高水平和低水平英语学习者对语用失误和语法错误的识别情况,发现低水平学习者识别出了更多的语用失误。⑤

我国外语学界的相关研究结论似乎也难以统一。洪岗对某省重点师范大学英语专业一年级和四年级的学生进行了语用能力调查,结果显示四年级学生的失误率略低,但两个年级失误率相差仅 0.16%,英语语用能力基本相当。⑥ 董晓红调查了英语专业二年级和四年级学生的语用能力,发

---

① Bouton, L., "Across-cultural Study of Ability to Interpret Implicatures in English", *World English*, 1988, 17: 183—196.

② Scarcella, R., "On Speaking Politely in a Second Language", In Yorio, C. A., Perkins, K., Schachter, J. eds., *On TESOL* '79, Washington, D. C.: TESOL, 1979: 275—287.

③ Carrell, P. L., "Indirect Speech Acts in ESL: Indirect Answers", In Yorio, C. A., Perkins, K., Schachter, J. eds., *On TESOL* '79, Washington, D. C.: TESOL, 1979: 297—307.

④ Ellis, R., *The Study of Second Language Acquisition*, Oxford: Oxford University Press, 1994.

⑤ Niezgoda, K., Röver, C., "Pragmatic and Grammatical Awareness: A Function of Learning Environment?", In Rose, K. R., Kasper, G. eds., *Pragmatics in Language Teaching*, Cambridge: Cambridge University Press, 2001: 63—79.

⑥ 洪岗:《英语语用能力调查及其对外语教学的启示》,《外语教学与研究》1991 年第 4 期,第 56—60 页。

现二年级的平均分（61.28）略高于四年级（59.08）。① 刘建达调查了英语专业一年级和三年级学生的语用能力，发现学生的语用能力没有随着语言水平的提高而增强。② 杨仙菊考察了不同水平英语学习者的请求言语行为，发现"随着语言水平的提高，学习者使用的直接请求策略减少，各类规约性间接策略增加；内部修饰语数量增加、种类多样化；对语境的敏感程度增加"③，但中低水平者的差异不明显。

以上这些研究虽然不能直接证明语言水平和语用能力是正相关还是负相关，但至少可以说明第二语言学习者的语言水平和语用水平之间的关系是十分复杂的，语言水平在多大程度上制约语用能力的发展目前尚无定论。

（二）第二语言语用发展和教学研究

动态地对第二语言学习者语用能力的发展及其和教学的关系的探讨是近十几年语际语语用学的热点。

首先，一些学者以理论或思辨的方式探讨了语言教学中的语用问题。施密特（Schmidt）认为在第二语言教学中有意识地教授目的语的语用知识对学习者提高语用能力很有帮助。④ 豪斯探讨了在学习者进入高级阶段之后是否应该在教学中明确地讲授目的语语用知识的问题。⑤ 卡斯帕和罗斯在综合已有研究的基础上提出，虽然学习者可以利用母语的正迁移获得一些语用知识，但是由于不同语言文化的差异性，许多东西仍然需要通过教学干预获取，"学习者有必要学习一些因文化、种族而异的语用规范"，语用教学"不仅有助于第二语言语用能力的习得，甚至是必须的"。⑥

---

① 董晓红：《对不同阶段英语专业学生语用能力的调查与分析》，《外语教学》1994年第3期，第91—95页。

② 刘建达：《中国学生英语语用能力的测试》，《外语教学与研究》2006年第4期，第259—266页。

③ 杨仙菊：《第二语言语用习得：中国学习者英语"请求"言语行为习得的横向研究》，博士学位论文，上海外国语大学，2006年，第vi页。

④ Schmidt, R., "Consciousness, Learning and Interlanguage Pragmatics", In Kasper, G., Blum-Kulka, S. eds. *Interlanguage Pragmatics*, New York: Oxford University Press, 1993: 21—42.

⑤ House, J., "Developing pragmatic fluency in English as a foreign language", *Studies in Second Language Acquisition*, 1996, 18: 225—252.

⑥ Kasper, G., Rose, K. R., "Pragmatics in Language Teaching", In Rose, K. R., Kasper, G. eds., *Pragmatics in Language Teaching*, Cambridge: Cambridge University Press, 2001: 1—9.

比亚莱斯托克（Bialistock）提出，第二语言语用习得过程中存在一个二维模式（a two-dimensional model），即成人学习和使用一种语言要以知识分析（analysis of knowledge）和控制处理（control of processing）为基础。①

贾德（Judd）提出了一个课堂教学中的第二语言语用培养模式，把课堂语用教学规划为五个步骤：（1）教师分析言语行为，（2）培养认知技能，（3）培养接受性和一体化技能，（4）教师控制下的产出技能，（5）自由的综合练习。②

何自然和张巨文论述了外语教学中语用路向的构成要素，包括语用行事说、语用推理说、语用文化说、语用语境说、语用效能说③，张巨文在此基础上提出了培养语用能力的基本原则：（1）以功能为先导，（2）以认知为制约，（3）以心理为保证，（4）以文化为目标，（5）以语境为基础。④

其次，一些学者通过实践分析了学习者语用能力的发展情况以及语用教学对学习者的影响。

韦尔德纳-巴西特（Wildner-Bassett）采用德国人和美国人对话的录像向学习德语的美国学生介绍德语中的会话策略和一些客套话，结果表明，即使是初学者，语用教学对提高语用能力也是有帮助的。⑤ 莫罗（Morrow）对中高级水平的外语学习者讲授了拒绝和抱怨两种言语行为的知识，结果发现课堂讲授言语行为知识可以帮助学习者更好地理解和使用

---

① Bialistock, E., "Symbolic Representation and Attentional Control in Pragmatic Competence", In Kasper, G., Blum-Kulka, S. eds., *Interlanguage Pragmatics*, New York: Oxford University Press, 1993: 43—63.

② Judd, E. L., "Some Issues in the Teaching of Pragmatic Competence", In Hinkel, E. ed., *Culture in Second Language Teaching and Learning*, 上海外语教育出版社 2001 年版，第 23—39 页。

③ 何自然、张巨文：《外语教学中的语用路向探索》，《山东外语教学》2003 年第 4 期，第 3—8 页。

④ 张巨文：《语用与教学："上而下"路径实施的几点看法》，《郑州大学学报》（哲学社会科学版）2004 年第 3 期，第 99—102 页。

⑤ Wildner-Bassett, M., "Intercultural Pragmatics and Proficiency: 'Polite' Noise for Cultural Appropriateness", *International Review of Applied Linguistics*, 1994, 32 (1): 3—17.

这两个言语行为。[1] 布顿纵向比较了英语学习者会话含意理解和表达能力的发展，结果发现，如果没有专门的语用教学引导，学习者的会话含意能力的发展是缓慢的。[2] 李迪克和克罗泽（Liddicoat & Crozet）的研究发现教学对学习一种法语交际规范的作用非常明显，但是在一年之后的跟踪调查中，他们又发现学习者的相关能力退步严重，这说明教学中学到的语用知识需要持续的练习，否则很容易被忘却。[3]

江晓红在中国英语课堂上讲授了恭维语的句法结构、语义结构和回应策略，结果表明课堂教学对学习者掌握恭维言语行为的帮助很大。[4] 杨春红和刘萍考察的是对中国英语专业的大学生英语请求策略的课堂教学效果，结果表明英语语用教学能明显促进学习者语用能力的发展。[5] 周瑾序对大学本科生、硕士生和博士生实施了英语道歉言语行为知识的教学，结果发现，学习者在道歉策略选择方面的改进不明显，但在言语行为表达的恰当性方面提高显著。[6]

罗斯提出"意识觉醒"的概念，认为可以把语用学融入外语教学之中[7]，由于教授语用知识需要具体的情景，但教师在课堂上不可能把所有言语行为等语用知识都讲得面面俱到，因此通过"意识觉醒"提高学习者的语用意识和敏感性非常重要。闫荣和张磊认为在第二语言教学课程以外附加纯粹意义上的语用教学容易受到时间和师资的限制，语用教学不应

---

[1] Morrow, C. K., *The Pragmatic Effects of Instruction on ESL Learners' Production of Complaint and Refusal Speech Acts*, Unpublished Ph. D. Dissertation, State University of NewYork at Buffalo, Buffalo, NY, 1996.

[2] Bouton, L. F., "Conversational Implicature in the Second Language: Learned Slowly When Not Deliberately Taught", *Journal of Pragmatics*, 1994, 22: 157—167.

[3] Liddicoat, A. J., Crozet, C., "Acquiring French Interactional Norms Through Instruction", In Rose, K. R., Kasper, G. eds., *Pragmatics in Language Teaching*, Cambridge: Cambridge University Press, 2001: 125—144.

[4] 江晓红：《语际语用学的课堂研究——恭维语与恭维语回应的可教性探析》，《肇庆学院学报》2005年第1期，第67—70页。

[5] 杨春红、刘萍：《显性语用课堂教学实验研究报告》，《重庆文理学院学报》（社会科学版）2008年第1期，第68—75页。

[6] 周瑾序：《二语学习者道歉言语行为习得研究》，博士学位论文，上海外国语大学，2008年版。

[7] Rose, K. R., "Pragmatic Consciousness-Raising in an EFL Context", *Pragmatics and Language Learning. Monograph Series*, 1994, 5: 52—63.

脱离语言基础教学独立进行,因此设计了语用教学与交际法教学相结合的讨论式英语教学模式并进行了教学实验,结果表明,讨论式教学对提高学习者语用能力方面优于传统演讲式教学。①

巴伦考察了33名爱尔兰的德语学习者在目的语环境——德国,度过了十个月之后的语用能力发展情况。研究结果表明,在目的语环境中相对短暂的居留并不能有效地提高语言学习者的目的语语用能力。她认为在目的语环境中,语言学习者有更多的机会使用他们的语用语言知识和社交语用知识,他们的语用能力毫无疑问地会有所提高。但是,如果缺乏明确的第二语言语用知识的输入,学习者往往会忽视第一语言语用与第二语言语用之间的差别,这妨碍了他们在使用第二语言进行交际时作出正确的判断,甚至会对他们产生误导,将其引向歧途。明确的第二语言语用知识的输入,尤其是要让语言学习者关注到第一语言与第二语言语用规则之间的差别,有助于他们更好地理解第二语言。② 这说明,无论是在非目的语环境还是目的语环境中学习第二语言,明确的语用教学引导对提高学习者的语用能力都是十分必要的。

还有少量研究探讨了不同的教学方法对提高学习者第二语言语用能力的效果。豪斯研究了显性教学和隐性教学在第二语言语用能力发展中的作用,即给控制组的学习者提供各种各样的言语行为习惯用法,并给他们练习的机会,实施隐性教学,给实验组的学习者非常清楚地讲述相同言语行为的元语用信息,实施显性教学。结果表明两种教学法对学习者语用能力的提高都有帮助,而显性教学比隐性教学更有效。③ 立山(Tateyama)也关注了显性语用教学和隐性教学的效果,他的实验对象是学习日语的外国学生,研究表明,显性教学法比隐性法更有效,更能促进第二语言语用能

---

① 闫荣、张磊:《讨论式大学英语精读教学对大学生英语语用习得影响的实验研究》,《北京第二外国语学院学报》2008年第8期,第58—64页。

② Barron, A., *Acquisition in Interlanguage Pragmatics*, Amsterdam/Philadeophia: John Benjamins Publishing Company, 2002: 237—246.

③ House, J., "Developing Pragmatic Fluency in English as a Foreign Language: Routines and Metapragmatic Awareness", *Studies in Second Language Acquisition*, 1996, 8: 225—252.

力的提高。① 朱炼红研究了不同教学法对中国英语学习者语用能力的影响，结果显示，课堂语用教学对学习者语用能力的提高作用明显，显性教学在语用知识习得和记忆保持上比隐性教学更有优势。②

罗斯和葵芬（Kwai-fun）以教授香港大学生使用英语进行恭维和回应恭维为例，比较了演绎法和归纳法的教学效果。演绎组接受提供元语用信息的教学，归纳组需要根据语料自己发现恭维语及其回应规则，研究表明，两种教学法都可以提高语用语言水平，但只有演绎法对提高社交语用水平更有帮助。③ 但是谢媛媛的研究却发现这两种教学方法的效果差别不大。④

最后，我国一些外语教学研究者提出了一些语用教学的具体方法和建议。王传经认为间接言语行为的复杂性使其成为英语教学难点，为了提高学习者的交际能力，应该在教学中让学生熟悉间接言语行为的特点，会灵活使用规约性间接行为句，教学生依靠语境选择言语行为，克服因差异带来的交际障碍。⑤ 陈成辉和刘绍忠在分析言语行为理论的基础上，提出在外语教学中应"不断更新和发展我们的'语言'观"，让学生"学会识别和区分言内行为和言外行为，准确理解和把握说话人的信息意图和交际意图"。⑥

姜占好分析了学习者产生语用失误的原因，提出显性和隐性两种教学建议。显性教学应注意英汉在语音、词汇、句法和语篇上的对比以及语用

---

① Tateyama, Y., "Explicit and Implicit Teaching of Pragmatic Routines: Japanese Sumimasen", In Rose, K. R., Kasper, G. eds., *Pragmatics in Language Teaching*, Cambridge: Cambridge University Press, 2001: 200—222.

② 朱炼红：《显性教学对语用能力发展的影响》，《山东外语教学》2008年第1期，第85—89页。

③ Rose, K. R., Kwai-fun, C. N., "Inductive and deductive Teaching of Compliments and Compliment Response", In Rose, K. R., Kasper, G. eds., *Pragmatics in Language Teaching*, Cambridge: Cambridge University Press, 2001: 145—170.

④ 谢媛媛：《显性教学对英语学习者使用道歉策略的影响》，硕士学位论文，江西师范大学，2007年。

⑤ 王传经：《间接言语行为及其对英语教学的启示》，《外语教学》1993年第2期，第1—9页。

⑥ 陈成辉、刘绍忠：《言语行为理论对外语教学的启示》，《四川外语学院学报》2002年第2期，第143—146页。

知识的讲授；隐性教学则是组织学生观看英文原版电影、开展网上讨论，并开设文化对比课程或举行讲座。① 戴炜栋和杨仙菊论证了语用教学的必要性和可行性，介绍了显性教学和隐性教学的特点，提出了显性教学的具体课堂组织过程：提供元语用信息→提供真实语境→提供交际机会→提供及时反馈。②

牟金江认为教师在英语课堂上的教学语言和互动是学生接触的最真实的交际过程，教师应区分教学语言语用功能（如寒暄、提问、指令、评价等），优化并利用教学语言，使学生的相关语用能力在真实交际中得到发展。③

司联合（2001）、朱艳梅（2006）、刘琴（2007）、常智勇（2008）、李芝（2008）、王智音（2009）、杨满珍（2009）等都针对提高外语语用能力提出了一些建议，如转变教学观念、增强语用意识、注重文化教学、创造语言环境、采用电影观摩和角色扮演等教学法。

二 汉语作为第二语言的语用习得研究

语际语语用学在西方兴起至今只有 20 多年，目前还没有被系统地引入汉语作为第二语言的教学中，但汉语教学界的研究者已经自觉地发现了语用在语言教学中的重要性，展开了相关的讨论。吕必松先生就指出"在语言教学中也要进行语用规则的教学"。④

常敬宇在 1988 年就注意到留学生在使用汉语时语气表达方面的失误，提出应加强对汉语语气情态语用功能的研究，并将其体现在教材和教学中。⑤ 吕文华和鲁健骥分析了学汉语的外国人在语用上的失误，探讨了语用失误出现的根源以及防止语用失误的办法，主张加强汉语语用研究，并

---

① 姜占好：《中介语语用学研究及其对提高学生语用能力的启示》，《山东外语教学》2003年第 2 期，第 64—67 页。

② 戴炜栋、杨仙菊：《第二语言语用习得的课堂教学模式》，《外语界》2005 年第 1 期，第2—8 页。

③ 牟金江：《英语课堂教学语言的语用分类及其优化设计》，《课程·教材·教法》2007 年第 2 期，第 59—63 页。

④ 吕必松：《吕必松自选集》，河南教育出版社 1994 年版，第 203 页。

⑤ 常敬宇：《对外汉语教学应重视语气情态表达》，《世界汉语教学》1988 年第 4 期，第230—234 页。

把研究成果运用到对外汉语教学中。① 刘正文观察和分析了东南亚华裔学生使用汉语的语用失误，提出汉语教学应借鉴现代语言学理论，剖析学生的语用失误，并从语用学角度开发适应时代的汉语教材。②

一些研究者从分析语用入手，阐释了对外汉语教学中引入语用学方法的重要性。崔希亮在分析语言交际能力和会话含义的基础上指出，语用学的方法和话语分析的手段在语言教学中的特殊地位，应该为汉语教学服务。③ 张黎认为言语策略是制约言语行为的深层次因素，汉语教学中要传授语言项目和言语策略的对应关系以及篇章组织方式，语言教学引入言语策略的概念，有助于对语言教学的全面把握，并把教学落实在语用上，全面提高学生的语言能力。④ 白娟和贾放认为能否理解和使用话语标记语是衡量交际能力的一项重要指标，他们在对留学生使用汉语话语标记语情况分析的基础上提出，应加强汉语话语标记语的研究，将研究成果编入汉语教材，并在对外汉语教学中系统地进行话语标记语的教学。⑤

吕俞辉认为对外汉语教学是培养语用能力的过程，并在分析语用能力的内涵的基础上，论述了教学中如何利用语境的功能找出合适的话语义以及如何利用合作原则推导语用含意。⑥ 陈作宏以中级口语课为例，探讨了语用分析在对外汉语教学中的优势，提出应在对外汉语教学中从语用分析入手避免使用错误，培养学生辨别语境的能力。⑦ 他还讨论了汉语教师应

---

① 吕文华、鲁健骥：《外国人学汉语的语用失误》，《汉语学习》1993 年第 1 期，第 41—44 页。

② 刘正文：《华语教学的语用学思考》，《暨南学报》（哲学社会科学）1998 年第 4 期，第 76—82 页。

③ 崔希亮：《语言交际能力与话语的会话含义》，《语言教学与研究》1992 年第 2 期，第 97—113 页。

④ 张黎：《言语策略与语言教学——中高级汉语教学向语用扩展》，《语言文字应用》2002 年第 2 期，第 86—90 页。

⑤ 白娟、贾放：《汉语元语用标记语功能分析与留学生口头交际训练》，《语言文字应用》2006 年第 S2 期，第 122—125 页。

⑥ 吕俞辉：《对外汉语教学的语用观》，《上海大学学报》（社会科学版）2002 年第 2 期，第 90—95 页。

⑦ 陈作宏：《语用分析在汉语中级口语教学中的运用》，《语言与翻译》2003 年第 1 期，第 58—61 页。

如何更合理地在教学中利用语境、焦点、话题、语序、会话含义等语用知识。① 张鲁昌主张要从性质、时间、地点、场合、交际双方的语用距离等方面研究实施言语行为的语用条件，并把研究成果教给学生，帮助他们提高汉语的理解和表达能力。② 王凤兰认为成功的汉语交际必须具备相应的语用能力，她强调语境在对外汉语教学中语用能力培养的重要性，提出语用能力的培养就是要利用语境找出话语的真实含义，要培养学生的语用推理能力和语用得体能力。③ 周虹提出在 HSK 教学中引入语用分析是可行和有效的，主要方法是利用语境找出最恰当的意思，通过合理的语用推理寻找言外之意。④ 李丹丹（2006）、陈晓桦（2007）、刘丽艳（2008）、古丽加依娜尔·哈山（2009）等研究者也作过在汉语教学中引入语用学的相关讨论，由于观点有较多重复，此处不一一列举。

吴伟平以香港中文大学对外汉语教学中的口语教学为例，讨论了语用点的结构与难度指数，语用点与语言水平之间的关系，以及如何以语用点为纲定出教学大纲及教学指标⑤，他认为，语言教学以语用为纲进行总体设计是可行的，并说明了以语用为纲的教学大纲有四个特点："强调语境因素是整个学习过程中不可分割的一部分，语用框架与语言形式相结合是大纲的基础；强调在语言实际运用过程中掌握语言基本知识；强调语用为纲，语言结构为语言运用服务的原则；强调在真实的语境中得体地运用语言是学习的最终目标，语言能力，而不仅仅是语言知识。"⑥

还有一些研究者有针对性地调查了汉语学习者的语用能力，提出了相应的教学建议。刘颂浩和田俊杰用问卷和访谈的方式调查了北大部分留学生的语用情况，发现几个值得注意的问题："1. 在答题时，不同被试可能

---

① 陈作宏：《第二语言汉语教学中语用知识的合理利用》，《民族教育研究》2004 年第 1 期，第 67—72 页。

② 张鲁昌：《对外汉语教学中言语行为的语用条件研究》，《云南师范大学学报》（对外汉语教学与研究版）2005 年第 5 期，第 63—66 页。

③ 王凤兰：《语用能力、语境与对外汉语教学》，《西南民族大学学报》（人文社科版）2005 第 6 期，第 337—339 页。

④ 周虹：《对外汉语教学中的语用观》，《语文学刊》2008 第 9 期，第 164—166 页。

⑤ 吴伟平：《汉语教学中的语用点：由点到面的教学实践》，《世界汉语教学》2006 年第 1 期，第 91—97 页。

⑥ 吴伟平：《社会语言学理论与对外汉语教学实践》，《语言教学与研究》2009 年第 2 期，第 37—44 页。

选用了不同的策略。2. 很多被试在碰到一个不熟悉的表达方式时，首先想到的是母语的有关现象。3. 有些学生对语用规则了解不全面，混淆了不同规则的使用场合。4. 有些学生对调查的问题，如'我们'代替'我'，虽然知道，但并没有真正理解。"在此基础上提出，对外汉语教学的教学目标要切合实际。① 蔡晓丽考察了日韩和东南亚初级、中级、高级三个水平阶段的留学生实施汉语拒绝言语行为的情况，结果表明，留学生在拒绝时安慰和道歉语运用过多，策略的使用不如中国人丰富，根据交际双方的权势和社会距离恰当选择拒绝策略的能力很有限，存在不少语用失误；由此提出在对外汉语教材和教学中应始终贯穿对学生语用能力的培养。② 孙晓曦和张东波利用书面话语填充的方式研究美国大学生汉语学习者汉语请求言语行为能力，发现学习者请求能力较低，他们常常过度使用常规性间接请求策略，在弱化请求行为的面子威胁效应方面，学习者外部修正策略的使用量要低于本族语者，也难以根据请求情景的差异调整策略的选择。③ 他们的调查对象数量较少（本族语 12 人，留学生 8 人），在一定程度上影响了结论的可靠性。王茜以母语为英语的中级汉语学习者为对象，调查了他们在口语交际中话语标记语的使用情况，发现存在双语性、有限性和偏误性三个特点，在此基础上提出，应加强汉语话语标记语的本体研究和对比研究，汉语教材编写应注意话语标记语的编排和解释，教学中要注意培养学生使用汉语话语标记语的元认知监控意识。④

王美玲考察了中高级学习者在汉语文化词语和汉语文化语用两个方面的语用能力，调查发现，随着语言水平的提高，学习者在某些（不是全部）汉语文化语用项目上的能力也有增强的趋势，在另一些项目上差别不明显，甚至有语言水平较低，文化语用能力却较强的情况；母语语用迁移的问题比较明显；在汉语文化词语方面，不同水平的学生表现都很差。

---

① 刘颂浩、田俊杰：《留学生汉语语用情况调查》，《语言文字应用》1999 年第 1 期，第 85—92 页。

② 蔡晓丽：《日韩和东南亚留学生习得汉语拒绝言语行为的调查研究》，硕士学位论文，暨南大学，2006 年。

③ 孙晓曦、张东波：《美国大学生汉语"请求"言语行为能力研究》，《世界汉语教学》2008 年第 3 期，第 105—114 页。

④ 王茜：《以英语为母语的汉语学习者口语话语标记语的使用研究》，硕士学位论文，华东师范大学，2008 年。

在调查分析的基础上，王美玲提出应开展专门的文化语用教学，在教学中要有准确、实用、与时俱进的教学内容，安排循序渐进的教学过程，实行合理有效的分班策略。①

从以上论述可以看出，在对外汉语教学界，越来越多的研究者注意到了语用研究和语用教学的重要性，在语用能力考察方面进行了初步的尝试，在语用教学和教材编写方面开展了有益的思考。对外汉语教学是第二语言习得研究的一部分，应借鉴和吸收国外语际语用学的研究内容和研究方法，开展以汉语为目的语的语用习得与教学研究，形成自己的特色。

第四节 研究的意义

一 现有研究的成果与不足

第二语言语用习得与教学研究经历了近 30 年的发展，取得的成果是有目共睹的。

首先，理论框架基本确立，即运用语用学中的言语行为理论、会话含意理论等和第二语言习得理论相结合，共同解释第二语言语用发展过程中出现的一些现象和问题。

其次，越来越多的语用学者和第二语言研究者看到语用学在第二语言习得中的重要性，投入第二语言语用习得的研究中来。他们把语用学和二语习得联系在一起，研究第二语言语用发展的规律，以及如何更有效地教授和学习第二语言。一定数量稳定的研究队伍是二语语用习得研究持续发展的有力保证。

再次，第二语言语用习得为语用学和第二语言习得研究开拓了新的视野，提出了新的挑战。一方面，传统的语用学研究以纯理论性的探讨为主，随着二语语用习得的出现，实证研究进入语用学，在共性的基础上对不同语言语用规则个性的揭示也受到更多的关注；另一方面，第二语言习得也由原来的语音、词汇、语法、语义的习得研究扩展到了语用习得研究。

---

① 王美玲：《对外汉语文化语用教学研究》，博士学位论文，陕西师范大学，2010年。

最后，对于第二语言语用发展的规律，学界已经取得了一些共识：即使是第二语言水平很高的学习者在使用目的语进行交际时也会出现语用失误，语用能力与本族语者存在相当差距；母语或第一语言的语用迁移在各个水平层次的第二语言学习者中都存在，对其使用第二语言造成影响；无论是在母语环境还是目的语环境，对学习者的语用引导都是必要而且可行的；有意识的语用教学对学习者语用能力的提高有帮助，和隐性语用教学法相比，显性教学法对促进语用习得更有效。

然而，现有的第二语言语用习得与教学的研究还存在许多不足，有待进一步发展。

第一，理论系统和研究方法还不完善，研究成果比较零散。

第二语言语用习得研究应是语用学和第二语言习得共同支撑的，但由于学科的理论体系和研究方法还没有完整、系统地建立起来，目前的研究大都是以语用学的角度切入，研究第二语言学习者的言语行为能力、会话含意的理解能力，或其他语用单元的使用能力；从第二语言习得理论，尤其是认知理论和社会文化心理方面探讨学习者语用能力发展的研究还很少。就研究对象来说，大部分研究关注的是学习者二语言语行为能力的情况，但有的考察请求行为、有的考察道歉行为、有的考察拒绝和抱怨，显得比较零散，对结论的描述也各有侧重，难以看出言语行为习得的整体情况。另外，对其他语用要素习得的考察较少，如礼貌原则、指示语等，可谓寥寥无几。

第二，许多课题的研究结论出入很大，甚至出现相互矛盾的情况。

在母语语用迁移和第二语言水平的关系方面，有的研究表明二者是正相关，即二语水平越高语用迁移越多，有的研究却发现二者是负相关；在语用能力与第二语言水平的关系方面，有些研究认为二语水平越高，语用能力越强，有些研究的结论却发现二语水平对语用能力的影响不大；在语用教学方面，有些研究者主张必须开展专门的语用教学帮助学习者提高语用能力，也有一些研究者认为增强学习者的语用意识更重要。这些争论说明第二语言语用习得是一个非常复杂的问题，需要不断深入地探索。

第三，研究涉及的第二语言的语种数量少，研究成果缺乏普遍性。

语用学是在西方兴起的一门学科，以此为基础的第二语言语用习得目前也是以西方学者的讨论居多，以英语为目的语的研究占大多数，少数涉及德语、西班牙语、希伯来语，个别涉及日语，针对其他目的语，尤其是汉语等东方语言的研究目前还几乎是一片空白，这就在一定程度上限制了相关理论方法的适用范围，也就是说现有的第二语言语用习得理论和方法能否解释其他语言语用能力的发展规律目前还不得而知。

第四，如何系统全面地制定语用教学大纲，开展语用教学，编写教材，目前缺乏具体的操作范式。

语用能力是需要而且可以培养的，这一点已无疑义。但目前还没有一套真正意义上的语用教学大纲被制定出来，也没有以语用为纲的语言教材出版，虽然有研究者提出了语用大纲的编写依据和特点，但实际操作起来仍困难重重。语用教学法是目前讨论较多的议题，但研究者们的表述往往比较抽象，缺少具体的指导和借鉴性。

第五，对于汉语作为第二语言的语用习得研究还处于初级阶段，亟待加强。

目前，汉语语用本体研究的成果有限，第二语言语用习得的理论和方法也未被完全引介进入对外汉语教学研究，二语语用习得研究的主要课题，如言语行为的习得、会话含意理解能力的发展、母语语用迁移、学习环境对语用能力的影响、语用教学对语用能力的影响，等等，在对外汉语教学研究中可以说是一片空白。少数调查学习者汉语语用能力的研究基本都是对学习者语言使用"结果"的研究，对如何才能提高学习者语用能力的过程研究不足，虽然越来越多的研究者认识到了语用能力在汉语交际中的重要性，有的还提出在对外汉语教学中培养语用能力的教学建议，但大都是思辨性的，比较宏观和抽象，缺乏具体的操作性，也没有经过实践的检验，而且针对性较弱，低水平重复现象较严重。

二　本研究的意义

第二语言教学是通过语言知识的传授和言语技能的训练培养学习者使用第二语言进行交际的能力。言语技能包括听、说、读、写四个方面，而无论是"听说"还是"读写"都不外乎话语的理解和意义的表达。要做到对话语的准确理解和恰当表达，只熟悉发音技巧、了解语法结构、懂得词语意思是远远不够的。拿口语交际来说，"在什么情况下"，"对谁说"，"怎么说"，"为什么这样说"这些在语言运用当中和交际成败密切相关的重要因素，都是语用研究所注重的问题，因此，语用知识的掌握、语用能力的高低是决定交际成功与否更深层次的因素。

本研究充分关注汉语作为第二语言的语用习得与教学,从语用学的角度探索对外汉语教学的新路向,在理论和实践上都有一定的意义。

第一,在汉语语用本体研究特色的基础上引入西方语用研究,呈现语用教学内容的全貌。

"汉语语法是语用优先语法,语用在汉语中的作用更为重要、更为根本"[①],从20世纪90年代开始,汉语学界就充分认识到了汉语的这个特点,对汉语语法的语用平面即汉语的结构语用进行了广泛深刻的研究,取得了很大成绩,对西方交际语用学的关注却相对薄弱。然而,无论是结构语用学,还是交际语用学,都只是语用研究的一个部分,两者结合起来才能体现语用研究的全貌,相应的语用习得,也应该有语用大格局的观念,不可顾此失彼,尤其对于汉语语用习得与教学,对结构语用和交际语用任何一方都不能偏废,否则,语用教学就是不完整的,难以达到语言教学的最终目的。因此,一方面立足汉语本体结构语用的研究;另一方面吸纳西方交际语用的研究,整合多方资源,描画出语用教学内容的整体面貌,对汉语语用理论体系的构建和提高学习者汉语语用能力的语用教学实践都具有重要意义。

第二,较全面地调查汉语学习者语用能力,分析学习者和汉语本族语者在语用方面的差异。

开展语用教学,首先要面对的问题就是"教什么"。在课堂上没有必要也不可能把一种语言的所有语用知识传授给学习者,因此,教学内容是要有选择性的,选择的重要标准是学习者的需求。一般来说,第二语言学习者本身已经熟练掌握了至少一种语言,不同语言的语用之间有一定的共性,这些共性可以帮助第二语言学习者"免费"地获得一些第二语言语用知识,这部分知识可以不进入语用教学内容的范围,那些不能"免费"获得的二语语用知识则要纳入语用教学内容的范围,通过课堂教学让学习者获得。全面地调查汉语学习者的语用能力,了解他们掌握了什么,分析学习者和汉语本族语者在语言使用方面的差异,了解他们还没有掌握什么,需要进一步学习什么,这对确定语用课堂教学内容至关重要。

第三,在汉语课堂教学中实施语用教学,考察语用教学对汉语学习者语用能力发展的影响。

---

① 刘丹青:《语义优先还是语用优先——汉语语法学体系建设断想》,《语文研究》1995年第2期,第10—15页。

语用能力是语言交际能力的重要组成部分，通过什么样的方式能使第二语言学习者的语用能力更快、更好地发展，这是语言教学研究者不能回避的问题。西方研究者已经通过语用教学实验等途径发现专门的语用教学能够有效地帮助第二语言学习者提高语用能力，而以汉语作为目的语的语用发展是否存在相同规律，目前还没有明确的认证，因此，这方面的工作能够在一定程度上检验既有理论的适用范围。另一方面，如果不开展专门的语用教学，而是将其融入常规的听、说、读、写的教学与训练中，是否也能达到促进语用能力发展的效果，进而使学习者的语言能力和语用能力共同得到提高，关于这个问题的研究对于对外汉语教学的总体设计、课程设置等具有重要的参考价值。

第四，探索融合汉语语用教学内容的教材编写模式，使语用教学更好地在对外汉语教学中得到贯彻。

教材是教师教汉语、学生学汉语所依据的材料，是教学整体的有机组成部分，直接反映教学内容和教学目标，体现了语言教学中"教什么"和"怎样教"这两个根本的方面。当前的对外汉语教学界，语用教学观还没有深入人心，大部分汉语教师受结构主义语言学影响较深，本身对语用学理论、语用原则等缺乏系统的了解，即使有语用教学的意识，要真正贯彻在教学中恐怕也有一定的困难。在这种情况下，语用教材的编写就显得尤为重要。一套好的教材能促使教与学都达到更好的效果。把语用知识和语音、词汇、语法等其他语言要素内容一起科学地编排在教材中，既能够有效保证教师将语用教学贯穿教学过程的始终，又能够帮助学生对语言知识能力的全面掌握。

语言理论影响语言教学。汉语教学一直受到汉语本体理论研究的影响，汉语本体研究中语音学、词汇学、语法学三足鼎立，几十年来汉语教学的教学大纲、课程设置和大部分教材也万变不离其宗地以语音、词汇、语法为主要内容。对外汉语语用教学的探索，要以汉语本体研究为基础，又对汉语语用研究提出了新的任务，是本体研究的助推器和试金石；应用方面，拓展了对外汉语教学的新领域，"与国际上的语际语用学与二语教学研究形成呼应，丰富二语习得领域的研究成果"。[①]

[①] 李军、薛秋宁：《语际语用学及其应用》，《语言文字应用》2007年第1期，第70—77页。

第五节　研究内容、目的和方法

一　主要研究内容

本研究关注汉语作为第二语言的语用习得与教学，分析整理汉语语用教学的主要内容，在此基础上，以初级水平汉语学习者为调查对象，分析其语用能力与汉语本族语者的差异，并以初级汉语口语教学为例实施语用教学实验，考察语用教学对汉语学习者语用能力发展的影响，对学习者语用习得过程进行认知心理的分析和解释，最后将研究成果应用于对外汉语语用教学模式的构建和教材的编写。

本研究的预期假设为：汉语学习者的语用能力与汉语本族语者差距明显，汉语语用教学有必要性；有意识的语用教学对学习者汉语语用能力的提高有帮助，汉语语用教学有可行性。理论推导和实践证明的结论彼此相近，并且能够互相说明和印证。

二　研究目的

对外汉语教学研究的主要目标是要解决"教什么""怎样教""如何学"这三个基本问题。本研究重点关注对外汉语语用教学，研究的主要目标就是要解决汉语语用教学"教什么""怎样教""如何学"的问题。

（一）较为全面地勾勒汉语语用教学内容的系统框架，解决"教什么"的问题。

我们将通过汉外语用对比分析和学习者语用偏误分析，探寻汉外结构语用差异和交际语用差异，以及学习者的结构语用失误和交际语用失误，在此基础上尝试构建汉语语用教学内容系统框架。

（二）探讨汉语语用教学方法，解决"怎样教"的问题。

"教语用"对于对外汉语教学来说是一个新的尝试，没有既定模式的参考。我们将借鉴交际—功能法和外语界的显性语用教学法，摸索适合汉语语用教学的方法，并在教学实验中检验其效果。

（三）研究通过接受汉语课堂语用教学，学习者语用能力的发展状况，并进行认知心理学的分析，解决"如何学"的问题。

学习者的语用能力究竟是怎样习得的目前学术界还没有权威的解释或

统一的认识。我们将根据学习者在学习过程中的表现和学习结果，试图从认知心理学的角度探讨汉语学习者的语用习得规律。

三　研究方法

研究方法的科学性决定研究结论的客观性和可靠性。本研究在方法上采取理论探讨和实践证明相结合，横向对比和纵向对比相结合，定量分析和定性分析相结合。

（一）理论和实践相结合

任何一种研究都要有理论基础的支撑，本研究的理论基础主要是语用学理论、第二语言习得理论和认知心理学理论。理论是从实践中来，并且要运用到实践中去的，本研究开展具体的汉语语用教学实践，应用以上理论为实践服务，并进一步检验和发展理论。

（二）横向对比和纵向对比

本研究主要采用书面问卷的方式收集语料，测试对象包括汉语学习者和汉语本族语者。汉语学习者分为接受语用教学的实验组和不接受语用教学的控制组，分别在（语用）教学前和教学后进行两次测试。

1. 横向对比

本研究中的横向对比包括几个方面：汉语学习者和汉语本族语者语用能力的对比；实验组和控制组在前测中的表现的对比；实验组和控制组在后测中的表现的对比。

2. 纵向对比

本研究中的纵向对比包括几个方面：汉语学习者在前测中和本族语者的差异与其在后测中与本族语者差异的对比；实验组在前测到后测中表现出的发展变化和控制组在前测到后测中表现出的发展变化的对比。

（三）定量分析和定性分析

1. 定量分析

将语用测试的结果输入 SPSS17.0 软件，进行统计学分析，包括正态分析、单因素方差分析、t 检验等参数分析。统计中以 95% 为标准置信区间，即 $p=0.05$ 为差异显著性临界值，$p<0.05$ 时，样本存在显著性差异，反之不存在显著性差异。

2. 定性分析

对汉语学习者和本族语者在问卷测试中的语用表现进行特征描述，归纳其特点和规律。

第六节　本章小结

本章主要回顾了第二语言语用习得研究的历史和现状，并归纳其成就和不足，在此基础上提出本研究的意义，介绍本研究的内容、目的和方法。特别需要如下说明。

（一）在分析相关研究的基础上对语用学重新分类并界定了相关概念。

语用学研究语言在语境中的使用，即语言使用者（包括说话人和听话人）在一定的语境中交际时如何利用语言进行意义的表达和理解，由结构语用学和交际语用学组成。

结构语用学研究句法结构在使用中的变化及其产生的语用意义，研究范围限于上下文语境影响下的和句法表现形式有关的语用问题。

交际语用学研究交际过程的原则和规律，研究范围涉及在情境语境和社会文化语境影响下语言的使用和理解。

语用能力就是在语境中选择恰当的语言形式表达自己交际意图以及准确理解对方的交际意图的能力。

结构语用能力指的是，在一定的上下文语境中选择恰当的语句结构模式正确表意，并且准确理解某种语句结构特定含义的能力。

交际语用能力指的是，在一定的社会文化语境和具体的情境中按照交际的原则和规律使用和理解语言的能力。

结构语用失误指的是句子内部的结构安排不符合上下文语境，或者不能准确反映和理解主题、焦点、说话者的主观情态等。

交际语用失误指的是由于不了解目的语社会的文化习惯或交际原则和规律，导致说话方式和内容不得体，不符合目的语社会的习惯，表意不准确，或者不能正确理解话语含义。

（二）整理了语用学的基本分析单元。

主要属于结构语用学的：主题结构、信息结构、焦点、语气、口气、句法成分的位移、话语标记语。主要属于交际语用学的：指示语、预设、言语行为、会话含意、礼貌和面子、会话结构。

需要注意的是某些分析单元既有属于结构语用学的部分，也有属于交际语用学的部分。

第二章 汉语语用教学内容

"教什么——如何学——怎样教"是对外汉语教学研究的基本框架,这个框架的核心是作为第二语言或外语的汉语,即服务于第二语言教学的汉语本体研究,也就是说,"教什么"的问题应是研究的核心问题。对外汉语语用教学就是要"教语用",这从表面上看似乎已经解决了"教什么"的问题,但是"语用"是一个非常宽泛的概念,它的外延包罗万象,虽然我们限定了语用学的基本分析单元[①],然而每一个单元的内容也都是纷繁复杂,无法穷尽的。我们需要从庞杂的语用相关内容中寻找哪些内容可以教,确定哪些内容需要教。这就涉及第二语言教学的两个方面,一是语言本体研究;二是习得研究。

西方语用学研究尤其是在交际语用学方面取得了丰富研究成果,而其语用教学基本是围绕言语行为展开的,少数涉及会话含意和话语标记语,没有充分考虑指示语、口气等其他语用要素。言语行为是语用学研究的重要分析单元,关于言语行为的习得研究当然很有价值,但这样研究的范围是有局限性的,或者至少可以说是不够全面、不够完整的。另外,西方的语用教学研究对教学内容选择时没有特别顾及不同语言之间的异同和第二语言学习者的语用失误,这也是导致其不够完整全面的原因。

在对外汉语语用教学研究中,要有全局的观念。一方面,服务于对外汉语语用教学的汉语语用本体研究是汉语语用教学的依据,语用教学是汉语语用本体研究在教学方面的应用,本体研究有哪些成果,决定了哪些语用知识可以教;另一方面,学习者在汉语语用习得中可能出现失误或已经出现失误的地方,是汉语语用教学需要教的内容,这些内容可以通过汉外语用对比分析和学习者语用失误分析确定。

---

① 参见第一章第二节的内容。

就汉语语用研究的现状来看，结构语用学的研究成果相对比较丰富，因此我们将结构语用学的主要研究对象：主题结构、焦点、信息结构、语气、口气、句法成分的位移、话语标记语纳入语用教学的备选范围。汉语研究界对于交际语用学的研究相对薄弱，较为零散。汉语语用研究最薄弱的环节当属语用预设的研究。关于预设，西方语言学界对其本质到底是什么仍有很多争论，没有形成共识和统一的划分标准，而汉语界关于预设的研究大都是语义方面的，对语用预设的研究似乎尚未系统深入地展开，难以在应用中成为坚实的理论基础和教学的依据，因此，我们暂时不考虑将其纳入语用教学内容的范围。综上所述，汉语语用教学"可以教"的内容包括：主题结构、焦点、信息结构、语气、口气、句法成分的位移、话语标记语、言语行为、指示语、会话含意、礼貌和面子、会话结构。

下面我们将主要通过汉外对比分析和汉语学习者语用失误分析，探讨汉语语用教学"需要教"什么。

第一节　汉外语用对比分析

第一语言会对第二语言习得造成影响，是不争的事实。其影响发生在语言的多个层面，因此，第二语言习得常常被描述为克服第一语言的影响，逐步用目的语的语言特征代替第一语言特征，并大致接近目的语本族语者言语的过程。对比分析对第二语言教学的作用重大，语言教学研究者和教师通过对学习者母语和目的语的比较，找出它们之间的不同之处，就能够比较清楚地了解什么是学习者学习中的难点，需要重点讲解，从而为教授这些内容做好准备。

语言对比首先要确定对比是否有共同的基础，要将所对比的对象加以分类，看它们是不是同属于某一类或处于同一层面上。不同类或不同层面的对象是没有可比性的。语言是一个由各个分支系统构成的大系统，每个分支系统都构成一个比较的层面，如语音系统——语音系统对比，语法系统——语法系统对比，词汇系统——词汇系统对比，语用系统作为语言系统的一个分支，也构成一个对比层面。

语用层面的对比主要可以从"语言表达方式"和"语用意义"两方面入手进行。也就是说，不同语言中相似的语言表达方式可以作为对比的基础，比较某种相似的表达方式在不同语言中的语用功能有什么不一样，对比的着眼点是语音、词汇、句法、篇章等语言结构形式;相似的语用功能也可以作为对比的基础,比较某种语用功能在两种语言中是通过何种语言形式表达出来的,对比的着眼点是言语行为、会话含意、指示、焦点、主题等语用分析单元。本研究是以语用学为基础的,语用对比选择从语用意义着手进行。

需要说明的是目前汉外对比的相关研究主要集中在中西方语言文化对比,尤其是汉英对比当中,涉及其他语言的较少,加上我们的学识、精力和篇幅有限,也不可能拿所有汉语学习者的母语同汉语来比较一番,因此本章的分析以汉英比较为主,意在说明中外语言在哪些语用方面存在差异、什么内容需要在教学中多加关注即可。

一 结构语用方面的对比

结构语用主要是指句法结构在使用中的变化及其产生的语用意义,基础是语法三个平面中的语用平面。在结构语用的对比中,句法是一个无法回避的问题。和其他语言相比,汉语句法具有鲜明的特点。这首先就体现在汉语的句法重"意"不重"形",是重意合的语言,同英语等西方语言重形合不同,汉语句法注重以意驭形,不用或少用关系词,句子中各成分之间的关系靠隐性连贯、事理顺序或者逻辑关系间接地体现出来,句子结构显得松散,但很灵活且富有弹性。由于句法重意合,与印欧语词类—句法成分基本一一对应相比,汉语词类和句法成分之间不是简单的对应关系,显得比较杂乱,如图2-1、2-2所示[①]:

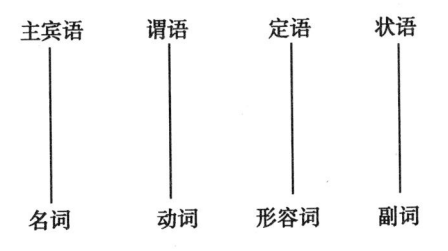

主宾语　　谓语　　定语　　状语

名词　　动词　　形容词　　副词

图2-1　印欧语词类与句法成分对应图

[①] 本图表参考朱德熙先生在《语法答问》第4—5页的"印欧语和汉语词类与句法成分的对应图",但有所变化,关于汉语词类和句法成分的对应在朱先生的基础上增加了动词和定语、形容词和状语、副词和定语的对应。

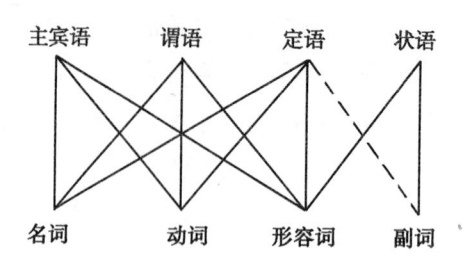

```
主宾语    谓语    定语    状语


 名词    动词    形容词   副词
```

图 2-2 汉语词类和句法成分对应图

如此复杂的对应关系是由汉语语用优先的本质特点决定的，即汉语"由于缺乏严格意义的形态变化，因而结构独特，灵活多变，颇多隐含，着重意义。最主要的表现是，汉语的'话'如行云流水，句与句之间似断若连，它不重形式，而着重内在的意念贯串相承，不注重一个个孤立的句子，而往往围绕一个话题展开议论叙述。因此，在汉语语法研究中，话语分析（话语主题、话语内容、蕴含结构等）就显得特别重要，我们不应只守着一个个孤立的句子，把找寻主语、宾语等句子成分作为语法分析的中心，而应注重语境以及语用的分析研究。当然，话语分析必须跟句子的句法分析相结合，并在它的基础上进行"。[①]

一种语言的特点是该语言和其他语言不同之处的集中表现。汉语重意合且语用优先的特点体现了汉语同英语等语言的差异，说明汉语语法的语用平面，即汉语结构语用方面的内容应是汉语语用教学的重点。

（一）话题—说明和主语—谓语

美国语言学家李纳（C. N. Li）和汤普森（Tompson）在分析了多种语言的基础上建立了语法类型学模型，把世界上的语言分为四种类型：重主语型、重话题型、主语和话题皆重型、主语和话题皆不重型。英语属于重主语型，汉语属于重话题型。也就是说，在英语中，主语更能满足句子完整性的需要，且主谓之间要有形态的一致性；而在汉语中，主题更能满足句子完整性的需要，主谓之间没有形态的一致性。句子话题—说明的框架结构使汉语句子在使用上非常灵活自由，话题和说明之间的联系可以非常松散，有些句子甚至松散到在别的语言中将成为不合法的程度。例如：

[①] 龚千炎：《语言文字探讨》，北京语言学院出版社 1994 年版，第 8 页。

（1）我（的电脑）要坏了找你。

这句话如果按照字面意思直接翻译成英语是完全不能接受的，必须把所有省略的成分补齐才可以成句。

话题是说话者想要说明的对象，在英语中，由于语用的需要，当然也能够把句子转换成话题说明的方式，但是在转化过程中受到很多制约，和汉语相比，自由度相差甚远。首先，汉语话题—说明框架下句子的话题可以有一个，也可以有两个，而英语由于主谓一致性的限制，只能有一个。例如：

（2）我吃了苹果。（话题是"我"）
　　　I ate the apple. （话题和主语重合是"I"）
（3）苹果我吃了。（话题是"苹果"）
　　　The apple I ate. （话题是"the apple"，主语是"I"）
（4）我苹果吃了。（大话题是"我"，小话题是"苹果"）
　　　*I the apple ate. （不合法）

其次，汉语话题—说明结构不受句类的限制，无论是陈述句、疑问句还是祈使句、感叹句都可以用。例如：

（5）数学题他做了很多。（陈述）
（6）数学题他做了很多吗？（疑问）
（7）数学题你多做点。（祈使）
（8）数学题他做了好多啊！（感叹）

而英语句子的话题化只能出现在陈述句中，其他句类都不能有话题化的转化。

最后，汉语话题—说明的结构是开放性的，句子可以围绕一个话题多方面、多层次地进行说明，甚至铺排；而英语主语—谓语的结构框架是封闭性的，受到主谓一致关系的制约。例如：

（9）上海针织公司由37个企业组成，生产规模大，且拥有众多的名牌产品，如"菊花牌""鹅牌"和"三枪"牌，每年的销售额高达 13 亿元。

Shanghai Knit Goods Corporation is made up of 37 enterprises and enjoys a broad production scale. The corporation owns several wellknown local brands such as "Swan", "Chrysanthemum" and "Three Guns" with annual sales volume reaching about 1.3 billion RMB.

（10）中国目前的教育制度可以分为四个阶段，学前教育，也就是托儿所、幼儿园那个阶段，然后是从六岁开始，六年小学，六年中学和四年大学。

At present, Chinese educational system can be divided into four stages. Preschool education refers to the period of going to nurseries and kindergartens. School age begins at six. Prmary education lasts for 6 years, so does the secondary education. It takes 4 years for students to finish tertiary education.

例（9）的话题是"上海针织公司"，整句话围绕这个话题有一系列的说明，而且这种说明是开放性的，可以再扩大容量，译成英语就得作较大的调整，一个话题难以在一句话中携带过多的说明，需要另起一句并把短句变成长句。例（10）的话题是"中国目前的教育制度"，围绕这个话题的说明是典型的汉语流水句结构，译成英语完全无法在句子的层面体现"Chinese educational system"这一话题，而只能以句群的方式表达类似的意思。

（二）焦点及其表现手段

焦点是说话人在一句话中要传达出的最重要的信息或是因表达需要而着重说明的部分。每种语言都能够通过一定的方式表现句子的焦点。汉语和英语在表现句子焦点的方式上有着很大的共性，而在共性中又存在差异。

1. 句尾焦点

不论是英语还是汉语，当一个句子中含有几个信息片段时，最后一个信息片段往往是焦点信息，也就是说话人通常都倾向于把最主要的内容安排在句子的末尾，这也是很多语言都遵循的一个原则——末端焦点原则。例如：

(11) 那个女孩儿是个<u>电影明星</u>。
That girl is a <u>movie star</u>.

这两句话的焦点都是句尾的"电影明星",而且这两个句子中,说话人想要表达的信息重心正好位于句尾的位置,句子不需要发生语序的变化就可以直接表示句尾焦点。但有的时候,话语表达的焦点信息也可能是句子中的其他成分,这些成分在正常表述时不能落在句尾,这时就需要采取一些手段使这些信息成为句尾焦点。下面我们以汉语的句尾焦点表现手段为基础,分析汉英两种语言的异同。

①非焦点成分前移

说话人可以使用把非焦点成分前移的方式把句尾的位置让出来,使焦点成分落在句尾。汉语和英语都有这种表现手段,但不是完全对应。例如:

(12) a1 他扔给我<u>一本杂志</u>。
  a1 He threw me <u>a magazine</u>.
  a2 他扔了一本杂志给<u>我</u>。
  a2 He threw a magazine to <u>me</u>.
  a3 他把一本杂志扔给<u>我</u>。
(13) a1 拿来<u>我的书</u>。
  a1 Bring <u>my book</u>.
  a2 把我的书<u>拿来</u>。

(12) a1 的句尾焦点是"一本杂志"(a magazine),(12) a2 通过把它前移将焦点变成了"我"(me),(13) a1 的句尾焦点是"我的书"(my book)。我们发现,在汉语中还可以用"把字句"将非焦点成分前移,例如(12) a3 和(13) a2,在英语中却没有对应的句式。英语要将(13) 中的"bring"作为焦点突出需要使用其他的手段。

汉语还可以用"被字句"将句末的非焦点成分前移到句首,说话人想要强调的部分就占据了句尾的位置成为焦点,同时前移到句首的成分做了句子的主题。英语的被动句也有相似的功能,但要受到限制。例如:

(14) a1　他打碎了那个杯子。
　　 a1　He broke the cup.
　　 a2　那个杯子被他打碎了。
　　 a2　The cup was broken.
　　　＊The cup was by him broken.

　　（14）a1 中的"那个杯子"（the cup）是句尾焦点，汉语可以直接用"被"将"那个杯子"前移做主题，把句尾的位置让给"打碎了"成为焦点，但是英语要让"broken"作句尾焦点必须省略掉"by him"，否则句子不合法。
　　②焦点成分后移
　　汉语句子中的某些成分要成为句尾焦点，还可以将这些成分后移置于句尾的位置，英语则不行。例如：

（15） a1　小王父亲死了。
　　　 a2　小王死了父亲。
（16） a1　一只小狗饿死了。
　　　 a2　饿死了一只小狗。

　　例（15）和（16）都是把要重点表达的内容后移到句末，成为句尾焦点的。在英语中则不能有这样的变化。
　　2. 对比焦点
　　对比焦点是说话人在句子中出于对比的目的刻意强调的内容。对比焦点可以通过词汇手段和句法手段实现，英汉在这方面也是同中有异。
　　①标记词表示对比焦点
　　标记词主要是通过排他性、强调性来完成提示焦点的功能。汉语和英语都有这样的标记词，但具体的词项不同，使用方法也不一样。汉语的对比焦点标记词主要有"是""都""连""也""就""只"，例如：

（17） a1　是我昨天丢了钱包。
　　　 a2　我是昨天丢了钱包。
（18） 这种事小孩儿也能做。

(19) 这种事连小孩儿也能做。
(20) 就你爱说话。
(21) 我只看过《红楼梦》。

需要注意的是，标记词所标记的对比焦点，有的在标记词的右边，如(17)、(20)，有的可以"跨越标识"，如(21)，有的在标记词的左边，如(18)，有的是两个标记词配合使用，如(19)。英语的对比焦点标记词有"do""only""just""even""also"等，例如：

(22) Do bring my book.
(23) You can get a B grade just for that answer.
(24) Only in the afternoon did she come.

在使用英语的某些标记词时，句子要倒装，发生句法结构的变化。
②句法手段表示对比焦点
汉语中有两种句式结构可以表示对比焦点，一个是"……的是……"，一个是"……是……的……"，对比焦点都是置于"是"后面的成分，例如：

(25) 我昨晚丢了的是钱包。
(26) 我昨天是在公园找到的他。

这里要注意的是"……是……的……"只能用于肯定句，而且描述的事件必须是已经发生了的。
英语中表示对比焦点的句法手段是利用强调句型，"It + be + Focus + that/who + (NP) + V"和"Wh - + NP + V + be + Focus"。例如：

(27) It was the best dress that Mary wore to the party last night.
(28) What Mary wore to the party last night was the best dress.

（三）信息结构

信息结构是信息传输过程构成句子的各种信息的组织模式。不同语言在句子信息结构方式上既有共性，又有个性，共性是基于人类共同的认知模式，个性则体现出不同民族之间的差异。不了解目的语的信息结构模式会给理解和使用目的语造成障碍。

汉语和英语的句子，尤其是单句，在新旧信息的安排上具有一致性，即都是"旧信息（已知信息）+新信息（未知信息）"的模式，这符合人类认识世界从已知到未知、从旧知到新知的认知规律，而通常旧信息是次要信息，新信息是表达重心，与句子常规焦点的位置也是相符的。这种新旧信息编排模式的共性，有助于第二语言使用者在交际时抓住表达的重点。

在遵循人类共同认知顺序的基础上，不同语言信息安排的个性似乎表现得更为明显。在句子中时空信息的安排和事理信息的安排上，汉语和英语就显现出彼此不同的个性。例如：

(29) 他从包里拿出一本书。
He took out a book from the bag.
(30) 你和他相处一段时间后就会更好地了解他。
You will get to know him better after living together with him for some time.

以上例句表明，汉语句子信息的安排是以时间顺序为原则的，也就是"两个句法单位的相对次序决定于它们所表示的概念领域里的状态的时间顺序"①，从事理的角度来看，是原因条件在前，结果推理在后。如例(29)"从包里"先于"拿"，例(30)"和他相处一段时间"发生在先，是条件，"更好地了解他"发生在后，是结果。而英语则不然，例(29)直译出来是"他拿出一本书从书包里"，说明如无特殊需要，英语的动词和宾语的距离不能太远。例(30)直译出来是"你会更好地了解他在和他相处一段时间之后"。后发生的结果在先，先发生的条件在后，与时间

---

① 戴浩一：《时间顺序和汉语的语序》，《国外语言学》1988年第1期，第10—20页。

推移的顺序不吻合，反映出英语表述信息的顺序是将最主要的内容放在前面，其他关于原因、条件、范围等次要范畴放在后面。汉英的这种差异在主从句中体现得非常明显。例如：

(31) 我吃完饭再打电话给你。
I will call you after finishing the dinner.
(32) 艾伦阿姨把在杂货店买的一瓶番茄汁摔碎了，弄得手上一团糟。
Aunt Ellen had a mess on her hands after she dropped a glass bottle of tomato juice that she had bought at the grocery store.

汉语和英语在信息内容安排上还有一个重要差异，就是汉语的表述是整体先于部分，而英语是部分先于整体。这种差别最典型的例子就是对于地址的写法，汉语是"中国，福建省，厦门市"，英语则是"XiaMen, FuJian Province, China"。这种差别在句子信息排列中也有所体现。例如：

(33) 他们每个人都为自己是<u>最快最好的团队中的一员</u>而骄傲。
Each expressed enormous pride in being <u>a part of the fast, best team</u>.

从例（33）中我们可以看到，汉语在表述是先集体、范围，然后才是个人，是从整体到部分的信息编排模式；相反的，英语是先个人，然后才是集体、范围，是从部分到整体的信息编排模式。

（四）句法成分的移位

"句法成分的移位"并不是一个语用功能概念，而是为了实现某些语用功能而采取的手段。每种语言都有基本的句法结构规则，这些规则是抽象的、稳定的、静态的。人们在使用语言进行交际的过程中常常要对句法结构的顺序进行调整，以适应上下文的语境或表达某种语用价值。换句话说，当语言在使用中出现了任何超出常规的变异现象，说明说话人想要表达某种特定的语用意义。汉语中，主语、宾语、定语、状语都可以离开常规的位置，发生移位。例如：

（34）怎么了，<u>你</u>？（主语后移）

（35）太贵了，<u>这件衣服</u>。（主语后移）

（36）我<u>一个字</u>也不认识。（宾语前移）

（37）墙上<u>红的、绿的</u>，贴了很多标语。（定语前移）

（38）那孩子睁大眼睛，<u>黑溜溜的</u>。（定语后移）

（39）<u>刹那间</u>她的眼泪就流了出来。（状语前移）

（40）子君不再来了，<u>永远地</u>。（状语后移）

汉语句子主语移位能够表现口气的急促，如（34），或者是特别凸显谓语所表达的信息，如（35）。其他宾语、定语、状语的移位都是为了突出显示这些成分所包含的内容和信息。

英语句子的句法成分也可以发生移位，例如宾语前移主题化，但是英语句子主谓一致性的要求，使句子成分的移动受到很多限制，没有汉语灵活，类似例句（36）、（37）、（38）、（39）、（40）这样的移位在英语中就无法实现。（教学中不必刻意教）

（五）口气

口气是说话人对所说话语的情感和态度，也就是构成话语的句子中所表现的说话人的主观情感和态度。口气可以分为"情"和"态"两个方面，"情"表示说话人在说话时表现出的主观情感，如急促、舒缓、直接、委婉、亲昵、蔑视、提醒、解释，等等；"态"表示说话人对话语命题的态度，如肯定、否定、必然、或然、意愿、愿望，等等。英语中没有和汉语口气完全对应的概念，大致可以相对应的是情态。汉语的口气和英语的情态都可以用情态动词（汉语称为能愿动词）和副词来实现，但是具体用哪些词不能完全对应，即使是意思相近的词，在用法上也有很多差别。例如：

（41）自从来了八路军，花子就回到娘家，<u>死活</u>也不到男人家去了。（冯德英：《苦菜花》）

（42）他以为自己是铁做的，可是，<u>敢情</u>他也会生病。（老舍：《骆驼祥子》）

例（41）里表示偏执口气的"死活"，例（42）里表示释因性口气的"敢情",在英语中就难以找到直接对应的词语。英语的情态动词和汉语的能愿动词表面上看似乎可以对译,但在具体表意和用法上又存在差异。比如汉语能愿动词就意义和分布上来说比英语的情态动词更加零散,一种形式可能表达不同的意义,不同的形式又能够表达相同的意义。而英语每个情态的动词的意义基本是固定的。如"会"这一形式可以表达不同的情态:

(43) 他们会来帮忙。(表推测)
(44) 我会来帮忙。(表意愿)
(45) 她会做饭,你不用帮她。(表能力)

"能"和"可以"也可以表达多种情态,同时"会""能""可以"在不同的语境中又可以表达相同的情态。而英语的情态动词,"may"主要表示许可,"would"主要表示意愿,"should"主要表示义务,等等,分工比较明确。而就用法来说,汉语的能愿动词也比英语情态动词灵活。例如:

(46) 他们会不会来?
(47) 你能不能干完?
(48) 这儿可不可以抽烟?

这种"肯定+否定"的反复问,在英语中是无法实现的。另外,汉语中有"啊、吧、呢、嘛、呀、啦"等语气助词,可以表示说话人的情感态度,英语中没有。

(六) 话语标记语

话语标记语是一种很常见的话语现象,指的是一些在言语交际中的词语或结构,具有丰富的语用功能,在话语的理解和生成中起着重要作用。话语标记语是话语信息组织的一部分,但没有真值意义,不构成话语的语义内容,只是为话语的理解起引导或限制作用。它的使用是出于说话人表达某种语用效果的需要,主要是受上下文的影响,并不直接和社会文化相关。

汉语和英语都有话语标记语,也大致都有制约功能、提示功能、谋篇布局功能、人际关系调节功能、缓延及信息短缺等语用功能，但是英语和汉语的话语标记语并不能一一对应，而是存在很大差异。也就是说，同一个英语话语标记语在不同的语境下往往对应的是不同的汉语话语标记语；反之亦然。例如：

(49) A：What time is it?
B：But you have a watch yourself.
A：现在几点了？
B：你自己有表啊。

(50) A：Are you Canadian?
B：No, I was born in Australia, but my parents are Canadians.
A：你是加拿大人吗？
B：不是，我在澳大利亚出生，不过我父母是加拿大人。

(51) Harry can't see very well, but he can hear perfectly.
哈利的视力不太好，但他的听力非常好。

"but"是英语口语中常用的一个话语标记语，在不同的语境下对应的汉语标记语也不一样。汉语交际中使用话语标记语的频率也远远低于英语，一些在英语中常常出现话语标记语的位置，翻译成汉语时却不需要使用话语标记语。

以上我们对汉语和外语（主要是英语）进行了结构语用方面的对比，需要指出的是，语气也是结构语用学涉及的内容，但是陈述句可以表达陈述语气、疑问句可以表达疑问语气、感叹句可以表达感叹语气、祈使句可以表达祈使语气，这是每种语言共通的，无须刻意对比。而在什么情况下、使用哪种句类、实施何种言语行为则要受到情景语境和社会文化语境的影响和制约，属于交际语用学的范畴，我们将在汉外交际语用对比中提及。

二　交际语用方面的对比

交际语用学研究交际过程的原则和规律，研究范围涉及在情境语境和社会文化语境影响下语言的使用和理解。每个民族、每种语言都有自己的交际规范和原则，这些规范和原则是在民族历史文化发展过程中形成的，体现了一个民族的思维方式和价值观念。

不同民族的人们往往有着不同的思维特点，并在语言使用中表现出来，比如"中国人和韩国人的思维方式是螺旋式的，类似一种涡轮线，在语言使用时表现为习惯采用迂回的方式阐述；英美人的思维方式是直线式的，在语言使用时表现为直截了当，直入主题；法国人和西班牙人的思维方式是折线型的，常常在交际中穿插一些离题的句子；俄国人的思维方式是曲折型的，表述中总是有一系列的猜想式的平行成分和一些并列成分，并且至少一半与句子的中心思想不相关，阿拉伯人的思维方式是用各种平行线，而日本学者提出日本人的思维方式是点式的"。[①] 中国人和欧美人在思维方式上的差异主要表现在四个方面：中国人喜好形象思维，欧美人喜好抽象思维；中国人习惯综合思维，欧美人习惯分析思维；中国人注重主客统一，欧美人注重主客对立；中国人偏好顺向思维，欧美人偏好逆向思维。

从价值观念上说，中西方的差异也是非常明显的。中国人的儒家伦理和实践理性不同于西方人的宗教伦理和理性主义。儒家思想倡导"天人合一"，强调人与自然、人与人的和谐同一，"仁者爱人"；西方基督教伦理要求提升自己的虔诚，要增强个人责任，人要征服自然，通过自己的不懈努力去改造自然、支配自然，达到自我价值的实现。因此，中国人崇尚集体主义，西方人强调个人主义。对于中国人来说，个人利益往往要服从集体利益，个人发展与集体发展相统一，在此基础上树立了中国人对家庭、民族和国家的强烈责任感、义务感和使命感，做人的追求就是要"修身、齐家、治国、平天下"。对于西方人来说，他们非常重视自由，强调不受外来约束的自我控制和自我支配，注重个人奋斗，追求个体的成功和个人价值。

不同的思维方式和价值观使中外交际方式存在很大的差异。比如中国人表达感情细腻含蓄，西方人表达感情大胆直接；中国人习惯"客随主便"，不喜欢对别人提要求，西方人习惯表明自己的意愿，不给别人困扰；中国人强调"和为贵"，不愿意给别人提意见，即使提意见也往往表

---

① Kaplan, R. B., "Culture Thought Patterns in Intercultural Education", *Language Learning*. 1966, 18: 1—20.

达得非常婉转，而西方人则讲究标新立异，喜欢表达自己的不同观点。

民族思维、民族文化价值观对语音、词汇、语法等语言要素都有影响，而影响最大、最直接、最明显的是语用，尤其是交际语用，因此交际语用方面的内容应该纳入对外汉语语用教学，交际语用方面的汉外对比也十分必要。

(一) 指示语

指示的意识是利用语言"指向、指明"，是一种语用现象。指示语是表示指示含义的语言结构，也是最明显地反映语言和语境之间关系的语言结构。指示分为人称指示、时间指示、地点指示、话语指示（也称语篇指示）和社交指示，相应的指示语也可以分为这么几大类。汉英两种语言在人称、时间、地点、话语、社交等指示方面都有相似点，也有区别，差异最大的是社交指示。由于篇幅所限，本章在此仅就汉英人称指示语和社交指示语的语用意义作大致的比较。

1. 汉英人称指示语

人称指示语是交际各方用话语传递信息时相互的称呼，分为第一人称、第二人称和第三人称。

①第一人称指示语

汉语和英语中的第一人称单数"我/I"在交际中指示的都是说话人。第一人称复数（我们/we）的指示情况比较复杂。汉语和英语第一人称复数指示语的相同之处在于指示对象都可以既包括谈话对方也可以不包括谈话对方，具体情况需根据语境判断。例如：

(52) ——好无聊啊！
　　　——我们一起去逛街吧。（包括对方）

(53) ——It's so boring.
　　　——Let's go shopping. （包括对方）

(54) ——你们周末干什么？
　　　——我们要一起去逛街。（不包括对方）

(55) ——What are you going to do this weekend?
　　　——We will go shopping. （不包括对方）

汉英第一人称复数指示语还可以指示第一人称单数，例如：

(56) 我们对狭义的语境作了某些论述。

(57) We will ourselves reward the visitor.

汉语中用"我们"指示"我"常常是说话人为了表示谦虚，这种用法多见于学术写作，而英语中用"we"指示"I"则多见于编辑、教士、法官、国王等具有特别身份的人物的话语，且只出现在特定的语境中。

汉语的第一人称指示语常常用来指示第二人称信息，这种用法在英语中则较少见。例如：

(58)（老师对学生说）我们是学生，我们的任务是好好学习。

(59)（小孩儿摔倒了，妈妈说）我们是男子汉，我们不哭。

另外，汉语中第一人称复数指示语还有"咱们"，"咱们"和"我们"在地域上和用法上都有区别，关系比较复杂，英语中没有对应的词，此处不作详细分析。

②第二人称指示语

汉英第二人称指示语"你/you"具有相同的常规指示对象，即交际中说话的一方用来指示听话的一方。同时也都可以用作泛指，例如：

(60) 沈老师的环保精神你不得不服。

(61) You never know what a plum tastes till you try.

例(60)的"你"可以泛指认识沈老师的同事、朋友、学生等任何人，例(61)的"you"可以泛指某个特定群体的人，甚至可以指示全世界的任何人。在汉语中"你"在某些情况下有转指用法，可以指示说话人"我"，这种用法在英语中很少见到。例如：

(62) 昨天有个学生不想来上课，他那个请假的理由让你哭笑不得。

(63) 拔颗牙真是疼，疼得你根本受不了。

此外，汉语的第二人称指示语还有通称"你"和尊称"您"的区别，在不同的场合，面对不同的交际对象，有不同的选择，而英语没有这种区别，都用"you"表示。

③第三人称指示语

第三人称指示语可以用来借指说话人或者听话人。在汉语和英语中，都可以用第三人称指示语指示说话人，但具体的情况不同。例如：

(64)（两个人打电话）Hello, <u>this</u> is Rose Galer.

在英语中，当交际的双方不是面对面交谈时，自我介绍用第三人称指示说话人，而汉语没有这种用法，不管是否见面交谈，都用"我是……"。在汉语中用第三人称指示自己常常是为了表达某种特殊的语用意义。例如：

(65) 你最好老实点，<u>老子</u>可不是好惹的。
(66) 不哭不哭，<u>阿姨</u>给你买好吃的。

(65) 用"老子"指示"我"表现警告和威胁，(66) 用"阿姨"指示"我"表示亲切。英语中这种用法较少，出现的环境也有较大的局限性，如"Come to dady"。

汉语和英语也都可以用第三人称指示语指示听话人，表达某种语用意义。例如：

(67) 是谁吓唬我们宝宝啦？
(68) Who has frighten our baby?
(69) 某人又迟到了。
(70) Somebody is late again.

(67) 的"宝宝"和 (68) 的"baby"都是表示喜爱和亲密，(69) 的"某人"和 (70) 的"somebody"都是表示讽刺和责怪。汉语里还有一个很特别的第三人称指示语"人家"，在不同的情景中可以指示说话人、听话人，还可以指示交际听说双方以外的其他人，英语中没有这样的人称指示语。

2. 汉英社交指示语

社交指示包括"辨认谈话双方的社交身份、他们之间的社会关系及他们中某一个人与其他人或物的关系"。[①] 社交指示信息最能显示不同语言文化的特点，主要在人称标记、敬语和谦语以及人名、职务和亲属的称呼方面反映出来。关于人称标记，我们已在前文人称指示中谈及，此处不再重复。这里主要对比汉英在敬语和谦语以及人名、职务和亲属的称呼方面表现的社交指示信息。

中国是传统的礼仪之邦，在漫长的历史发展中形成了称谓方面的很多讲究。这首先体现在贬己尊人的交际倾向上，也就是在称呼对方或跟对方有关的人和物时，要用尊称，如"令尊、令爱、贵庚、大作"，等等，在称呼自己或跟自己有关的人和物时，要用谦称，如"鄙人、犬子、贱内、寒舍、拙作"，等等。英语中没有这些相应的说法。在人名称谓方面，汉语常常在姓氏前加"老"或"小"以示尊重或亲切，如"老张""小李"，这种说法在英语中是完全没有的。在职务称谓方面，汉语往往可以将职务和人名连用，例如"王会计""张木匠"，尤其在指示对象有一定官职的时候，常常会把姓氏和官职连起来表示称呼，如"李局长""王处长""温总理"；英语在某些时候也可以这样用，但受到较多限制，如可以说"Professor Smith"，但不能说"Teacher Smith"，官职加姓氏的基本上只用于指示国家元首时，如"President Obama"。在亲属称谓方面，汉语有一套复杂的、对亲属关系指示非常明确的称谓系统，既体现父系、母系的界限，又有年长、年幼的区别，如"姑姑、叔叔、伯伯、姨妈、舅舅、表哥、堂妹"，等等；相对的英语亲属称谓就简单、笼统得多了。另外，汉语还常常用亲属称谓称呼非亲属关系的人，如"李阿姨""王叔叔""丹丹姐"，英语中没有类似的说法。

（二）礼貌和面子

说话人为了实现交际目的而会采取礼貌策略，顾及彼此的面子，维护和睦关系。不管是礼貌原则还是面子理论，作为人类交际的语用规则，它们具有普遍性，但是在不同社会文化和语言环境中的表现是不同的，要受到不同文化的特性的制约。以中国为代表的东方文化和以英美为代表的西

[①] 何自然、冉永平：《语用学概论》，湖南教育出版社2006年版，第66页。

方文化,在"怎样的做法是礼貌的?""什么样的言语行为威胁面子?""怎样的人具有保护面子的特殊权力?"等问题上的差异是非常明显的。

虽然在大部分社会中,谦虚都是礼貌的表现,但东西方人在遵循谦虚准则时的程度相差很大,贬己尊人可以说是最富有中国特色的礼貌现象。最明显的例子就是当受到赞美时,英美人通常都会以"Thank you"回应,以示接受,他们认为这样才不会损害对方的正面面子,才是礼貌的。面对同样的情况,中国人则一般都是否定赞美的真实性,极力贬低自己,以表现谦虚。也就是说,中国人和英美人都遵循礼貌原则,但在具体取舍上不同,在交际中,当谦逊准则和一致准则发生冲突时,英美人会优先选择一致准则,牺牲谦逊准则,而中国人会优先选择谦逊准则,牺牲一致准则。

另外,对于中国人来说,表达善意的邀请通常要反复好几次才能表现出真诚,而受邀的一方也会推辞几次才接受,这样的做法才是礼貌的。也就是邀请第一次被拒绝时,邀请者不能就此作罢,而是要再而三地发出邀请,否则会被认为不是诚心相邀,甚至可以不顾对方的喜好和选择,强行让对方接受;而受邀者若是立即答应则会显得过于急切而不得体。对于英美人来说,如果在邀请遭到拒绝后还反复相邀,则会被认为是妨害别人自由的霸道行为,令人不快。可以说,"西方文化中的礼貌,是指向理想的个人自主性,而汉语文化中的礼貌是指向理想的社会同一性"。[①]

在面子要求方面,西方人由于崇尚自由,因此特别重视以行动的自由和自主决定的自由为核心的负面面子,如"让听话人做某事"的使役性行为,无论是否出于好意,都会构成对听话人负面面子的威胁。这种负面面子观在汉文化中几乎不成立,所谓对自由的妨碍并不一定会威胁中国人的面子。中国人的面子更倾向于对尊严和尊重的要求,注重情面或者体面的问题,中国人更重视正面面子。在汉语中真正损害听话人面子的,是那些让听话人感到在集体中不能被认同,或者感到羞辱、难堪、伤害听话人尊严的言语。

(三)言语行为

说话人如果说出了有意义且能被理解的话语,他实际上就是实施了某个行为,人们实施言语行为必然会带上其所属文化的特征。中西方文化差

---

① Mao, L. M. R., "Beyond Politeness Theory: 'Face' Revisited and Renewed", *Journal of Pragmatics*, 1994, 21: 451—486.

异必然导致中国人和西方人言语行为策略和实施方式的不同，本章在此仅举几例说明，以略见一斑。

在实施"请求"或"邀请"言语行为时，中国人大都使用比较直接的祈使语气，而英美人更常使用比较间接的疑问语气。"拒绝"请求或邀请的言语行为，汉英都有"直接拒绝""否定能力""间接拒绝"三种方式，英美人在拒绝时比中国人直接，中国人更加倾向于使用间接拒绝言语行为，间接的程度也比英美人更甚。这和中国人注重人际关系的融洽与集体的和谐，而英美人注重个人的自主性有关，中国人因不愿破坏和谐而感到拒绝他人很难，英美人则较少有这样的顾虑。因此，中国人在拒绝时体现了对正面面子的维护，英美人更加重视独立性，表现出对负面面子的维护。在具体拒绝策略的选择上，中国人受权势关系的影响较大，英美人则不然。

在实施"道歉"言语行为时，中国人使用的明确道歉策略比英美人更多，而且人们常常对自己冒犯对方的行为实行较为夸大的道歉方式，以此表示自己的歉意并希望得到受害者的谅解。具体而言，在道歉中，英美人比中国人更喜欢使用"解释"和表示"不是故意伤害对方"的策略，中国人比英美人更喜欢使用"对受害者表示关心"的策略以及"承担责任"的策略，英美人觉得对自己的不当行为道了歉并进行客观的补偿就可以了，无须对对方表现出过多的关心。这些差异也与中国人的集体主义观念强和英美人个人主义观念强有密切的关系。

在"赞美"言语行为及其回应中，汉英表现出的差异更为明显。首先，汉英赞美的话题有不同。对于英美人来说，称赞对方的外貌或所属物是很普遍的现象，尤其是女性的外貌（包括五官、肤色、身材、穿着等），经常成为赞美的对象，称赞者男女不限；对于中国人来说，女性的外貌也可以成为称赞的对象，但基本只限于女性和女性之间，一个男性（有亲属关系的除外）赞美一个女性的外表，在中国人看来是轻佻庸俗的举动。在对能力和成就进行称赞时，英美人倾向于赞美结果，如"You have done a good job"。中国人倾向于赞美个人素质，如"你很聪明，也很努力"。其次，汉英赞美的对象有所不同。英美人常常会向他人称赞自己的家庭成员或亲属，例如称赞自己的丈夫很有能力，得到了职位的升迁，夸奖自己的儿女取得了某某荣誉；中国人很少这样对他人赞美自己的家庭成员，否则会被认为太不谦虚，甚至是炫耀。最后，汉英对赞美的回应不同。英美人更多地倾向于接受赞美，有时是直接接受，有时会转移称赞、回报称赞或部分接受，只有在认为对方的称赞与事实不符时才会拒绝称赞；相比而言，中国人对赞美的反应表现得谦虚得多，中国人较少直接接受赞美，有时是先表达谢意，再表示要继续努力，有时是低调接受，也会转移称赞或回报称赞，而使用的最多的常态应答方式是婉拒称赞，如"哪里，不敢当，过奖了"等。

（四）会话含意

会话含意是说话人所要表达的意义或意图。在语用研究的基本分析单元里，只有会话含意是仅涉及话语的理解的一个。不管是理解汉语会话含意，还是理解其他语言的会话含意，都需要逻辑推理能力，这方面人类语言具有普遍性，而且只要是头脑正常的人都具有一定的逻辑推理能力。同时，理解会话含义还需要识别话语命题和一系列语境之间的关系，要找到话语和语境之间的关联。这里所说的语境是一种"心理建构体"，既包括交际的上下文和具体的情境因素，也包括人的"认知环境"，如储存在人的大脑中的各种事实和假设。理解话语含意时起关键作用的是认知环境中的旧信息。不同民族不同语言的人，他们头脑中的认知环境是不一样的，具有社会文化依赖性。中国社会文化与其他国家社会文化存在显著差异，这就导致如果头脑中没有汉语社会文化语境信息，就难以建立话语和语境的关联，从而无法准确理解汉语的会话含意。

（五）会话结构

会话结构是语言使用者交际时所遵循的结构格式及其语用体现。中国人和英美人由于思维习惯和社会文化的差异，在会话结构的诸多方面也有很大的不同。

首先，汉英会话时对话题的选择有所不同。话题通常可分为大众话题和敏感话题。英语国家的大众话题主要有天气、工作、住所、个人爱好、旅游度假、大众娱乐、国家或地方大事等，这些话题在汉语中也常常是人们谈论的对象。英语中还有很多敏感话题，尤其对涉及个人隐私的话题非常忌讳，如年龄、收入、财产、婚姻状况、身体状况的细节问题、宗教信仰，等等，这些话题在中国人看来都是可以接受的，甚至有的经常性地成为人们谈论的内容，例如询问对方的年龄、婚姻状况、身体状况，不但不会显得不礼貌，反而是一种对他人热情关心的表现。

其次，汉英会话的话语模式不同。这是汉英民族不同思维模式的鲜明体现。如前文所述,英美人的思维是直线型的,中国人的思维是螺旋型的。英美人受直线型思维的影响,会话时习惯开门见山,把想要表达的话题放在最前面,说明和陈述放在后面;中国人受螺旋型思维的影响,会话时习惯绕圈子,开始先不谈主题,而是先谈一些看似不大相干的问题,然后再由远及近地渐入主题,把最重要或最关键的内容留到最后才说。

再次,汉英会话的话轮替换方式有所不同。英语的会话过程,无论是正式场合还是非正式场合,话轮转换或者插话一般都出现在转换关联位置上,也就是在相对完整的句子结构的结尾处,说话人有可能结束话语的地方,抢话说的重叠现象很少出现。汉语正式场合的会话,跟英语类似,也较少出现抢话说的重叠现象,而在汉语非正式场合的会话,在非转换关联位置打断对方、插话的现象十分普遍,话轮转换的随意性较强。英美人由于个人主义价值观非常注重个人的尊严,在会话中不随意打断别人表现了对他人的尊重,否则就是不礼貌的侵犯;中国人的集体主义价值观,使人们更加注重集体和谐而较轻视个人利益,因此,大部分人不会太在乎自己的话被随便打断。

最后,汉英会话中的反馈语也有所不同。在交际中,听话人常常要用某种方式对说话人的话语作出适当的回应,以表明自己对说话人的关注和对会话的积极参与,这就是会话中的反馈语。英语中的反馈语主要有"yes""yeah""yep""uh""uhm""aha""oh"等,这些反馈语往往伴随着不同的语调,体现出不同的功能特征,重复性反馈语非常少。汉语中的反馈语主要有"嗯""哦""噢""啊""哎""好""对"等,其中"嗯""哦""噢""啊""哎"可以通过不同的语调表现不同的语用功能,汉语的重复性反馈语较多,如"嗯嗯""好好",而且不同的反馈语可以组合使用,以表达特定的语用功能,如"嗯,对""哦,好",这是英语没有的。

第二节 外国人学汉语的语用失误分析

在语言教学研究中,和对比分析相互补充的是偏误分析。对比分析可以帮助我们对教学重点和难点作出大致的预测,偏误分析可以进一步验证这些预测;另外,有些偏误产生的原因难以通过对比分析发现,但可以通过偏误分析找到。因此确定教学内容的时候,比较好的办法就是先进行对比分析，再进行偏误分析，把两者结合起来。

偏误（error）指的是由于目的语掌握得不好而产生的规律性错误。这一概念产生于20世纪60—70年代，当时语际语语用学还没有产生，研究者主要研究的是第二语言学习者在语音、词汇、句法方面的问题，还没有关注到中介语语用方面的问题。80年代，托马斯提出了语用失误（failure）的概念以区别于偏误（error），指由于对目的语语用知识掌握得不好而产生的语用方面的规律性错误。可以说，偏误和语用失误这两个概念从本质上来说是相通的，只是具体分析的侧重点不同。①

汉语学习者的语用失误是教学的宝贵反馈。进行语用失误分析可以使教师对学习者的汉语语用失误有一个比较全面的认识，在以后的教学中掌握主动；可以进一步考察和确认语用教学的主要内容；语用失误分析的成果还可以作为教材编写的依据。下面我们将从结构语用失误和交际语用失误两个层面分析汉语学习者在使用汉语过程中产生的语用失误问题。②

一　结构语用方面的失误

结构语用失误指的是句子内部的结构安排不符合中国人的习惯和上下文语境，或者不能准确反映和理解主题、焦点、说话者的主观情态等。以往的研究常常把结构语用方面的失误看作句法问题，但又无法解释是什么句法问题，因为汉语的句子结构非常灵活，不管是主语、谓语、宾语，还是定语、状语，在句子中的位置都不是绝对固定的，不同的位置结构有不同的语用意义。所以，很多问题都不能说是句法偏误，而是语用失误。

（一）特殊句式使用的失误

（1）＊我把老师的笔迹看不懂。（李大忠：《外国人学汉语语法偏误分析》）

（2）＊我把母亲的话永远忘不了。（李大忠：《外国人学汉语语法偏误分析》）

---

① 国内一些研究者也把语用方面的规律性错误称为语用偏误。

② 本节所用例句部分为作者自己收集，部分引自其他研究者的相关著作或论文。引用的例句均在句末注明作者及书名/篇名，具体出版信息将在文后的参考文献中详列，在此向相关作者一并表示感谢。

以上的例子是不该用"把字句"而用了的，从句法的角度看，这些句子并没有错，例（1）的结构是"S+把+O+V+C"，例（2）的结构是"S+把+O+A+V+C"，都符合"把字句"的结构规范，从语义的角度看，"我"是施事，"老师的笔迹""母亲的话"是受事，"看不懂""忘不了"是动作加结果，也没有问题①，但是我们仍然觉得这两句话有问题，那么问题只能出在语用上。从语用上看，"把字句"的使用是为了强调一种因果关系，尤其是在表达某种目的——实现时要用把字句，例（1）的"看"和"不懂"之间不可能有因果关系，例（2）的"忘不了"也不是某种目的或结果。这说明学习者对"把字句"的语用意义和规律还没有完全掌握。另外，从凸显焦点的角度看，学习者有可能是利用"把"可以将宾语前移，让"看不懂"和"忘不了"占据句末的位置，成为句尾焦点，但是他们忽略了汉语宾语前移的其他方式。

(3) *终于，我编的书被出版了。（李大忠：《外国人学汉语语法偏误分析》）

(4) *我们每星期的四节汉语课是被中国老师教的。（李大忠：《外国人学汉语语法偏误分析》）

例（3）、（4）是应该用无标记的被动句而用了有标记的被动句。从句法和语义的角度看，这两个句子也都没问题，例（3）是"S（受事）+被+V（动作）"，例（4）是"S（受事）+被+O（施事）+V（动作）"，符合被动句的句法语义规则。从语用角度看，汉语中有标记的被动句和无标记的被动句在表达的语用意义上各有侧重。汉语有标记被动句往往是在要强调受事主语的被动性和承受性，或者强调遭受意义的情况下使用的，有时还可以表达某种不满的情绪。例如"他被评为三好学生"，强调"他"当"三好学生"的被动性；"老太太被撞倒了"，强调"老太太"的遭遇；"好吃的被吃光了"，表达出不满的情绪。② 在无须强调被动性、遭受义和不满情绪的情况下，则更多地使用无标记的被动句。被动句可以无标记也是汉语主题优先的特点决定的。在汉语中，人们说话

---

① 试比较"我把老师的笔迹看懂了"和"我把母亲的话忘掉了"。
② 试比较"好吃的吃光了"。

的着眼点是话语的主题,关心的是主题"怎么了",如果没有特殊的需要,对主题是动作的发出者还是动作的承受者并不特别在意。例(3)的主题是"我编的书",要说的是"我编的书"怎么了,并不需要特别强调"出版了"的被动性,从"终于"一词也可以看出"出版"是"我"希望发生的,不存在遭受或不满的意味,因此不应该使用有标记的被动句。例(4)是被动句和强调句的兼用,话题是"汉语课",要说的是"汉语课"是谁教的,同样也不需要强调被动性,话语中不存在遭受或不满的意味,因此也应该使用无标记的被动句。这两句话的失误,说明学习者没有掌握汉语有标和无标被动句语用意义的区别,对汉语主题优先的认识也不充分。

(二)信息结构编排的失误

我们在第一节提到过,汉语的信息结构是"旧信息(已知信息)+新信息(未知信息)"的模式,而新信息往往作为句子的表达重点落在句尾。另外,汉语句子结构非常灵活,主语、宾语、定语、状语都可以发生移位,句法成分的不同位置表现出不同的语用意义。学习者在使用汉语时出现的句法成分偏离常规位置的问题,与其说是句法偏误,不如说是语用失误,从语用的角度来解释和解决这些问题更有效。例如:

(5)＊我遇到了你的爱人,在路上。(刘正文:《华语教学的语用学思考》)

(6)＊我觉得不安全,跟他一起骑自行车。(刘正文:《华语教学的语用学思考》)

(7)＊我已经九个月了,在广州学华语。(刘正文:《华语教学的语用学思考》)

例(5)把状语"在路上"放在句子的末尾,从句法的角度看似乎有点别扭,但从语用的角度看,这句话的新信息是"在路上",是要突出显示事情发生的地点,在一定的上下文中是没有错的,如:

(5')——你遇到我爱人了?在哪儿?
——是啊,我遇到了你的爱人,在路上。

如果学习者在说这句话的时候没有要强调地点"在路上"的意思，那么这句话就存在语用失误。例（6）和例（7）出现的也是类似的问题。在一定的上下文语境中，例（6）和例（7）都是可以说的：

（6'）——你怎么不骑自行车去了？
　　　——我觉得不安全，跟他一起骑自行车。
（7'）——来中国多长时间了？
　　　——我已经九个月了，在广州学华语。

例（6'）的"跟他一起骑自行车"虽然不能算是新信息，但是说话人为了凸显这部分的内容，可以改变它的位置，将其置于句尾。例（7'）的"九个月"和"在广州学华语"都是新信息，但是语用功能不一样，"九个月"是回答提问者的问题，"在广州学华语"则是说话人自己补充的信息，自然要放在更加明显的位置。如果例（6）和例（7）这样的句子，学习者不是在类似（6'）和（7'）的语境中说的，也没有要特别强调"跟他一起骑自行车"或"在广州学华语"的表达目的，那这两句话就存在语用失误。因此，我们可以说，例（5）、（6）、（7）出现的语用失误都是因为学习者不了解汉语句子的信息结构编排方式和汉语中句法成分移位的语用功能造成的。

　　（8）＊昨天晚上的电视上的节目很有意思，我一个晚上看电视，忘了我的作业还没做完。（佟慧君：《外国人学汉语病句分析》）

例（8）从句法上看没有问题，"我一个晚上看电视"，"一个晚上"作为时间状语放在谓语"看电视"的前面，符合汉语的常规句法结构。但这样的表述不符合上下文语境，存在语用失误。从上下文来看，学习者想要表达的意思是自己一整个晚上都在看电视，因此忘了做作业，试图解释没有完成作业的原因，因而需要强调的信息应该是"看电视的时间长"（一个晚上）而不是"看电视"这一行为，根据句尾焦点的语用规则，表述中要强调的部分要放在句尾的位置，因此，正确的表述应该是"我看电视看了一个晚上"。而"我一个晚上看电视"的表达重点是"看电视"这一行为。这里的语用失误是学习者不了解汉语句子信息的结构模式以及焦点表现手段造成的。

（三）话题结构表述的失误

汉语是重话题型的语言，在汉语话语中，话题是表述的中心，言谈的出发点。说话人选择了话题，也就确立了表述的框架，后面的说明要在这个框架下围绕话题展开。学习者在使用汉语时会出现偏离"话题—说明"结构框架的情况，造成语用失误。例如：

（9）*信是用米汤写的，把信放在碘酒里才能看。（佟慧君：《外国人学汉语病句分析》）

（10）*我家的房子同我一起上了年纪，经受风吹雨打，已过了20年。到底决定改建，家里的一切都得搬走，暂时去别处住。东西实在多的是，只好求别人帮助，还是整天忙得腰酸腿疼。（吴丽君等：《日本学生汉语习得偏误研究》）

例（9）的主题是"信"，后面的说明部分都应该围绕这个展开，"是用米汤写的"说明的是写信用的材料，"在碘酒里才能看"说明的是看信的方式。"把信放在碘酒里才能看"这种表述方式从句法上来看完全没有问题，但从语用上看，它脱离了以"信"为话题的结构框架，而且作为"把"的宾语的"信"在这里并不是新信息，是已经提及的事物，如果仍使用和主题相同的形式"信"出现，则会使人产生又出现了一个新信息的错觉，因此再次出现时应该用代词指代，应该说成"把它放在碘酒里才能看"，而为了保持"话题—说明"结构的完整性和统一性，这句话改为"信是用米汤写的，放在碘酒里才能看"更为恰当。例（10）的问题是话题不明确。汉语作为重话题型的语言，无论是对于句子来说，还是对于语段来说，都有重要的意义。在语段中，话题可以使语段中的信息环环相扣，起到接续性的功能。在例（10）中，说话人叙述的角度不断地变换，包括"我家的房子""我们""家里的一切""东西"，整个语段杂乱无章，没有明确的主题，导致句子缺少立足点。下面的例（11）也存在同样的问题。

（11）*一般认为在日本老年人的生活应该可以说是幸福，这是因为日本已经成为发达国家了，工业化程度不断发展，如果我想买什么就买什么。从发达中来看,日本的老人一定幸福。但是,进一步研究后就知道不是什么"幸福"。目前,已经出现了新的老年人自杀的问题。(吴丽君等:《日本学生汉语习得偏误研究》)

以上例(9)、(10)、(11)的问题,说明学习者对汉语的"话题—说明"结构没有深入理解,在句子和语段中都不能恰当地表达,容易出现失误。

(四) 口气表达的失误

口气是构成话语的句子中所表现的说话人的主观情感和态度。学习者在使用汉语时常常出现口气表达的失误。这些失误首先体现在选择了错误的能愿动词导致口气表达错误上。例如:

(12) *刚到中国的时候,我连一句中国话也说不出来,现在我会跟中国朋友用中文谈谈了。(佟慧君:《外国人学汉语病句分析》)

(13) *妈妈只用半天时间,就会做好一件衬衣或一条裙子。(佟慧君:《外国人学汉语病句分析》)

(14) *放了假,你们就会去旅行了。(佟慧君:《外国人学汉语病句分析》)

(15) *北京的冬天很冷,出去不穿大衣就可以感冒。(佟慧君:《外国人学汉语病句分析》)

(16) *他说如果我不会跟他一起去,我可以提出来。(佟慧君:《外国人学汉语病句分析》)

例(12)的口气表现成分是"会","会"可以表示说话者对施事者能力的主观判断,也就是说话者主观认为施事者懂得怎样做或有能力做某事,用在通过学习而"会"了某种动作或技能上,而句中"跟中国朋友用中文谈谈"并不是可以通过学习直接获得的具体的动作或技能,因此用在这里不恰当,应改为主观性更强的"能"。例(13)用"会……"的表述容易被理解为说话人主观认为"妈妈打算做一件衬衣或一条裙子,这对于妈妈来说只要用半天的时间",是对某件事情的陈述,而根据上下文可以发现,说话人实际要表达的是"妈妈在很短的时间内做衣服的能力",也就是要强调"妈妈做衣服的效率高",这里不能用"会",应改为

"能"或"可以"。例（14）是要表达说话人主观认为"去旅行"的条件是"放了假"，但是"会"在这里表达的是主观认为将来可能发生某事，不能表示主观认为具备某种条件，因此要把"会"改为"可以"。例（15）原本要表达的是说话人认为"由于北京的冬天很冷，如果出门不穿大衣的话就有感冒的可能性"，是说话人对可能性的主观判断，但是"可以"表达的是主观认为具备某种条件，不能表示可能性，因此应改为"会"。例（16）要表达的是"跟他一起去"的主观意愿，而"不会"表达的是"跟他一起去"的可能性，因此应改为"不愿意"。

其次，口气表达的失误还表现为不能正确表示否定情态。例如：

（17）*张老师讲课时说话太快了，连我们班水平最高的学生也不会听懂。（吴丽君等：《日本学生汉语习得偏误研究》）

（18）*如果没有兄弟姐妹，孩子们不能得到跟别人交往的机会。（吴丽君等：《日本学生汉语习得偏误研究》）

（19）*现在是夏天，这里不可以看到雪。（佟慧君：《外国人学汉语病句分析》）

例（17）、（18）、（19）表达的都是否定情态，（17）否定的是某种能力，（18）、（19）否定的是某种条件，例（17）的"不会听懂"应改为"听不懂"，例（18）的"不能得到"应改为"得不到"，例（19）的"不可以看到雪"应改为"看不到雪"。

最后，学习者在对主观情态表示疑问时也会出现失误。例如：

（20）*你要买不买那本词典？（佟慧君：《外国人学汉语病句分析》）

在汉语中，用能愿动词"要""能""会"等表达主观情态的句子，如果要用来表达疑问语气，使用的是这些能愿动词的"肯定+否定"形式，因此"要买不买"应改为"要不要买"。

以上分析表明学习者对汉语口气的表达方式，尤其是不同能愿动词的语用意义和使用规则没有真正理解和掌握。

（五）话语标记语的使用失误

话语标记语虽然没有真值意义，不构成话语的语义内容，但具有丰富的语用功能，对话语的理解和生成起着重要作用，汉语中有丰富的话语标记语。汉语学习者使用话语标记语的失误主要体现在两个方面。一是使用数量相当少，往往是能不用就不用。例如：

(21) *只有一个米饭团子，吃完没有了，省着吃吧。（李大忠：《外国人学汉语语法偏误分析》）

(22) *也不是所有的公司都这样，有些大公司不考虑你所上的大学是否有名。（吴丽君等：《日本学生汉语习得偏误研究》）

(23) *有的人只想享受，不肯付出艰苦的劳动。（吴丽君等：《日本学生汉语习得偏误研究》）

(24) *当人们知道了犯人的真面目时，都感到很吃惊：犯人是个 15 岁的孩子。（吴丽君等：《日本学生汉语习得偏误研究》）

以上几个例句表面上看没有错，语义也是完整的，但是都给人不流畅或者表达不到位的感觉，原因就是缺少话语标记语，把话语标记语补充进去，整个句子的表意就到位了：

(21') 只有一个米饭团子，吃完<u>就</u>没有了，省着吃吧。

(22') 也不是所有的公司都这样，有些大公司<u>就</u>不考虑你所上的大学是否有名。

(23') 有的人只想享受，<u>却</u>不肯付出艰苦的劳动。

(24') 当人们知道了犯人的真面目时，都感到很吃惊：<u>原来</u>，犯人是个 15 岁的孩子。

二是不了解某些话语标记语的语用功能，导致使用错误。例如：

(25) *昨天晚上我感冒了，九点<u>才</u>睡觉了。（李大忠：《外国人学汉语语法偏误分析》）

(26) *这篇课文不太长，我一个小时<u>才</u>看完了。（李大忠：《外国人学汉语语法偏误分析》）

例（25）中说话人本来想要表达的是"因为感冒睡觉很早"，例（26）中说话人本来要表达的是"因为课文不长看完用的时间很短"，但是句中用了标记语"才"，"才"放在时间词后面所具有的语用功能是"强调事情发生或结束得晚，或者经历的时间长"，显然不符合说话人要表达的本意，因此这里应该把"才"改为"就"。另外，汉语中有很多语气助词，在句子中充当话语标记语，体现一定的语用功能，汉语学习者往往因为不了解不同语气助词语用功能的差别而出现使用的失误。例如：

（27）＊你是不是觉得这个工厂很大吗？（佟慧君：《外国人学汉语病句分析》）

（28）＊你们一共有几个人吗？（佟慧君：《外国人学汉语病句分析》）

（29）＊难道你不相信我呢？（佟慧君：《外国人学汉语病句分析》）

（30）＊现在我不能去看你，什么时候去，我给你打电话呢。（佟慧君：《外国人学汉语病句分析》）

（31）＊我买着了两张电影票，咱们去看看呢。（佟慧君：《外国人学汉语病句分析》）

（32）＊这种红颜色的裙子，你大概很喜欢呢？（佟慧君：《外国人学汉语病句分析》）

汉语中"吗"和"呢"都可以用于疑问句，表示疑问语气，但是分工不同。"吗"通常用于是非问句，疑问的程度比较强，"呢"通常用于特指问句和选择问句，有缓和语气的作用。例（27）和（28）一个是选择问句一个是特指问句，句尾语气词不能用"吗"，应该用"呢"。"吗"和"呢"也都可以用于反问句，但语用功能不同，"吗"用于反问句表明说话人有质问、责备或分辨的意味，"呢"用于反问句是起缓和语气的作用。例（29）是一个反问句，句中用了"难道……"，表明说话人有对听话人质问的意思，没有缓和的意思，因此句尾不能用"呢"，应该用"吗"。例（30）、（31）、（32）的失误在于"呢"和"吧"的混淆。"吧"用于陈述句有商量的意味，用于祈使句有表示请求的意思，用于疑问句有明显的揣测且倾向于对方肯定答案的意味。例（30）是陈述句，说话人有商量的意思；例（31）是祈使句，说话人有邀请的意思；例（32）是疑问句，说话人期待肯定的回答，"呢"不具备这样的语用功能，因此这几个句子句尾都应该用"吧"。

二 交际语用方面的失误

交际语用失误指的是由于不了解目的语社会的文化习惯或交际原则和规律，导致说话方式和内容不得体，不符合目的语社会的习惯，表意不准确，或者不能正确理解话语含义。根据我们的调查分析，无论是文化习俗跟中国差别较大的欧美汉语学习者，还是处在东方文化圈的日韩和东南亚汉语学习者，在汉语交际中都会出现交际语用失误。

（一）指示语使用的失误

汉语学习者指示语使用的失误主要表现在社交指示、人称指示和话语指示上。关于时间指示和地点指示的问题主要和词义的理解有关，在此不作分析。

首先，汉语学习者指示失误最多的是社交指示。例如：

（33）＊李岚清副首相赞成："孔子的思想为中国文明的发展贡献很大。"（吴丽君等：《日本学生汉语习得偏误研究》）

（34）＊有一天，男老人去山上砍树，女老人去河边洗衣服。（吴丽君等：《日本学生汉语习得偏误研究》）

（35）＊我们凝视着叔叔的手时，一个男性告诉我们："手不干净，有营养。"（吴丽君等：《日本学生汉语习得偏误研究》）

中国的政府首脑不能称为"首相"，例（33）的"副首相"应改为"副总理"。用"男老人"称年纪大的男性，用"女老人"称年纪大的女性，这在汉语中是很不礼貌的说法，例（34）的"男老人"和"女老人"应该改为"老爷爷"和"老奶奶"。例（35）中的"男性"应改为"男人"，因为"男性"在汉语中只能指称性别，不能指称具体的人。再如：

（36）＊（一个女留学生坐出租车时对司机说）司机，我要去警察局。（刘正文：《华语教学的语用学思考》）

(37) *（女留学生在警察局对陌生的警察说）哥哥，我的护照丢了。（刘正文：《华语教学的语用学思考》）

(38) *（女留学生在市场对陌生的小贩说）阿叔，我要买肉。（刘正文：《华语教学的语用学思考》）

(39) *（一个女留学生介绍自己的朋友）我有一个女朋友也在中国学汉语。（刘正文：《华语教学的语用学思考》）

例（36）中留学生将出租车司机直接称呼为"司机"是不礼貌的说法，一般的称呼是"师傅"。中国人虽然常常为了表示亲切用亲属称谓称呼非亲属关系的人，但这对陌生人并不适用（除非说话人是小孩子），因此例（37）和（38）的"哥哥"和"阿叔"使用得不恰当，应该用"警察同志"和"师傅"。例（39）女留学生把自己的女性朋友说成"女朋友"，说明她不了解"女朋友""男朋友"在汉语中是特指和自己有恋爱关系的人，一个女性说自己有"女朋友"会使人产生说话人可能是同性恋的误会，因此要改为"我有一个女性朋友"。

其次，汉语学习者在人称指示上也常常出现失误。例如：

(40) *<u>我的国家</u>很多人想来中国旅游，非常多。（佟慧君：《外国人学汉语病句分析》）

(41) *暑假<u>咱们</u>要去桂林旅游，你们去哪儿？（佟慧君：《外国人学汉语病句分析》）

(42) *妈妈，这次<u>咱们</u>跟老师一起到石家庄和桂林旅行去了。（佟慧君：《外国人学汉语病句分析》）

(43) *他又看见一位老人，<u>他问他</u>要不要看报。（佟慧君：《外国人学汉语病句分析》）

类似例（40）的失误是留学生常常出现的问题，因为他们不了解中国人有强烈的集体主义观念，在说到国家时会认为国家是一个集体，也是集体的国家，要用第一人称复数形式"我们国家"，只有在某些正式场合才会简略为"我国"。例（41）和例（42）犯的是同样的错误，"咱们"和"我们"都是第一人称复数，但有区别，"咱们"通常包括说话人和听话人，"我们"则既可能包括听话人也可能不包括，这两个例子中说话人的意思显然不包括听话人,因此应该用"我们"。例(43)出现的是指示不明的问题,"他问他要不要看报",两个"他"分别指示的是谁,句中无法分辨,应该把其中一个"他"改为"那位老人"。

最后,学习者在话语指示方面也会出现少量失误。例如:

(44) *二十多年以前,我家住在一个小城里,这时候,我还没有上小学。(佟慧君:《外国人学汉语病句分析》)

(45) *有个中国歌舞团在日本公演结束后,举行告别晚会。在那个晚会上,年轻的日本人和中国团员都想相互交流。(陈光磊:《对外汉语的语用修辞教学》)

汉语中"这"是近指代词,"那"是远指代词。例(44)说的是"二十多年前"的事情,离现在"很远",应该用远指的"那时候"。例(45)的"那个晚会"中的"那"是远指词,用在此处不符合汉语的习惯,应该改为"这个晚会上",或直接用复指的形式"晚会上"。

(二) 礼貌方面的失误

在中国人的礼貌意识里有一个文雅准则[①],也就是说话尽量使用雅言,禁用污言秽语,多用委婉语,尽量不直接提及令人不愉快或尴尬的事情。涉及死亡、性事、排泄等方面的事物都要使用委婉语。很多汉语学习者不了解这些禁忌,造成了语言失误。例如:

(46) *他的父母几年前都死了,所以一个亲人也没有,要说朋友,住在一起的一只狗叫约翰。(吴丽君等:《日本学生汉语习得偏误研究》)

(47) *那时候,老牛的儿子三儿来了,他为了老牛的长寿,多活几年,给老牛报了一个气功班,让老牛多锻炼锻炼。(吴丽君等:《日本学生汉语习得偏误研究》)

例(46)直接说到了"死",违反了中国人对于死亡的禁忌,这里应

---

① 顾曰国:《礼貌、语用与文化》,《外语教学与研究》1992年第4期,第10—17页。

该用委婉的说法"去世了""走了""过世了"等。例（47）中的"多活几年"通常是老年人自嘲的说法，儿子希望父亲老牛长寿是很好的，但是希望父亲"多活几年"就有了嘲讽的意味，不文雅不礼貌了。

中国人还非常重视正面面子，交际时双方都尽量相互"给面子"，让大家都能"在面子上过得去"，因而不大会直接揭露对方的缺点或错误。但是一些汉语学习者，尤其是来自低语境文化国家的学生往往因为不了解中国人的"面子"要求，造成语用失误。例如：

（48）（一个德国学生在和一个中国同学聊天时，闻到了他嘴里的蒜臭味，德国学生正好有口香糖，于是德国学生递给那位同学一粒口香糖说）*我不喜欢大蒜味。（闫静：《对外汉语教学中低语境文化学生的社交语用教学研究》）

例（48）中的德国学生认为他这么说是要解释为什么给对方口香糖，但这种说法对于中国学生来说无异于不满甚至嫌弃，伤害了中国同学的正面面子，是非常不得体的。遇到这种情况的时候，大部分中国人都宁愿忍受蒜臭味，也不会有任何表示。在中国人看来，维护对方的面子，认同对方是非常重要的，有时候可以不太在意话语的真实性，来自低语境文化的汉语学习者在这方面也会失误。例如：

（49）（德国学生A的中国朋友要发表一篇文章，A认为这篇文章写得不好，他对那位中国朋友说）*这是你的风格，这可不是我的风格。（闫静：《对外汉语教学中低语境文化学生的社交语用教学研究》）

例（49）德国学生的言语虽然没有直接表示文章写得不好，但在中国人眼里已经算是很生硬了，至少是对他文章的负面评价，会打击他的自信心。而大部分中国人面对这种情况，会说"挺好的，可以试试看"之类的表示认同和鼓励的话。

（三）会话含意理解的失误

外国汉语学习者常常因为不了解某些汉语常用语的语用意义，而产生对话语含意理解的失误。例如：

(50)"一个外国学生到中国同学家里做客,吃饭时同学的父母请他'慢吃,慢慢吃',他以为自己吃得快了点儿,于是就把动作做得极其缓慢,可是主人还是一个劲地请他'慢吃,慢慢吃',最后他简直不敢动筷子了。"(陈光磊:《对外汉语的语用修辞教学》)

例(50)中的"慢"和"吃"是两个非常简单的词语,它们的组合结构也是很简单的,字面意思很容易理解。可是对同学父母的这句话简单地从字面意思来理解就错了,他们说的"慢慢吃"是中国人招待客人吃饭时使用的常用语,意思并不是要让客人放慢吃饭的速度,而是希望客人放轻松、别客气的意思,是热情礼貌的表现。又如:

(51)(中国学生和留学生朋友道别)
中国学生:有机会咱们一起吃个饭。
留学生:什么时候?

例(51)中的中国学生在道别的时候说"有机会咱们一起吃个饭"只是一种礼貌性的邀请,表现对对方的重视和希望继续交往的意思,类似的还有"有空来我家玩儿"等,并不是发出实质性的邀请,而留学生由于不了解汉语的这种习惯,从字面意思理解这种说法,造成了语用理解的失误。再如:

(52)中国人:你看书呢?
留学生:怎么?(明明看到我正在看书,怎么还问?)
(53)中国人:去哪儿啊?
留学生:呃,去 SM 买东西。(我去哪儿你管得着吗?)

例(52)和(53)中,留学生都把中国人的问候、关心错当成了询问或打听。常常造成误解的还有"你要出去呀?""回来了?""你吃饭了吗?",等等。值得注意的是,不光是文化背景和中国差异较大的西方留学生往往对汉语的很多语用常用语理解失误,同属于东方文化圈的日本留学生也会有话语理解的失误。例如一个日本留学生谈道:

我在学校里遇到一个中国朋友。我看见他就说"你好"。我认为他也会说"你好"的。可是他却说"吃了没有?"我就问他你问我什么东西吃了没有?是不是你上次中秋节的时候给我的月饼?那当然,已经两个星期了,我早就吃掉了。①

还有一个日本学生说到了很多日本人对"你吃饭了吗?"误解的原因:

日本人关于美德的想法有一句谚语:"武士吃不上饭也要摆摆架子。"也可以说:"武士不露饿相。"如果对日本人说:"吃饭了吗?"他们肯定生气。因为日本人得到的印象是"你有生活能力吗?"或者"你有钱吗?要不要请你吃饭?"②

(四) 言语行为的失误

言语行为是交际语用的核心部分,是不同文化在语言交际中最直接和最明显的体现。外国汉语学习者在使用汉语实施言语行为时,常常因受到母语文化的影响而出现失误。例如:

(54)(日本学生到中国同学家作客,见到同学的父母) *初次见面,请多多关照!(吴丽君等:《日本学生汉语习得偏误研究》)
(55)(一个美国人在中国朋友家吃饭) *这些饭菜我可以全部吃了。

例(54)中的日本学生用汉语跟中国人打招呼的方式是直接译自日语的句子,不符合中国人的习惯,在这样的场合,中国人通常说:"叔叔、阿姨,你们好!"例(55)中的美国人把"I could eat all of them"直接翻译成汉语,想要表达对那些饭菜的欣赏和赞美,但不知道这种说法在中国人看来,会以为是客人嫌菜少、认为主人招待不周的意思,造成语用失误。在这种情景下,中国人一般会说:"你们准备的太丰盛了,哪儿吃

---

① 吴丽君等:《日本学生汉语习得偏误研究》,中国社会科学出版社 2002 年版,第 342 页。
② 同上书,第 341 页。

得完啊!"类似的例子还有:

  (56)(在汉语口语课上)
    中国老师:金先礼!
    金先礼:＊是!
    中国老师:请你复述一下课文。
  (57)(中外学生联欢会结束后,中国学生小涂和美国学生迈修聊天)
    小涂:迈修,你吉他弹得真棒,歌儿唱得也好听!
    迈修:＊啊,谢谢,我太高兴了。

  有些言语行为的失误,不是因为学习者不了解汉语的言语习惯,而是学习者对汉语的某些语用规则掌握得不到位或使用时过度泛化造成的。例如:

  (58)(上课时,一个学生临时请假,老师同意后,他说)＊老师,对不起,我告辞了。
  (59)(中国学生A和留学生B的对话)
    A:你今天真漂亮。
    B:哪里,哪里。
    A:你普通话挺好的。
    B:哪里,哪里。

  例(58)中的"告辞"使用得不恰当,学习者只知道"告辞"是在告别时使用的一种比较有礼貌的表达方式,但不了解"告辞"一般用于向主人告别的场合,老师并不是教室或课堂的主人。例(59)中的留学生显然了解中国人崇尚谦虚的品德,也知道在回应赞美的时候常常用表示谦虚的"哪里,哪里",因此,为了"入乡随俗",便不分主题、不分场合一味地使用,反而会让人觉得做作,不得体,造成了过度泛化的问题。殊不知,汉语中回应赞美的方式还有很多种,根据赞美对象的不同性别、不同内容、不同的客观情况而有所不同。
  除了以上明显的言语行为失误之外,大部分学习者使用汉语实施言语行为的能力还比较低，和汉语本族语者相比，存在较大差距。例如美国大学生汉语"请求"言语行为表现为"一方面学习者过多地使用了常规性间接请求策略，即在可以使用直接策略的情况下，过度使用了常规性间接请求策略，从而使请求表达的得体性受到影响；另一方面在降低请求行为的面子威胁效应方面，学习者对外部修正策略的使用要远低于本族语者"。此外，"学习者在根据情景差异，调整请求策略和外部修正策略的使用方面与本族语者也存在一些差距"。[①] 另外，学习者在实施"拒绝"等可能威胁对方正面面子的言语行为时，往往过于简单直接，不够委婉，也缺少补救策略。

（五）会话结构方面的失误

和其他方面的语用失误相比，学习者在会话结构方面的失误表现得不是特别明显，但我们也不能忽略它的存在。

汉语学习者在会话中的失误首先体现为话题选择不当。例如，一个美国人在中国公司工作，他的一个中国女同事怀孕了，他想恭喜女同事成为准妈妈，并赞美对方的母性魅力，于是在一次交谈中对女同事说道："你的身材变了，丰满多了。"他的话让女同事感到很不愉快，造成了语用失误。和西方人相比，中国人相对比较传统和保守，现代的男性和女性之间虽然不似古代那样"男女授受不亲"，但在聊天的话题内容上仍是有禁忌的。身材、怀孕、生育等话题，通常在关系不甚亲密的男女之间是尽量回避的，如果一个男性主动挑起类似话题，会使听话的女性感到被侵犯，是很不礼貌的。

其次，学习者在会话时不善于维持话轮。例如，留学生在使用汉语对别人发问得到回答后，常常说"谢谢"，在他们认为说"谢谢"不大合适时，就以微笑回应，这样总是使交际难以进行下去。比如，马克在校园里看到远处一个地方围了很多人，就跟走过来的一个同学打听："那边发生了什么事儿？"那个同学回答："是一个电脑公司作宣传呢。"马克说："谢谢。"使谈话中断了。类似的情况下，大部分中国人会说："我说（那儿怎么那么多人）呢。……"这样既是对对方回答的礼貌回应，也是使谈话能够继续下去的铺垫。

[①] 孙晓曦、张东波：《美国大学生汉语"请求"言语行为能力研究》，《世界汉语教学》2008年第3期，第105—114页。

另外，中国人在非正式场合聊天时常常有插话、抢话的现象，话轮的转换比较随意，很多学习者对此感到不太适应。他们由于语言水平有限，又找不到插话的机会，往往在和两个以上中国人聊天时，整个过程自始至终都说不了几句话。

以上分析了汉语学习者的语用失误，需要指出的是，语用失误的具体表现是复杂多样的，无法穷尽，这里只能尽量选取一些比较有代表性的例子进行分析，以管中窥豹，为确定汉语语用教学内容寻找线索。

第三节　汉语语用教学内容总述

本章第一节和第二节分别对汉外语用差异和汉语学习者语用失误进行了较为系统的分析和归纳，虽然无法实现面面俱到的穷尽式讨论，但足以为确定汉语语用教学内容提供可靠的依据，使我们能够描述出汉语语用教学内容的基本框架。

一　结构语用方面的教学内容

从汉外结构语用对比的结果来看，汉语和英语等其他语言之间既有共性，又有差异。根据布拉图（Prator）提出的应用于对比分析预测的"难度等级模式"[①]，"两种语言中相同的成分，产生正迁移，学习无困难"，难度等级为零级；两种语言中不同的成分，产生负迁移，不同形式的差异，造成不同等级的学习困难。因此，汉外结构语用有差别的部分，应纳入语用教学内容范畴。从学习者结构语用失误的分析来看，在结构语用的各个方面也都有体现。据此，我们有理由推断，汉语结构语用所涵盖的各个分析单元都应纳入对外汉语语用教学内容，其中又以汉语个性突出的部分作为教学重点。具体包括：

汉语句子"话题—说明"的结构框架。这是汉语特点最鲜明的体现，也是理解和运用其他句法—语用意义的基础。

汉语句子焦点的表现手段。包括句尾焦点的表现手段和对比焦点的表现手段。

[①] 转引自盛炎《语言教学原理》，重庆出版社1990年版，第79—80页。

汉语句子信息结构的特点和规律。包括"时空事理先后律""时空地位大小律""信息旧新轻重律"等。

汉语句子变化的规律及其语用意义。包括不同句式（尤其是特殊句式）的语用功能、句子成分移位产生的语用价值等。

汉语句子口气的表达方式。例如舒缓、急促、委婉、直接、亲昵、蔑视等情态的表现方式，尤其要重视表情态的能愿动词的用法和意义。

汉语话语标记语。包括换言标记语、推理标记语、话语来源标记语、言语行为标记语，等等，另外还要强调对话标记语的使用。

汉语作为第二语言的教学，一方面要遵循第二语言教学的普遍规律，同时汉语教学又有自身的特殊规律。汉语作为"语用优先"的语言，在结构语用方面有着与众不同的鲜明特点，通过对比分析和语用失误分析，我们发现，汉语的这些特点正是学习者不易掌握的难点，因而也就应该成为对外汉语教学中需要突出的重点，相应地在教学中也体现了汉语教学的特点。

二　交际语用方面的教学内容

中华民族文化独特的思想传统和精神内涵赋予了汉语独特的魅力，汉语交际中有着不同于其他语言文化的语用习惯和规则。通过汉外交际语用的对比，我们看到汉外语用的差异在交际语用的每个基本分析单元都有所体现。而对于汉语语用习惯和规则的不了解，也使汉语学习者在使用汉语进行交际的过程中频频失误。因此，汉语交际语用各个方面的特点都应该成为对外汉语语用教学的内容。具体包括：

汉语指示语。包括人称指示、话语指示和社交指示，其中尤其要强调人称指示和社交指示。

汉语言语行为。包括不同言语行为在汉语言文化中的实现模式、手段、语言资源及其实现机制，以及在不同情境下实施相同言语行为所需采用的不同言语手段。这些也是理解会话含意的重要依据。

汉语会话结构模式。包括话题的选择、会话的开端、会话的推进模式、会话中的反馈语、会话的结尾，以及争取话轮的方式等。

值得注意的是，对于会话含意的理解，需要建立话语和语境之间的关联，也就是说，学习者要顺利理解汉语会话含意需要在头脑中储备汉语社会文化语境信息。同时，语用体系是一个开放的系统，内容再丰富的语用教学都不可能囊括所有的语用现象,要解决这个问题,就需要让学习者了解语用现象背后的汉语社会文化语境信息。语境对话语意义的恰当表达和准确理解起着至关重要的作用。受到莱昂斯(Lyons)以知识解释语境[①]的启发,我们认为,在汉语教学中应当把社会文化语境信息作为知识传授给学习者,内容包括汉文化的历史文化背景、社会规范和习惯以及价值观,具体体现在中国人的思维方式、文化习俗、礼貌原则、面子观念、个人气节、人情世故、朋友关系、婚恋观念、家庭观念,等等。

总的来说,语用教学的内容是非常丰富的,而且它们之间并不是各自孤立的,在教学中也不能截然分开,因为它们彼此之间本身就是相互关联的,或是从不同的角度对语言交际的分析和解释。所有的交际都在语境中进行,言语行为侧重于表达,会话含义侧重于解释;而言语行为的实施和会话含义的推导都要利用交际策略、会话结构特征、指示语、各种语言形式的语用功能和会话标记语。

第四节　本章小结

本章主要通过汉外语用对比分析和汉语学习者语用失误分析,解决对外汉语语用教学"教什么"的问题。

(一)结构语用方面,以英语为代表的西方语言的句子结构是句法的,注重形式的严谨性;汉语句子的结构是语用的,注重内容的意会性。很多汉语学习者所犯的错误,表面上看是句法偏误,而实质上是结构语用失误。

(二)交际语用方面,东西方的社会历史文化不同,导致汉外会话原则、交际策略、交际模式、话题选择、言语行为等的巨大差异,而对汉语交际语用规则不了解或了解得不透彻,使汉语学习者在交际过程中出现各种失误。

(三)由于汉外语用差异的广泛性和学习者语用失误的普遍性,对外汉语语用教学的内容需要涵盖语用学两个层面的几乎所有分析单元,这些基本单元可以独立分析,同时也相互联系,无法分开,它们在话语的组织

---

① Lyons, J., *Semantics*, Cambridge: Cambrige University Press, 1977: 574.

和表达中是共同起作用的。

　　语言本体研究是第二语言教学基础的核心。汉语语用学本体研究是对外汉语语用教学的支撑，对外汉语语用教学的具体内容有赖于汉语语用学的研究成果。目前，汉语语用研究——尤其是交际语用方面的研究，还非常有限，亟待加强。

第三章 初级口语课语用教学实验

第一节 实验设计与过程

一 研究问题及假设

为了考察语用教学对汉语学习者语用能力的影响,我们利用正常的口语教学课堂,在不同时间、不同地点分别进行了两次语用课堂教学实验,主要回答的问题是:

汉语学习者在口语课堂上经过一段时间的语用教学之后,在使用汉语表意时是否能够更加符合汉语的语用规则和语用习惯?其语用能力是否能更加接近汉语本族语者?

根据先贤的研究结果,我们基于以下假设进行实验并回答上述问题:

研究假设1:实验组的学生在后测中比在前测中所选择或使用的汉语表达形式更接近汉语本族语者,语用能力有明显提高;而控制组在前后两次测试中的表现没有特别明显的差异。

研究假设2:仅就后测而言,实验组的学生无论在结构语用的准确性还是交际语用策略的丰富性和得体性上都明显优于控制组。

二 实验对象

本研究分别在厦门大学海外教育学院和集美大学海外教育学院进行了两次教学实验,均为初级口语教学。在厦门大学进行的称为"实验一",使用的教材是《汉语口语速成(提高篇)》(李小荣编著,北京语言大学出版社2006年版);在集美大学进行的称为"实验二",使用的教材是《初级汉语口语(2)》(戴桂芙、刘立新、李海燕编著,北京大学出版社2004年版)。

实验一中的实验对象为厦门大学海外教育学院的43名不同国家民族背景的留学生，他们大部分在中国学习汉语的时间为半年到一年，或者在其母语国有1—3年的汉语学习经历。根据他们的HSK成绩和在分班测试中的表现，这些留学生的汉语水平基本达到了"汉语水平等级标准"[①]初等一级，被随机编入二年级上的两个平行班。我们将两个班随机地确定为实验组（21人）和控制组（22人）。由于学生缺席、答卷不符合要求等因素，最后用于统计分析的实际受试人数为40人，其中实验组20人，控制组20人。

具体而言，实验组留学生的国别背景为：韩国（5人）、德国（3人）、美国（2人）、日本（2人）、印度尼西亚（2人）、泰国（1人）、汤加（1人）、哈萨克斯坦（1人）、萨摩亚（1人）、荷兰（1人）、菲律宾（1人）。平均年龄为：25.85岁。控制组留学生的国别背景为：韩国（5人）、泰国（5人）、日本（3人）、意大利（2人）、俄罗斯（2人）、印度尼西亚（1人）、沙特阿拉伯（1人）、吉尔吉斯斯坦（1人）。平均年龄为：27.45岁。

实验二中的实验对象为集美大学海外教育学院短期班的62名菲律宾华裔中学生。他们有着较为相似的语言文化背景，在菲律宾学习汉语的时间为7—11年，也就是说他们中的大部分人从幼儿园阶段就已经开始接触汉语，但没有在中国学习汉语的经历。根据入学分班测试，他们被归入初级下并随机分为两个班。我们把这两个班随机指定为实验组（30人）和控制组（32人）。由于学生缺席、答卷不符合要求等因素，最后用于统计分析的实际受试人数为57人，其中实验组26人，控制组31人。实验组学生的平均年龄为13.24岁，控制组学生的平均年龄为13.38岁。

为了对留学生的语用能力水平及其变化进行较为客观的评判，我们还对85名中国学生进行了相同的语用能力测试，将其作为评价留学生汉语语用能力的参照。由于部分答卷不符合要求，最后用于统计分析的实际受试人数为76人。其中用于实验一的对比统计分析的中国受试有40人，他们是集美大学文学院对外汉语专业的本科生，平均年龄是21.75岁。用于实验二的对比统计分析的中国受试有36人，他们是山西省太原市某中学

[①] 国家对外汉语领导小组办公室：《汉语水平等级标准与语法等级大纲》，高等教育出版社1996年版，第13页。

初三年级的学生，平均年龄为 15.53 岁。

三　语料收集方法

就语言研究来说，真实语境中的语料是最权威的语料，然而实录法却很难用于语际语语用学研究。因为说话人在何种情况下、实施何种言语行为、选择什么样的言语策略、如何表达，受多种因素的影响，时间、地点、场景、说话双方的年龄、性别、地位等都起着重要的作用，研究人员很难准确把握和控制这些因素。自然语言中会出现什么样的语料，是否能为研究所用，也是无法预测的，缺乏可比性。所以实录法很"费时间，语料很难收集。收集到的语料不一定能提供研究者想要的研究的语用特征，或不足以进行定量分析"。① 在语际语语用学研究中，为了使研究结果即有效又可信，研究者常常采用书面话语填充法（Written Discourse Completion Tasks，WDCT）、多项选择话语填充法（Multiple-choice Discourse Completion Tasks，MDCT）、话语角色扮演法（Discourse Role-Play Tasks，DRPT）等方法收集语料。书面话语填充法和话语角色扮演法的不同在于前者是书面形式的而后者是口头形式的，根据瑞恩特尔（Rintell）和米切尔（Mitchell）等人的研究，用这两种方法收集的语料非常相似，没有本质区别。② 在此前提下，书面话语填充法的优点更为明显，它便于操作，容易在较短的时间内收集到大量的语料，能有效地控制情景变量，并且能够有效地对本族语者和第二语言学习者言语策略进行对比。

本研究通过问卷测试的形式收集语料，问卷包括书面话语填充和多项选择话语填充两部分。在问卷设计和使用过程中贯彻以下几个原则：

第一，问卷测试的是受试者的语用能力，而不是语法结构能力，评分时只考虑语用表现，纯粹的语法错误和书写错误一律不扣分；

第二，每个小题的参考答案均来自汉语本族语者，并参照汉语文化语

---

① Ellis, R., *The Study of Second Language Acquisition*, Oxford: Oxford University Press, 1994: 671.

② Rintell, E., Mitchell, C., "Studies of request and apologies: an inquiry into method", In Blum-Kulka, S., House, J., Kasper, G. eds., *Cross-Cultural Pragmatics: Requests and Apologies*, Norwood, N.J: Ablex. 1989: 155—173.

用方面的相关研究，而不是作者的主观杜撰；

第三，问卷中的情境是受试者所熟悉的，在文字表述上力求简洁易懂，用于汉语学习者的试卷特别标注汉语拼音，以避免因不认识某些汉字而造成的理解障碍；

第四，多项选择题（除个别测试语用理解的题目）的每个选项都有得分，评分时根据其在情境中的恰当程度分配不同的权重。

问卷中书面话语填充的部分主要用于语用产出的测试，每题都用一小段文字对对话的情境进行了简要的描述，要求受试者运用其认为恰当的语言形式来实现要表达的言语行为。例如：

你的朋友小王请你星期天中午十二点去他家吃饭，可是因为路上堵车，你十二点半才到他家。

你说：_____

已有的研究（Enochs & Yoshitake-Strain, 1999; Roever, 2001; Yamashita, 1996 等）多次证明书面话语填充法在测试语际语语用能力时有较好的信度和效度[1]，并且，即使不同的评卷人在评卷严厉程度上有显著差异，只要对评分标准和评分前后一致性方面有较好的把握，这种差异不会影响到最后结果的信度。[2]

多项选择话语填充主要用于言语策略选择和少量语用理解的测试，情境与描述和书面话语填充部分基本相同，要求受试选出自认为最合适的选项，使对话完整，并将所给选项按照从最恰当到最不恰当顺次排序。例如：

你要去中山公园和女（男）朋友约会，走到学校门口的时候碰到你的中国朋友小王。

小王说：去哪儿啊？

你说：_____

---

[1] 转引自刘建达《话语填充测试方法的多层面 Rasch 模型分析》，《现代外语》2005 年第 2 期，第 157—169 页。

[2] 同上。

A. 去约会   B. 出去一下儿   C. 去中山公园约会   D. 去中山公园

好_____不好

这种测试方法也是语际语语用学研究中十分常用的，具有较好的信度和效度，我们以受试用来完成对话的唯一选择作为评分依据；另一方面要求受试者将题目中所有选项按其认为的恰当程度排序，目的是了解受试者对不同言语策略的接纳程度，并不计分。

由于两个部分给出的情境基本相同，为了避免多项选择题的选项对语用产出产生干扰，保证测试的有效性，我们将书面话语填充测试安排在先，受试者全部完成并收齐试卷后，再进行多项选择话语填充测试。测试在课堂上统一进行，测试时，原则上对受试者完成问卷的时间不作限制，并且允许使用工具书，不认识的字词亦可询问老师，力求使问卷能真实地反映出受试者的语用情况。为方便对比，所有测试成绩在进行统计分析时都换算为百分制。

四 实验过程

本研究中两次教学实验的过程相同，都包括前测—教学—后测三大环节。测试结果作为分析汉语学习者语用能力的资料，测试成绩使用社会科学统计软件 SPSS17.0 进行分析。

（一）前测

在教学实验开始时，我们对实验组和控制组进行了语用水平的前测，以了解学生既有的语用能力，测试结果也将用于和中国学生的对比，分析汉语学习者和汉语本族语者在语用方面的差异。两次实验的实验对象的汉语水平大致相当，都处在初级阶段，因此我们使用了内容相同的前测试题。试题中的情境设置，我们参考了《高等学校外国留学生汉语教学大纲》[1] 中的初级交际任务项目和《对外汉语初级阶段教学大纲（一）》[2] 中的初级阶段功能大纲，它们都对初级水平的汉语学习者所应该掌握的汉语交际功能进行了概括和描述，包括表达社交活动、表述客观情况、表达

---

[1] 国家对外汉语领导小组办公室：《高等学校外国留学生汉语教学大纲》，北京语言文化大学出版社 2002 年版。

[2] 杨寄洲主编：《对外汉语教学初级阶段教学大纲》，北京语言文化大学出版社 1999 年版。

理性态度、表达主观感情、表达使令等功能项目，社会交往、点菜吃饭、寻医问药、寻求帮助、原因目的等具体范围。我们在此基础上设计了23—24①个情境，涉及问候、称呼、赞扬、求助、建议、告别等，考察受试者在言语交际中的语用表现。书面话语填充部分共26个计分点，满分为52分，每个计分点有0分-0.5分-1分-1.5分-2分五个分数段，纯粹的语法错误和书写错误一律不扣分；多项选择话语填充部分也是26个计分点，满分为26分，其中测试语用策略的题目每个选项都有得分，三个选项的每项分别是0.25分、0.5分和1分，四个选项的每项分别是0.25分、0.5分、0.75分和1分，测试语用理解的题目只有唯一正确答案，计1分。

测试的内容包括结构语用方面的和交际语用方面的，以后者居多。

考察结构语用能力的题目如：

WDCT：坐公交车的时候，小偷偷了你的钱包，你把这件事告诉你的同学。

你说：_____

MDCT：坐公交车的时候，小偷偷了你的钱包，你把这件事告诉你的同学。

你说：_____

A. 我的钱包丢了。　　B. 小偷偷了我的钱包。　　C. 我的钱包被偷了。

好_____不好

这个题目主要测试的是受试者对汉语话题结构的运用，另外也可以考察受试者是否能够使用相关句式表达"遭受"义和不满情绪。多项选择话语填充所给出的三个选项比较明显地体现出了测试意图。

考察交际语用方面的题目如：

WDCT：小王在杭州旅游，住在如家酒店，有一天他一个人出去

---

① 书面话语填充部分共有23个情境，多项选择话语填充部分共有24个情境，两部分有个别情境不同，其余大部分都相同。

逛街找不到回酒店的路了，他向街上的中国人问路。

小王说：_____

MDCT：小王在杭州旅游，住在如家酒店，有一天他一个人出去逛街找不到回酒店的路了，他向街上的中国人问路。

小王说：_____

A. 你好，请问去如家酒店怎么走？　B. 对不起，请问去如家酒店怎么走？　C. 不好意思，请问去如家酒店怎么走？

好_____不好

这个题目测试者的是受试者如何使用汉语实施问路这一请求言语行为，多项选择话语填充则更侧重于考察对于受试者来说，"问路"这一言语行为在多大程度上打扰了对方或给对方带来了不便。

我们在多项选择话语填充问卷的最后几个题中还设置了考察语用理解的题目，例如：

马克告诉他的同学他会说英语、法语和日语，他们说："真的吗？"

他们的意思是：_____

A. 马克很了不起。B. 不相信马克说的话。C. 问马克是不是真的会说这三种语言。

（二）教学

前测结束后，本实验进入教学环节，整个过程都在正常的学习口语课堂上进行，对实验组和控制组都没有实施额外的任何辅导。实验一的教学过程为期13周，实验组和控制组的口语课教师均由笔者担任，两个组的留学生都不知道自己参与了教学实验。实验二的教学过程为期7周，实验组和控制组分别由两名性别、学历、教学经验和教学水平基本相当的教师担任口语课老师，参加实验的留学生同样不知道自己参与了教学实验，两名任课老师也不清楚实验目的。

在教学过程中，实验组和控制组使用的是相同的教材，教学进度基本保持一致，但不同的是控制组的教学采用传统的教学方法，以课本为中心，以词汇、语法等语言知识为主要内容，以机械操练为主要手段，并辅以一定的交际练习，对课文涉及的语用知识和语用信息不作专门的分析和描述。而实验组采用语用教学法，在课本内容的基础上，通过动态的语境启发学生对语言形式和功能的理解和掌握并对课文中包含的语用信息进行思考，对课文涉及的语用知识和元语用信息进行专门的讲解，并安排相关的交际练习。①

（三）后测

教学环节结束后，对实验组和控制组统一进行后测。由于实验一和实验二的教学时长不同，所使用的教材也不一样，因此，我们分别设计了不同的后测问卷。

实验一的后测问卷仍以《高等学校外国留学生汉语教学大纲》中的初级交际任务项目和《对外汉语初级阶段教学大纲（一）》中的初级阶段功能大纲为基础，并参照教材内容设计情境，但具体时间、地点、人物、事件均不相同，测试内容包括结构语用方面的和交际语用方面的，亦以后者居多，涉及邀请、求助、赞美、拒绝等交际项目，共设置10个情境，包含13个计分点，书面话语填充部分满分26分，多项选择话语填充部分满分13分，评分标准与前测相同。具体题目如：

WDCT：小王和小李是同事，有一天经理让他们俩一起完成一个工作，但是小王的妈妈生病住院了，小王有点儿忙不过来，他想请小李帮忙多做一些。

小王对小李说：_____

MDCT：小王和小李是同事，有一天经理让他们俩一起完成一个工作，但是小王的妈妈生病住院了，小王有点儿忙不过来，他想请小李帮忙多做一些。

小王对小李说：_____

A. 这个工作你帮忙多做一点儿好吗？

B. 我妈妈生病住院了，我这几天忙不过来，工作你帮我多做点好吗？

C. 工作你帮我多做点好吗？我妈妈生病住院了，我这几天忙不

---

① 实验组和控制组教学过程的具体差异详见本章第三节。

过来。

　　好_____不好

　　实验二的后测问卷设计方法与实验一相同，也是在大纲的基础上参照了教材内容，涉及建议、抱怨、提供帮助、赞美等交际项目，共设置 10 个情境，包含 12 个计分点，书面话语填充部分满分 24 分，多项选择话语填充部分满分 12 分，评分标准与前测相同。具体题目如：

　　WDCT：小王听说 SM 周末有很多东西都打折，想去逛逛，她想叫小李和她一起去。
　　小王对小李说：_____。
　　MDCT：小王听说 SM 周末有很多东西都打折，想去逛逛，她想叫小李和她一起去。
　　小王对小李说_____。
　　A. 咱们一起去 SM 逛逛吧！　　B. 你想去 SM 逛逛吗？
　　C. 听说 SM 有很多东西都打折，咱们去逛逛吧！
　　好_____不好

第二节　汉语学习者和汉语本族语者的语用差异

　　通过对参加实验的留学生和中国学生语用能力前测成绩和答卷的分析，我们可以进一步明确汉语学习者和汉语本族语者使用汉语交际时在语用方面的差距。

一　前测结果的统计分析

　　（一）前测结果有效性检验
　　我们首先用 SPSS17.0 对实验一、实验二中实验组和控制组学生以及中国受试[①]的前测成绩作了描述性分析，并绘制了带正态曲线的直方图，以检验测试结果是否符合信度要求。

---

　　① 为表述方便，我们在图表中将参加实验一的中国受试者标注为"中国（一）"，留学生受试标注为"留学生（一）"，参加实验二的标注为"中国（二）"、"留学生（二）"。

书面话语填充部分分析结果：

如图3-1、图3-2所示，参加实验一的中国受试者和留学生受试的书面话语填充前测成绩总体上呈现正态分布，说明调查结果符合测试信度要求，可用于统计分析。

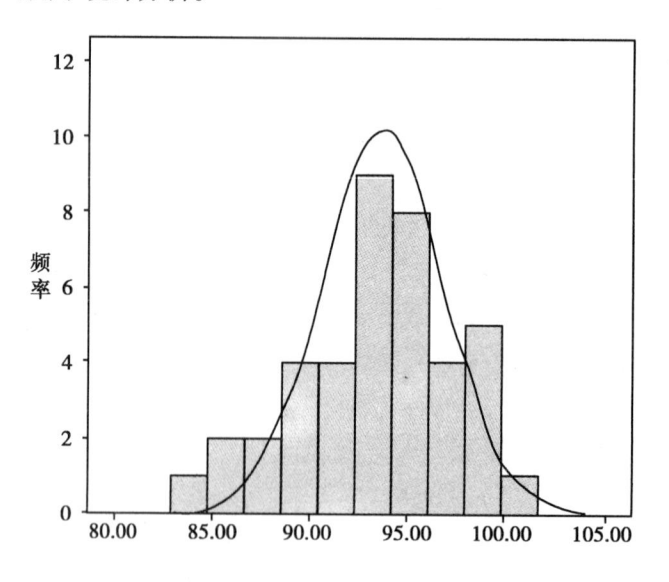

图3-1 中国（一）WDCT前测成绩分布

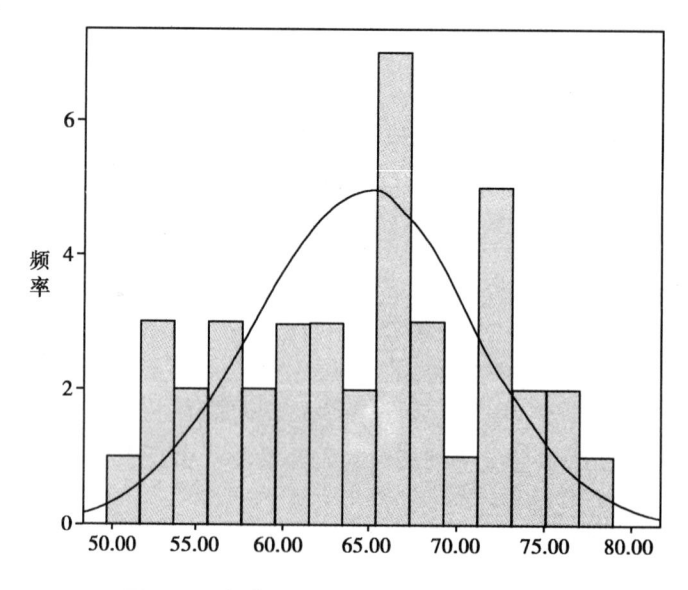

图3-2 留学生（一）WDCT前测成绩分布

如图3-3、图3-4所示,参加实验二的中国受试者和留学生受试的书面话语填充前测成绩总体上呈现正态分布,说明调查结果符合测试信度要求,可用于统计分析。

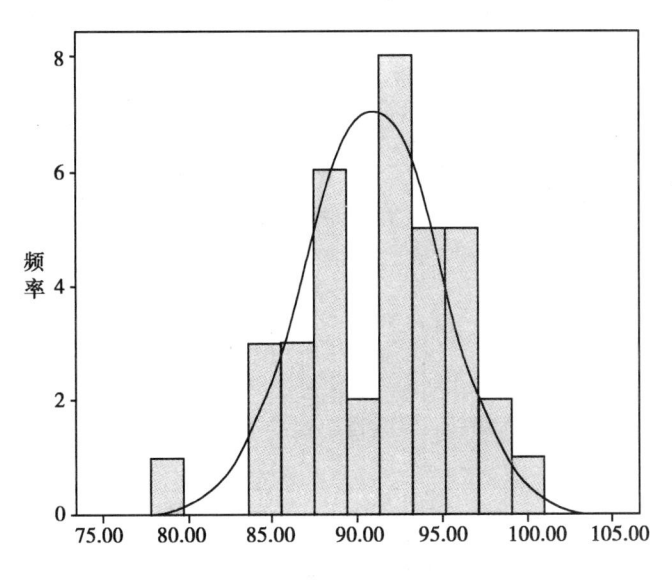

图3-3 中国(二)WDCT前测成绩分布

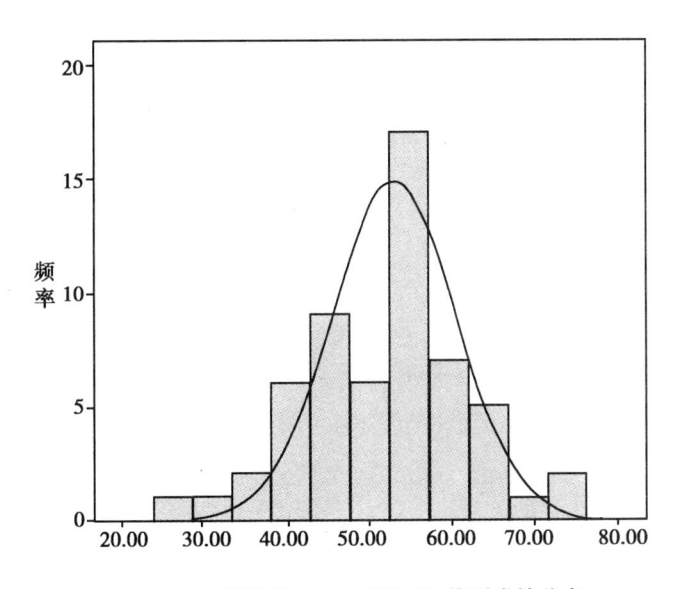

图3-4 留学生(二)WDCT前测成绩分布

多项选择话语填充部分分析结果:

如图 3-5、图 3-6 所示,参加实验一的中国受试者和留学生受试的多项选择话语填充前测成绩总体上呈现正态分布,说明调查结果符合测试信度要求,可用于统计分析。

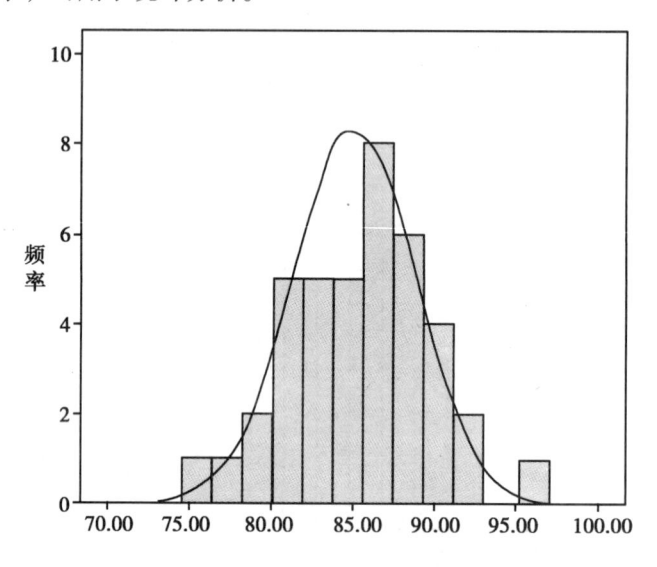

图 3-5　中国(一)MDCT 前测成绩分布

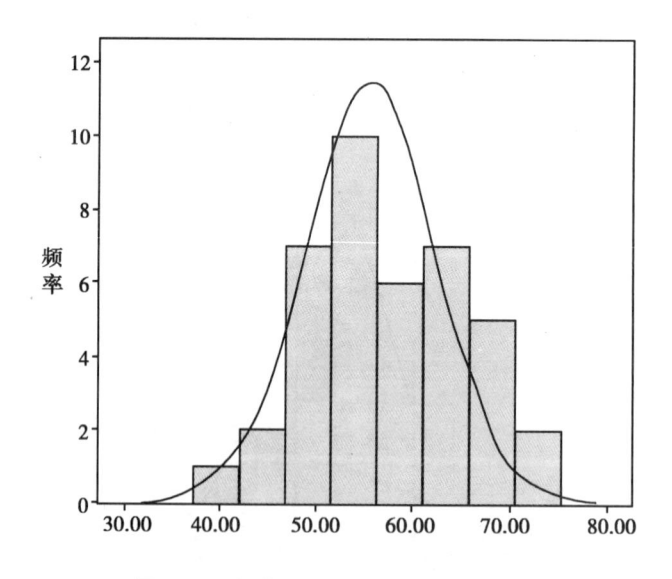

图 3-6　留学生(一)MDCT 前测成绩分布

如图 3-7、图 3-8 所示,参加实验二的中国受试者和留学生受试的多项选择话语填充前测成绩总体上呈现正态分布,说明调查结果符合测试信度要求，可用于统计分析。另外，为了保证分析的客观有效性，我们还对所有前测数据做了 Explore 检验和单样本 K–S 检验，结果都证明前测成绩为正态分布。

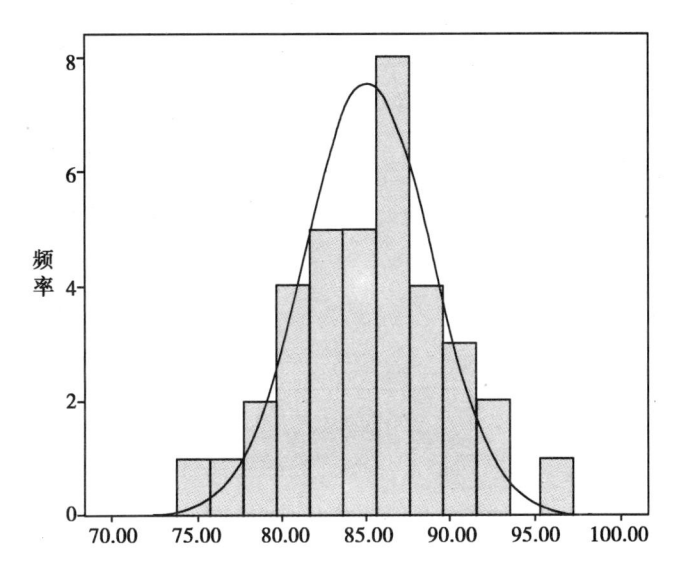

图 3–7 中国（二）MDCT 前测成绩分布

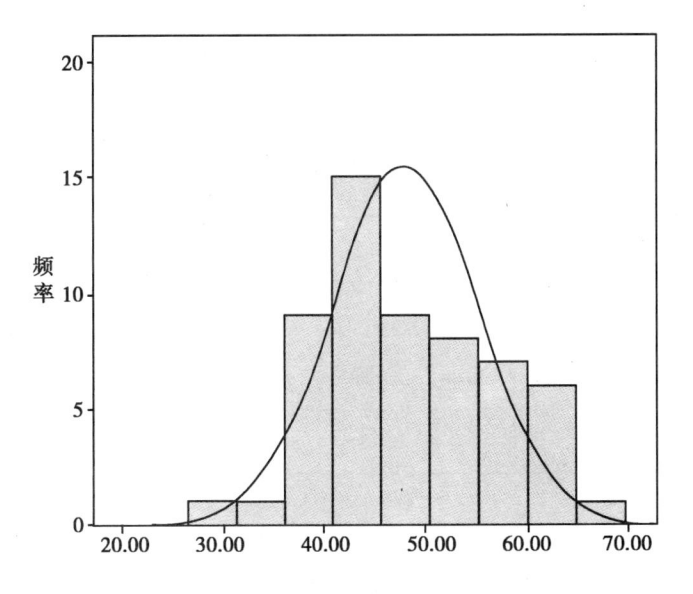

图 3–8 留学生（二）MDCT 前测成绩分布

（二）留学生受试和中国受试前测成绩的对比统计分析

为了考察汉语学习者原有的语用能力水平和汉语本族语者之间的差异性，我们对两次实验中留学生受试和中国受试的前测成绩作了独立样本 t 检验。结果如下：

表 3-1　　　　　　　实验一 WDCT 前测独立样本 t 检验

		方差方程的 Levene 检验		均值方程的 t 检验				
		F	Sig.	t	df	Sig.（双侧）	均值差值	标准误差值
实验一 WDCT 前测	假设方差相等	15.385	0.000	21.737	78.00	0.000	28.84615	1.32708
	假设方差不相等			21.737	60.163	0.000	28.84615	1.32708

表 3-1 是实验一中书面话语填充部分的对比统计情况，首先是方差齐性检验，此处，$F=15.385$，p 值为 $0.000<0.05$，说明方差不相等，所以我们参考第二行的 t 检验结果，t 值为 21.737，p 值为 $0.000<0.05$。另外，留学生（一）WDCT 前测成绩均值为 64.11，中国学生（一）为 92.96，说明从语用产出来看参加实验一的留学生的汉语语用能力和中国学生之间存在统计学上的显著差异，留学生的语用能力远低于中国学生。

表 3-2　　　　　　　实验二 WDCT 前测独立样本 t 检验

		方差方程的 Levene 检验		均值方程的 t 检验				
		F	Sig.	t	df	Sig.（双侧）	均值差值	标准误差值
实验二 WDCT 前测	假设方差相等	13.060	0.000	22.407	91.00	0.000	38.52339	1.71924
	假设方差不相等			25.848	86.151	0.000	38.52339	1.49037

表 3-2 是实验二中书面话语填充部分的对比统计情况，首先是方差齐性检验，此处，$F=13.060$，p 值为 $0.000<0.05$，说明方差不相等，所以我们参考第二行的 t 检验结果，t 值为 22.407，p 值为 $0.000<0.05$。另外，留学生（二）WDCT 前测成绩均值为 52.40，中国学生（二）为

90.92，说明从语用产出来看参加实验二的留学生的汉语语用能力和中国学生之间存在统计学上的显著差异，这一组留学生的语用能力和相同年龄段中国学生的差距更大。

表3–3　　　　　　　实验一 MDCT 前测独立样本 t 检验

		方差方程的 Levene 检验		均值方程的 t 检验				
		F	Sig.	t	df	Sig.（双侧）	均值差值	标准误差值
实验一 MDCT 前测	假设方差相等	14.594	0.000	19.360	78.00	0.000	28.05288	1.44898
	假设方差不相等			19.360	62.137	0.000	28.05288	1.44898

表3–3是实验一中多项选择话语填充部分的对比统计情况，首先是方差齐性检验，此处，F=14.594，p 值为 0.000<0.05，说明方差不相等，所以我们参考第二行的 t 检验结果，t 值为 19.360，p 值为 0.000<0.05，另外，留学生（一）MDCT 前测成绩均值为 56.95，中国学生（一）为 85，说明从语用策略和语用理解方面来看参加实验一的留学生的汉语语用能力和中国学生之间存在统计学上的显著差异，虽然中国学生表现不佳，但留学生与中国学生的差距依然很大。

表3–4　　　　　　　实验二 MDCT 前测独立样本 t 检验

		方差方程的 Levene 检验		均值方程的 t 检验				
		F	Sig.	t	df	Sig.（双侧）	均值差值	标准误差值
实验二 MDCT 前测	假设方差相等	14.410	0.000	23.519	91.00	0.000	36.20249	1.53930
	假设方差不相等			26.629	89.415	0.000	36.20249	1.35951

表3–4是实验二中多项选择话语填充部分的对比统计情况，首先是方差齐性检验，此处，F=14.410，p 值为 0.000<0.05，说明方差不相等，所以我们参考第二行的 t 检验结果，t 值为 23.519，p 值为 0.000<0.05，另外，留学生（二）MDCT 前测成绩均值为 48.60，中国学生（二）为 84.80，说明从语用策略和语用理解方面来看参加实验二的留学

生的汉语语用能力和中国学生之间存在统计学上的显著差异。

二 留学生与中国学生语用能力差异的具体表现

本书第一章将语用能力分为结构语用能力和交际语用能力,从前测的情况来看,留学生与中国学生在语用能力上的差距在这两方面都有表现。

(一)结构语用能力方面的差异

结构语用能力指的是,在一定的上下文语境中选择恰当的语句结构模式正确表意,并且准确理解某种语句结构特定含义的能力。留学生在测试中出现了不少句子内部的结构安排不符合中国人的习惯和上下文语境,或者不能准确反映和理解主题、焦点、说话者的主观情态等结构语用失误。

MDCT第17小题和WDCT第20小题是关于汉语话题结构和焦点表达的,设置的情境是"坐公交车的时候,小偷偷了你的钱包,你把这件事告诉你的同学"。MDCT中我们给出了三个选项,受试的选择情况如下:

表3-5　　　　　　　MDCT前测(17)选项分布情况　　　　　(单位:%)

		A. 我的钱包丢了	B. 小偷偷了我的钱包	C. 我的钱包被偷了
实验一	中国受试	20	2.50	77.50
	实验组	15	45	40
	控制组	10	50	40
实验二	中国受试	16.67	2.78	80.56
	实验组	26.92	57.69	15.38
	控制组	16.13	35.48	48.39

从表3-5中可以看出,绝大多数中国受试选择了将"我的钱包"这一语义上的受事作为话题置于句首,将"钱包怎么样了"(被偷了、丢了)这个新信息作为焦点置于句尾,并且更加倾向于使用语用上表现遭受和抱怨情绪的被字句。而几乎一半以上的留学生因不了解汉语话题—焦点的表达方式或对其作出了错误判断,选择了与情境描述相同的表达方式。WDCT的答卷也体现了大致相同的情况,中国受试普遍使用了以"我的钱包"为话题、"被偷了"为焦点的被字句,而留学生则较多地采

用了诸如"今天小偷偷了我的钱包""坐公交车有一个坏蛋偷了我的钱包"等表述方式,还有使用把字句的,如"在公交车上小偷把我的钱包偷了"。值得注意的是,也有不少留学生在此使用了以"我的钱包"为话题的被字句,但表述形式和中国学生不尽相同,即他们基本不会省略"被"字的宾语"小偷",如"坐公交车的时候,我的钱包被小偷偷了",显得比较啰唆,中国学生的表述则绝大部分都省略了"小偷"。

MDCT 第 7 小题和 WDCT 第 7 小题考察请求言语行为和信息结构安排,设置的情境是"你有事要回老家(回国)几天,向老师请假"。MDCT 中我们给出了三个选项,受试的选择情况如下:

表 3-6　　　　　　　MDCT 前测 (7) 选项分布情况　　　　　(单位:%)

		A. 我想请几天假	B. 我有事得回家,想请几天假	C. 我想请几天假,我有事得回家
实验一	中国受试	2.50	80	17.50
	实验组	5	30	65
	控制组	5	45	50
实验二	中国受试	2.78	77.78	19.44
	实验组	19.23	57.69	23.08
	控制组	6.45	41.94	51.61

从表 3-6 中我们可以看出绝大部分受试在表示请求时都既要说明请求的内容也要说明请求的原因,因此选择 A 的比例都非常低,但在请求内容和原因的信息结构安排上中外受试却表现出明显的不同,中国受试较多地选择先说明原因,再表达请求,重点在后,而较多的留学生则选择了先表达请求,再说明原因,重点在前。这种差异在 WDCT 答卷中也表现得很明显,中国受试的回答多如"老师,我有事需要回老家,能请几天假吗?"留学生的回答有"我有事儿,下个星期回国不能来上课,请假一个星期,可以吗?"更多的如"我要请假,因为有事要回国几天"。

MDCT 第 13 小题考察的是话语标记语"啊""吧""嘛"在口气表达方面的差异,设置的情境是"小王和小李每天都一起吃饭,今天小王想吃川菜"。我们给出了四个选项,受试的选择情况如下:

表 3-7　　　　　　　MDCT 前测（13）选项分布情况　　　　（单位:%）

		A. 咱们今天吃川菜啊	B. 咱们今天吃川菜吧	C. 咱们今天吃川菜嘛	D. 我要吃川菜
实验一	中国受试	0	95	5	0
	实验组	20	65	10	5
	控制组	15	55	20	10
实验二	中国受试	0	94.44	5.56	0
	实验组	15.38	50	26.92	7.69
	控制组	19.35	45.16	22.58	12.90

从表 3-7 中可以看出，大部分留学生的选择和中国受试趋于一致，说明他们对表达口气的话语标记语有比较正确的理解。但是，在测试语用产出的 WDCT 问卷中，我们发现，留学生在口气表达方面还存在不少问题。例如：

WDCT 22. 你和同学约好一起去公园跑步，可下课以后突然下雨了，你跟同学建议第二天再去跑步。

你说：今天下雨了，我们跑不了，下次再去跑啊。

（这里"啊"用得不恰当，应该用口气更缓和表示商量的"吧"。）

WDCT 23. 马克写的作业总是有很多错字，老师找他谈话。

老师说：ⅰ 你应该认真练习吧。

ⅱ 马克，你写的作业总是有很多错字，你一定练习写汉字吧。

ⅲ 你的作业很多错字，平时认真学习吧。

（这三句都是老师对学生的命令，不应该用舒缓口气的"吧"。）

WDCT 24. 晚上，你去张老师家做客，快十点的时候你要走。

你说：ⅰ 时间太晚了，我要走。

ⅱ 现在要走了，我还没做完明天的作业。

ⅲ 老师，谢谢你！我要走。

（这三句要表达的是"由于某种原因需要离开"，而句中不恰当地用了表示意愿的口气成分"要"，实际表达的是愿望义，这里应该用表示情理或事实上需要的道义情态口气成分"该"。）

另外，通过中外受试 WDCT 答卷的对比，我们还发现，中国受试为了增强口气，使用"哇""啦"等话语标记语的频率很高，例如：

<u>哇</u>，你真厉害！
没有<u>啦</u>，一般般。
新婚快乐<u>哦</u>！
嗯，很配你<u>呀</u>！

而在留学生的答卷中几乎见不到这些增强口气的话语标记语。

MDCT 第 24 小题专门测试对话语标记语的理解，题目表述为"小王感冒了，在医院看病，医生给他开了一些药，说：'要按时吃药，<u>完了</u>还要多喝水，多休息'"。问题是选择"完了"的意思是什么。我们给出了四个选项，受试的选择情况如下：

表 3-8　　　　　MDCT 前测（24）选项分布情况　　　　　（单位：%）

		A. 吃完药	B. 感冒好了以后	C. 没有特别的意思	D. 不知道
实验一	中国受试	10	0	90	0
	实验组	55	45	0	0
	控制组	55	35	10	0
实验二	中国受试	8.33	0	91.67	0
	实验组	42.31	42.31	3.85	11.54
	控制组	48.39	32.26	9.68	9.68

从表 3-8 中可以看到，中国受试基本上都认为"完了"在这里没有实在的意思，但是绝大部分留学生却将作为话语标记语的"完了"理解为其本来的实在意义。实际上，汉语中有不少类似"完了"这样看起来有实在的意思，但在话语中意义常常虚化了的话语标记语，如"回头""你看你""我说""那个""好了"，等等，非常容易使汉语学习者产生误解。

（二）交际语用能力方面的差异

交际语用能力指的是，在一定的社会文化语境和具体的情境中按照交际的原则和规律使用和理解语言的能力。汉语学习者由于不了解中国社会的文化习惯或汉语的交际原则和规律，会造成说话方式和内容不得体，不符合中国社会的习惯，表意不准确，或者不能正确理解话语含义的失误。

MDCT 第 21 小题是关于社交指示语的，题目给出了两个情境："1. 你在饭店吃饭，想向服务员要餐巾纸。你说：＿＿＿＿＿，请给我两张餐巾纸。2. 你坐出租车时，中途要下车一下儿，请司机等你一会儿。你说：＿＿＿＿＿，麻烦你等我一下儿。"我们给出了四个选项，受试的选择情况如下：

表 3-9　　　　　　MDCT 前测（21）选项分布情况　　　　　（单位:%）

		A. 服务员		B. 司机		C. 师傅		D. 小姐	
		情境 1	情境 2	情境 1	情境 2	情境 1	情境 2	情境 1	情境 2
实验一	中国受试	52.50	0	0	2.50	0	97.50	47.50	0
	实验组	75	20	0	10	0	65	15	0
	控制组	75	0	0	30	0	60	5	0
实验二	中国受试	52.78	0	0	2.78	0	97.22	47.22	0
	实验组	53.85	7.69	3.85	42.31	0	42.31	42.31	7.69
	控制组	54.84	0	0	61.29	0	35.48	45.16	3.23

表 3-9 在面称服务员和司机这两种服务行业人员的选择中，出现了较为复杂的情况。一般来说，中国人在称呼一些社会地位不太高的服务行业人员时，都不会使用职业名称，以免有鄙夷之嫌，因此在称呼出租车司机时，几乎所有的中国受试者都选择了"师傅"这一泛称的形式。但是他们在餐厅服务员称呼的选择上却出现了明显的分歧，笔者随机采访了几名中国受试者，他们有的认为称呼"服务员"多少带有看不起对方的意味，称"小姐"更恰当，有的认为"小姐"在中国常会用来指称从事色情行业的女性，可能使对方反感，因此称呼"服务员"更合适。留学生并不了解相关的社会文化背景，实验一的学生有的是受母语影响，有的是模仿中国人的说法，实验二的学生在选择上则表现得比较盲目。另外，我们发现不少留学生在指示语"你"和"您"的用法上还有问题，在 MDCT 第 16 小题"给朋友的奶奶祝寿"的情境中，有近一半的留学生选择了"祝你生日快乐！"，选此项的中国受试者只有不到 3%。在留学生 WDCT 的答卷上，我们还常常看到跟老师打招呼用"老师你好"、跟同学的女朋友用"您好"、跟同学的母亲用"谢谢你"、把"明天再去"说成

"第二天再去"、用"那件衣服"指示就在眼前的衣服等指示语使用的失误。

问卷中还有考察会话含意理解的题目，如：

MDCT 1 你要去中山公园和女（男）朋友约会，走到学校门口的时候碰到你的中国朋友小王。

小王说：去哪儿啊？

你说：＿＿＿＿＿＿

我们给出四个选项，受试选择情况如下：

表3-10　　　　MDCT 前测（1）选项分布情况　　　（单位:%）

		A. 去约会	B. 出去一下儿	C. 去中山公园约会	D. 去中山公园
实验一	中国受试	5	82.50	0	12.50
	实验组	0	5	95	0
	控制组	5	10	65	20
实验二	中国受试	5.56	80.56	0	13.89
	实验组	0	0	88.46	11.54
	控制组	0	9.68	77.42	12.90

从表3-10中可以看出，中国受试者基本都把这里的"去哪儿啊？"理解为招呼语，不必具体回答，而大部分留学生都将其理解为询问语，选择了最为具体的答案。从"好——不好"的排序中，我们也发现，中国受试者的排序基本上是"B-D-A-C"，即从模糊到具体，而留学生则刚好相反。再如 MDCT 第8小题和 WDCT 第8小题，给出的情境是"你到朋友小王家做客，他的妈妈和你聊天。小王妈妈问：你父母多大年纪了？"大部分中国受试都选择了较为模糊的约数"他们60多岁了"，他们认为"小王的母亲"这么问只是随便话家常，并不是真要了解自己父母的具体年龄；而大部分留学生都选择了具体详细的回答"我爸爸65岁，妈妈63岁"，说明他们并没有正确理解"小王母亲"的话语含意。中外受试的这种理解差异在 WDCT 的答卷中也表现得很明显，即留学生都会报出父母的具体年龄，而中国受试者则回答得比较含混，形式也呈现出多

样性的特点，如"跟您差不多""都过半百了""快 50 了""属马的""60 年代的"，等等。

言语行为是交际语用学的核心部分，考察汉语学习者使用汉语实施言语行为的能力是问卷测试的重要内容。MDCT 第 3 小题和 WDCT 第 3 小题是关于道歉言语行为的，MDCT 设计的情境是"小张和朋友小王要一起去鼓浪屿，约好了星期五上午九点在轮渡见面，可是因为路上堵车，小张九点二十才到。小张向小王道歉"。题目中给出三个选项，分别是"为自己的行为道歉，不解释原因"，"为给对方造成不便道歉，不解释原因"，"表示歉意，并解释原因"，受试选择情况如下：

表 3-11　　　　　MDCT 前测（3）选项分布情况　　　　（单位:%）

		A. 对不起，我迟到了	B. 真不好意思，让你久等了	C. 真不好意思啊，路上堵车
实验一	中国受试	7.50	25	67.50
	实验组	20	75	5
	控制组	35	65	0
实验二	中国受试	8.33	27.78	63.89
	实验组	65.38	19.23	15.38
	控制组	38.71	32.26	29.03

从表 3-11 中可以看到，大部分中国受试者选择了"表示歉意，并解释原因"，暗含"错不在我，而是客观情况造成的"之意。留学生（一）的选择相对集中在"为给对方造成不便道歉，不解释原因"，但留学生（二）的选择却相对集中在"为自己的行为道歉，不解释原因"，这种情况有可能是两组留学生的国别背景不同造成的。中国受试者在 WDCT 中的回答基本和 MDCT 趋向一致，不少中国受试者的回答"既解释了原因，又为给对方造成不便道了歉"。留学生（二）在 WDCT 的回答也可以和 MDCT 互相印证。有趣的是，留学生（一）在 WDCT 的回答多为"对不起，我迟到了"，也有的是"对不起，我迟到，因为堵车"，却几乎没有"为给对方造成不便而道歉"的答案，说明他们在使用汉语实施道歉行为时对情况的判断和策略的选择还不稳定。

MDCT 第 6 小题和 WDCT 第 6 小题设置了相同的情境"小红和莉莉一

起去买衣服,有一件(黑色的)① 衣服莉莉很喜欢,她穿上以后问小红怎么样,小红觉得不好看",考察受试实施评价言语行为的情况。MDCT 中给出三个选项,受试选择情况如下:

表 3-12　　　　　　MDCT 前测 (6) 选项分布情况　　　　　（单位:%）

		A. 一点儿也不好看	B. 挺好看的	C. 我觉得颜色太黑了
实验一	中国受试	0	22.50	77.50
	实验组	40	5	55
	控制组	25	0	75
实验二	中国受试	0	19.44	80.56
	实验组	19.23	19.23	61.54
	控制组	29.03	19.35	51.61

从表 3-12 中可以看出,中外受试者在表示负面评价的时候,大部分都选择了比较委婉的方式,既在一定程度上维护了对方的面子,又含蓄地表达了自己的负面评价。值得注意的是,相当一部分中国受试者为了维护听话人的正面面子,放弃了评价的真实性,选择了正面评价。但是留学生(尤其是参与实验一的)在维护听话人面子和话语真实性之间的选择中更倾向于选择话语的真实性。在将选项"好—不好"的排序中,我们也发现,中国受试者的排序是"C-B-A"或者"B-C-A",也就是他们认为维护听话人的面子、认同对方比话语的真实性更重要;相反,留学生的排序是"C-A-B"或者"A-C-B",也就是留学生认为表达自己的真实看法是最重要的。中外受试的这种差异在 WDCT 中也表现得十分明显,中国受试的回答大都比较委婉,如"我感觉这件衣服颜色太艳了","这款还不错,但是颜色有点……";或者表示认同,如"挺好的";或者表示认同后提出其他建议,如"衣服挺好看的,但和你肤色不太搭,换种颜色看看","蛮好的,但是我们再看看别的有没有更合适的,实在喜欢再来买"。还有的回避正面回答,转而提出其他建议,如"我觉得我们再逛逛吧","我们可以再逛逛,看看有没有更好看的"。无论哪种回答,都表现出中国人不愿意直接揭示听话人的缺点错误,尽量不伤害对方正面面

---

① WDCT 题目的情境描述中删去了括号里的部分。

子的交际原则。留学生的回答主要有两种,一种是委婉地表达负面评价,如"我想大小不合适","我觉得有点儿肥",实验一的留学生采用这种方式比较多(特别是来自日、韩等国的女性);一种是直接表达负面评价,如"我觉得不好看,这不是我的风格","这件衣服(你)穿不好看",实验二的留学生采用这种方式比较多。也有不少留学生在评价之后提出其他建议,如"这件不太好看,你试别的吧","我想这件衣服太贵了,那件比这件便宜好看"。

在整理书面话语填充答卷的过程中,我们还注意到,中国受试者在实施言语行为时使用的言语策略比留学生更为复杂,言语形式也比留学生更加丰富多样,使话语显得更加生动和丰满。比如在回应同学母亲对学习成绩(汉语水平)的称赞时,大部分中国受试者都采用了复合式策略,同时还常常伴有增强情态的语气词,如:

谢谢阿姨,我就一般般啦。(接受称赞+降低称赞的修正+语气词)
呵呵,阿姨过奖了,蒙的比较多。(语气词+不接受称赞+解释原因)
谢谢,小王成绩也不错。(接受称赞+回敬)
呵呵,没有啦,小王成绩也很好啊。(语气词+不接受称赞+回敬+语气词)
没有没有,一般一般。(不接受称赞+降低称赞的修正)

留学生的回答则基本上采用的都是或解释或不接受的单一策略,形式也比较简单,几乎没有人使用语气词,如:

哪里哪里。(不接受称赞)
谢谢。(接受称赞)
我汉语说得不太好。(不接受称赞)

再如,在回应对方为自己所送的礼物表达的谢意时,留学生采用的言语策略和言语形式也比中国受试者简单得多,不外乎两种:

不用谢。
不客气。

中国受试的表达形式则非常多样，并且常常采用移情策略，比如：

哎呦，不用客气啦。
跟我客气什么？
就知道你会喜欢。
不用谢，你喜欢就好。
看来买对了，哈哈，不用客气。
果然很适合你，看我挑的没错吧。

此外，我们在测试答卷中还发现留学生在招呼、建议、邀请、拒绝、求助等言语行为上与中国学生有很多不同表现，由于篇幅有限，我们不便在此一一罗列。

三 本节小结

本节主要根据中外受试的前测成绩和答卷语料对留学生与中国学生语用能力的差异进行了分析，主要研究结论如下：

（一）经统计学描述性分析、Explore 检验和单样本 K–S 检验，每组受试的前测成绩均呈现正态分布，说明测试结果符合测试信度要求，可用于进一步的分析研究。

（二）通过独立样本 t 检验，留学生书面话语填充测试成绩和中国学生的成绩之间存在显著性差异，留学生多项选择话语填充测试成绩和中国学生的成绩之间存在显著性差异。说明汉语学习者的语用能力总体水平和汉语本族语者相比，有明显较大差距。

（三）留学生在结构语用能力方面的差距主要表现在：

1. 不能正确使用汉语"话题—说明"结构；
2. 不能准确判断和表达话语焦点信息；
3. 不能准确判断和正确使用汉语某些特殊句式的语用意义；
4. 话语信息结构安排不符合中国人的习惯；
5. 不能准确表达口气情态，没有增强口气的意识或习惯；

6. 不能准确理解和使用汉语话语标记语。

（四）留学生在交际语用能力方面的差距主要表现在：

1. 使用指示语时常常出现失误；

2. 不能准确理解某些话语含意，并容易由理解的失误而作出不恰当的回应；

3. 实施言语行为时，所使用的策略常常不符合中国人的习惯；

4. 实施言语行为时，不能完全遵循汉语的礼貌原则；

5. 实施言语行为时，运用的言语策略和言语形式种类比较单一，数量也比较少。

（五）来自日本、韩国等汉字文化圈的学生在交际策略的选择上和中国学生更为相似。

第三节 语用教学和传统教学的过程对比

如前所述，我们的语用教学实验是在正常的学期口语课上进行，实验组和控制组所上口语课的课时相同，使用的教材相同，教学进度基本保持一致，但在教学内容和教学方法上不完全相同，对控制组采用的是传统教学法，对实验组采用的是语用教学法。我们以实验一《汉语口语速成（提高篇）》第7课课文1为例，对比语用教学和传统教学的不同。课文内容如下：

这个主意不错

（小陈和小吴在房间里）

小陈：时间过得真快啊，又到周末了，想不想去哪儿玩玩？

小吴：想啊，你有什么好主意？

小陈：这两天天儿不错，咱们约几个人去爬山好不好？

小吴：去爬山好是好，可是玩一次好几天歇不过来，依我看不如叫几个人一起去我家打牌、吃饭。

小陈：不好，不好，我最讨厌打牌了。

小吴：那我们白天去美术馆看展览，晚上去听音乐会怎么样？

小陈：这个主意不错，就这么定了。可是最近美术馆有什么好展览吗？还有，音乐会的票怎么办？

小吴：我们去看看再说吧。

小陈：别，为保险起见，我们最好先打个电话问问，省得白跑一趟。

一 传统教学法的教学过程

这里所说的传统教学法，并不是指语法—翻译法、阅读法、认知法等第二语言教学法流派对传统派、改革派的分类，而是本研究为了跟语用教学相区别，对目前对外汉语教学界被普遍认可和广泛使用的口语教学方法的指称。近些年，对外汉语教学事业蓬勃发展，对外汉语教学相关著作大量问世，其中有不少是研究和介绍对外汉语课堂教学方法的。我们在对控制组实施正式教学之前，选择了几部比较权威的著作，如《对外汉语课堂教学技巧》（张和生主编，商务印书馆，2006年）、《汉语可以这样教——语言技能篇》[①]（赵金铭主编，商务印书馆，2006年）、《实用对外汉语教学法》[②]（徐子亮、吴仁甫著，北京大学出版社，2006年）、《对外汉语教学示范教案》（张和生、马燕华主编，北京师范大学出版社，2009年）等，对其中汉语口语教学法的相关内容进行了分析和梳理，发现不同著作对口语教学方法、教学过程的具体表述虽然不尽相同，但是遵循的教学原则都趋于一致，即以听说法为基础，以交际法为补充，以词汇、语法等语言知识为主要内容，以机械操练为主要手段，并辅以一定的交际训练，可以说，这种教学法是目前对外汉语教学界普遍认可和使用的方法。我们对控制组的课堂教学就采用这种方法进行。以下为教案设计实例：

【一】教学内容

1. 重点词语：主意、依我看、保险
2. 语言点：省得、……过来、为……起见
3. 交际任务：讨论假日活动安排

【二】教学目标

1. 掌握重点词语和语言点的用法。

[①] 这本书是商务馆实用汉语师资培训系列教材之一，由世界汉语教学学会审定。
[②] 这本书是国家对外汉语领导小组办公室规划项目"实用对外汉语教学丛书"之一。

2. 掌握与本课话题"讨论假日活动安排"有关的词语和句子，并能围绕该话题进行对话或成段表达。

【三】教学环节

（一）话题导入

提问：

你们每天晚上做什么呢？

周末时一般喜欢怎么过？

你们经常和朋友一起去玩吗？你们怎么决定去哪儿玩？

（二）生词讲练

1. 教师领读生词

2. 学生认读生词

3. 生词讲解与扩展①

依我看：我觉得……，表达自己的看法时说。（口语中常用）

（1）学生重复教师说的句子

师：依我看，孔坤玉是咱们班最努力的学生。（学生重复）

师：依我看，今天肯定要下大雨。（学生重复）

（2）教师提问，请学生用"依我看"回答

问：白色的衣服和黑色的衣服，哪件好看呢？

答：依我看，……

问：明天是我姐姐的生日，送她什么礼物好呢？

答：依我看，……

（三）语言点讲练②（在课文讲练过程中进行）

省得：不要让一些不太好的事情或者不希望的事情发生。

（1）学生跟教师一起说出句子并重复教师说的句子

句子：多穿点衣服吧，省得感冒。

句子：今天晚上要加班，我先打个电话告诉丈夫，省得他着急。

（2）教师说前半句，请学生用"省得"说后半句

把你的手机号码给我，＿＿＿＿＿＿＿＿＿＿。

去上海看世博会，要先打电话问问还有没有票，＿＿＿＿＿＿＿＿。

---

① 此处仅举一个词为例。

② 此处仅举一个语言点为例。

（四）课文讲练

1. 学生听教师读课文

2. 教师领读课文

3. 讲练语言点

4. 学生分组练习朗读课文

5. 请2—3组学生朗读课文

6. 学生不看书，根据教师给出的关键词说课文

7. 就课文内容提问：

小陈和小吴在聊天，聊什么呢？

小陈的主意是什么？

小吴同意去爬山吗？他有什么建议？

小陈觉得这个建议怎么样？

后来小吴又出了什么主意？

最后他们决定怎么办？

8. 会话练习

（1）模仿课文分角色完成对话

（2）自由会话：话题是"两个朋友商量周末怎么过"，要求用上括号里的词和语言点。（依我看、主意、省得、为……起见）

①学生分组准备，教师巡视帮助解决问题；

②学生表演会话，教师点评。

二 语用教学法的教学过程

我们这里所说的语用教学法，是将语言看作一个动态体系，让学习者了解汉语使用的特点和规律，在使用中学会汉语的教学方法。语用教学法的指导思想是：将语用知识的讲解和练习有机地融入课堂教学的各个环节，在提高语言知识水平、训练语言技能的过程中增强学生的语用能力。我们对实验组的课堂教学就采用这种方法进行。以下为教案设计实例：

【一】教学内容

1. 重点词语：主意、依我看、保险

2. 语言点：省得、……过来、为……起见、

3. 交际任务：讨论假日活动安排

4. 语用信息：语气词"啊"的语用功能、话语标记语"那"和"不如"、建议言语行为

【二】教学目标

1. 掌握重点词语、语言点和话语标记语在交际中的用法。

2. 一定程度上掌握建议言语行为的实施方式，并能在交际中恰当使用。

3. 掌握与本课话题"讨论假日活动安排"有关的词语和句子，并能围绕该话题进行交际对话或成段表达。

【三】教学环节

（一）话题导入

提问：

周末时一般喜欢怎么过？

你们经常和朋友一起去玩吗？

如果你想去 KTV，你会怎么说呢？

如果你的朋友想去游泳，可是你不想去，你会怎么说呢？

（二）生词讲练

1. 教师领读生词

2. 学生认读生词

3. 生词用法讲练[①]（生词用法讲练在课文讲练中进行）

依我看：我觉得……，表达自己的看法时说。（口语中常用）

（1）教师提问，学生跟着教师回答：

问：谁是咱们班最努力的学生？

答：依我看，孔坤玉是咱们班最努力的学生。

问：今天是阴天，不知道会不会下雨呢？

答：依我看，肯定要下大雨。

（2）教师提问，请学生用"依我看"回答：

问：白色的衣服和黑色的衣服，哪件好看呢？

答：依我看，……

---

① 此处仅举一个词为例。

问：明天是我姐姐的生日，送她什么礼物好呢？
答：依我看，……

说明：如果生词中有的词包含文化语用信息，则将特别拿出来讲解。如汉语文化词语"拜访""敝人""嫦娥""有喜"，等等，除了解释词义外，还要讲解其中蕴含的语用信息，比如"拜访"和"敝人"体现了中国人贬己尊人的礼貌原则。

（三）语言点讲练①（语言点讲练在课文讲练过程中进行）
省得：不要让一些不太好的事情或者不希望的事情发生。
（1）教师设置情境，学生跟教师一起说出句子
情境1：今天天气很冷，妈妈怕你感冒，让你多穿点衣服。
句子：多穿点衣服吧，省得感冒。
情境2：今天晚上我加班，很晚才能回家，怕丈夫着急，我先打电话告诉他。
句子：今天晚上要加班，我先打个电话告诉丈夫，省得他着急。
（2）教师设置情境，请学生用"省得"说句子。
情境1：李军和王平是刚认识的朋友，他们都很喜欢打篮球。
李军：有空一起去打球吧。
王平：把你的手机号码给我，_____。
情境2：王老师一家人住在厦门，他们想暑假去上海看世博会，又怕买不到票，他们应该怎么办？
句子：去上海看世博会，要先打电话问问还有没有票，_____。

说明：如果课文中出现的新语言点在使用中具有特别的语用意义，则在课文的基础上进行讲解、扩展和练习。如"被字句"可以表示不幸或不如意的情感色彩，"是字句"可以表示强调，"是"可以作为焦点标记，等等。

---

① 此处仅举一个语言点为例。

（四）课文讲练

1. 学生听教师读课文
2. 教师领读课文
3. 讲练生词
4. 讲练语言点
5. 学生分组练习朗读课文
6. 请 2—3 组学生朗读课文
7. 学生不看书，根据教师给出的关键词说课文
8. 就课文内容提问：

小陈和小吴在聊天，聊什么呢？

小陈的主意是什么？

小吴同意去爬山吗？他有什么建议？

小陈觉得这个建议怎么样？

后来小吴又出了什么主意？

最后他们决定怎么办？

9. 就语用信息提问并讲解

（1）增强口气的话语标记语"啊"

提问：课文中小陈说"时间过得真快啊"，如果去掉"啊"可以吗？

小陈问小吴"想不想去哪玩玩？"小吴回答"想啊"，如果去掉啊好吗？

（答案：去掉"啊"句子也是对的，但是不太好。）

讲解："啊"在句子最后可以强调想要表达的感情，增添"舒缓"的口气。① 如："今天的作业好多（啊）！""我想早点儿放假（啊）。""快过来（啊）！"有"啊"感情比较强烈，口气比较舒缓，话语比较生动，没有"啊"口气比较生硬，话语比较死板。

教师提问，学生用"啊"回答：

问：学汉语是不是很容易啊？

答：是啊！／不是啊！／很难啊！

---

① 温锁林：《现代汉语语用平面研究》，北京图书馆出版社 2001 年版，第 182—183 页。

(2) 建议言语行为

提问：a 这篇课文中提建议用了哪些句子？

（答案：……好不好？／……怎么样？／……吧）

讲解：提建议的时候可以用疑问句，也可以用以"吧"结尾的祈使句。提建议时用"……好不好？"或"……怎么样？"在提建议的同时也询问对方的意见，用"吧"有商量的意思，并且说话人有倾向于对方肯定答复的意味。

b 课文中同意别人的建议是怎么说的？

（答案：这个主意不错，就这么定了。）

c 课文中不同意别人的建议是怎么说的？

（答案：……好是好，可是……／不好，不好，我最讨厌……了）

讲解：对中国人来说，直接否定对方的建议是不太礼貌的，一般要用比较委婉或间接的方式，比如先在一定程度上表示认同，然后再给出不可行或无法接受的理由。所以小吴不同意去爬山时说"爬山好是好（先表示认同），可是玩一次好几天歇不过来（给出不可行的理由）"，间接地反对了小陈的建议。只有当说话双方的关系非常亲密（如夫妻、兄弟姐妹、很要好的朋友）时，才可以直接否定对方的建议，所以小陈在表示不同意时说"不好，不好，我最讨厌打牌了"，说明小陈和小吴是很要好的朋友。

d "依我看不如叫几个人一起去我家打牌、吃饭。""不如"在这里是什么意思？"那我们白天去看展览，晚上去听音乐会怎么样？""那"在这里是什么意思？

（答案："不如"和"那"都没有特别的意思。）

讲解："不如"常常在提建议的时候说，可以表示和已有的建议作对比，不过这种对比已经非常弱了，它的主要作用是引出下面的话，比如"周末待在家没意思，不如我们去看电影吧"。"那"在课文中的作用是引入新的话题。

9. 会话练习

(1) 模仿课文分角色完成对话（体会语用信息）

(2) 自由会话：话题是"两个朋友商量周末怎么过"，要求用上括号里的词和语言点。（依我看、主意、省得、为……起见、啊、……好不好、……怎么样、……吧、不如……、那……）

①学生分组准备，教师巡视帮助解决问题并提醒学生语用信息的表达；

②学生表演会话，教师点评，内容既包括词句的使用，也包括语用信息的表达方式和正确性。

三 语用教学法和传统教学法的异同

从上面两种教案设计对比中可以看到，语用教学法和传统教学法并非截然不同，语用教学不是对传统教学的反动，而实际上是在传统教学上的改良和补充。二者既有相同之处，又有不同之处。

（一）语用教学法和传统教学法的相同点

1. 都贯彻了语言教学精讲多练的原则

语言教学是一种技能教学，尤其注重实践性，口语课在这方面的要求尤为突出。"精讲多练"恰好契合了语言实践性的特点，反映在课堂教学中，就是正确处理讲授与练习、知识和技能之间的关系。语用教学法和传统教学法都贯彻了这一原则。也就是，一方面教师对语言知识作必要的介绍和讲解，这部分在课堂教学中所占比例较小，即"精讲"；另一方面学生在课堂上进行大量的练习，包括模仿练习、重复练习、扩展和替换练习、交际性练习等，这部分在课堂教学中所占比例较大，即"多练"。

2. 都重视词汇和语法点的教学

词汇和语法是语言教学的重要内容。词汇是语言的建筑材料，是构成句子的基本结构单位，没有词汇，交际就无从进行。语法是遣词造句的规则，不懂语法就难以形成正确的理解和表达。掌握词汇和语法是掌握一种语言的基础。鉴于词汇、语法的重要性，语用教学和传统教学都重视二者的教学，都设有专门的教学环节，都将具体的教学步骤设定为感知、理解、模仿、运用，既注重知识性，也注重技能性。

3. 都注意到应将语言知识的讲授和言语技能的培养结合起来

"说话训练的原则是从交际目的出发，进行有指导的说话练习，达到提高交际能力的目的。"① 口语训练的交际性目的早已是对外汉语教学界的

---

① 杨惠元：《汉语听力说话教学法》，北京语言文化大学出版社1996年版，第199页。

共识，而交际技能的基础是对语言知识的掌握，因此必须将两者结合起来，在教学中从易到难，循序渐进。这在语用教学和传统教学中都有体现，即在掌握词汇和语法的基础上通过模仿性的准交际练习进一步延伸出自由表达的交际活动。

（二）语用教学法和传统教学法的不同点

1. 教学内容和教学目标设置不同

传统教学的教学内容主要是重点词、重点句型和交际任务，让学生掌握这些内容是其教学目标。语用教学的教学内容也有词语和句型，不过更加侧重的是词语和句型的语用功能，以及在此基础上完成的交际任务，还包括语用信息，如例课中的话语标记语、言语行为等，学生对相关语用信息的掌握也是教学目标的重要组成部分。

2. 对重点词语选择的标准不同

传统教学通常把新课生词中使用频率较高、意思较难理解或用法比较复杂的词语作为重点词语讲解。语用教学在选择重点词语的时候，除了考虑这些因素之外，还将词语所蕴含的语用信息作为选择的重要标准，蕴含汉语文化语用信息的词语（如"敝人"体现了汉语贬己尊人的礼貌原则，"有喜"体现了中国人对直说女子怀孕的禁忌和传宗接代的观念）、在交际中有语用标记功能的词语，等等，都是语用教学要重点讲解的。

3. 对词汇和语法讲解的侧重点不同

传统教学重视词语的概念意义和语法结构，侧重句型的操练和语法知识的归纳，多以重复练习、替换练习、转换练习（如肯定句变否定句、"被字句"变"把字句"）、扩展练习（增加句子成分和句子长度）为主。语用教学也注意词语的概念意义和语法结构，但更重视挖掘词语在语境中的用法和语法结构所能表达的语用意义，如句型和话题、焦点、信息结构的关系，不同句式的不同语用功能和使用环境等，因此多以重复练习、替换练习和扩展练习为基础进行情境练习。语用教学中较少使用转换练习，因为每一种句型、句式都有自己特定的语用功能，在特定情境下不宜相互转换。

4. 对课文中语用信息的关注程度不同

口语课文以口语对话为主，本身就是一个包含丰富语用信息的语篇，在课文讲练的过程中必然会涉及这些信息。传统教学不对这些语用信息进行抽象、概括和专门讲解，学生能理解课文内容即可，如就课文内容提问时问到"小吴同意去爬山吗？他有什么建议？""小陈觉得这个建议怎么样？"在语用教学中，则通过提问启发的方式向学生提供语用知识，强调语言形式和语用功能的匹配，即不同情境中某一语用特征的各种用法和表现方式，如话语标记语"啊""那""不如"的语用功能，建议言语行为的实施方式和原因。也就是说，在传统教学中，课文中的语用信息对于学生来说是隐性的，需要自己发现；在语用教学中，课文中的语用信息对于学生来说是显性的，教师会给予专门的介绍和讲解，并在练习中加以强化。

总而言之，语用教学和传统教学的不同就在于是倾向于将语言看作静态的规则系统还是使用中的动态系统。传统教学更倾向于将语言看作静态的规则系统，课堂上以语言形式的机械操练为主，不强调语用知识和语用规则的解释，而是让汉语学习者通过记忆、模仿的方式潜移默化地掌握汉语交际技能。语用教学将语言看作使用中的动态系统，并强调课堂上对语用知识的讲解，明确要求学生注意某一形式的语用功能和某一语用功能的表现形式，让汉语学习者在学习和练习中知其然，更知其所以然，从而提高汉语交际能力。

第四节 语用教学和传统教学效果对比

经过一段时间的课堂教学（实验一13周，实验二7周）之后，我们分别对两次实验中的实验组和控制组实施了语用能力水平后测，同时也请相应的中国学生完成了相同的后测问卷，以便比较。

一 相关成绩的统计分析

（一）后测结果有效性检验

我们用SPSS17.0对实验一、实验二中实验组和控制组学生以及中国受试[①]的后测成绩作了描述性分析，并绘制了带正态曲线的直方图，以检验测试结果是否符合信度要求。

---

① 为表述方便，我们在图表中将参加实验一的中国受试标注为"中国（一）"，留学生受试标注为"实验组（一）"、"控制组（一）"，参加实验二的标注为"中国（二）"、"实验组（二）"、"控制组（二）"。

书面话语填充部分分析结果:

如图 3-9 至图 3-11 所示,参加实验一的中国受试以及实验组和控制组的书面话语填充后测成绩总体上呈现正态分布,说明调查结果符合测试信度要求,可用于统计分析。

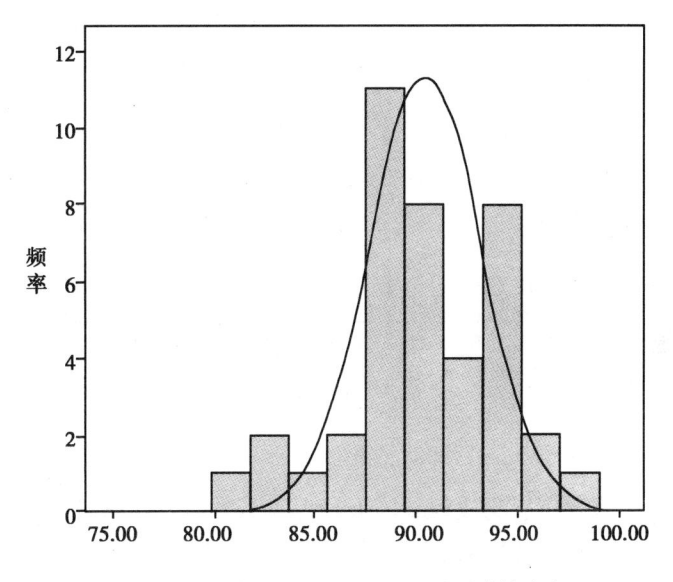

图 3-9 中国(一)WDCT 后测成绩分布

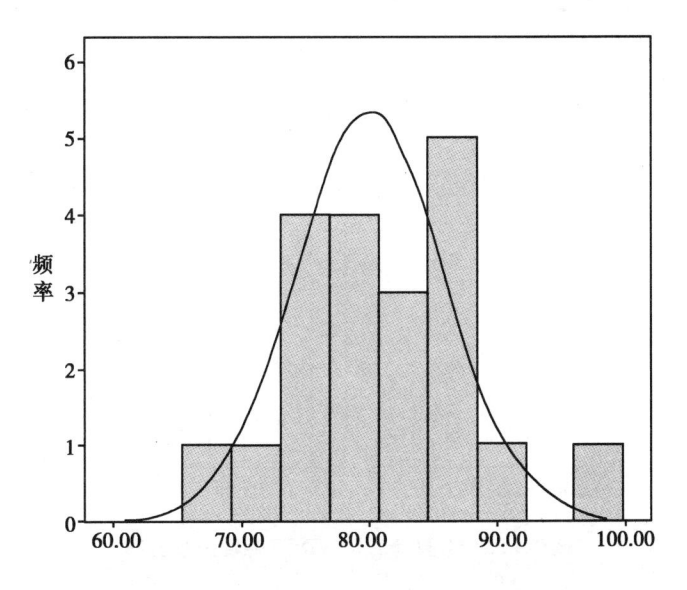

图 3-10 实验组(一)WDCT 后测成绩分布

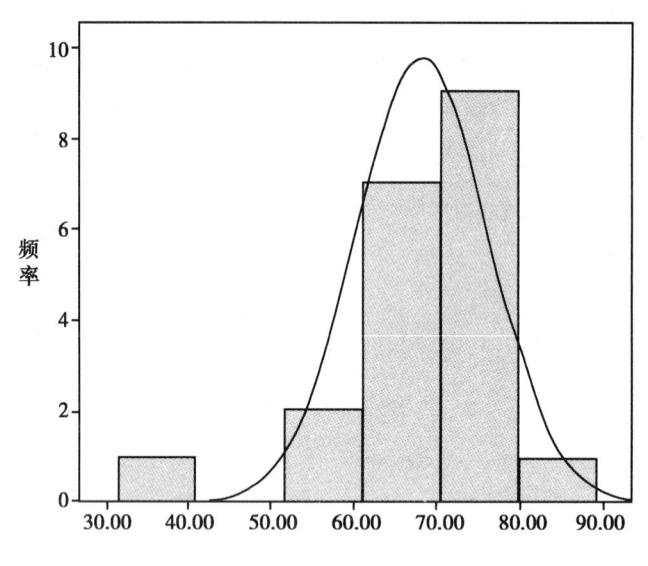

图 3-11　控制组（一）WDCT 后测成绩分布

如图 3-12 至图 3-14 所示，参加实验二的中国受试以及实验组和控制组的书面话语填充后测成绩总体上呈现正态分布，说明调查结果符合测试信度要求，可用于统计分析。

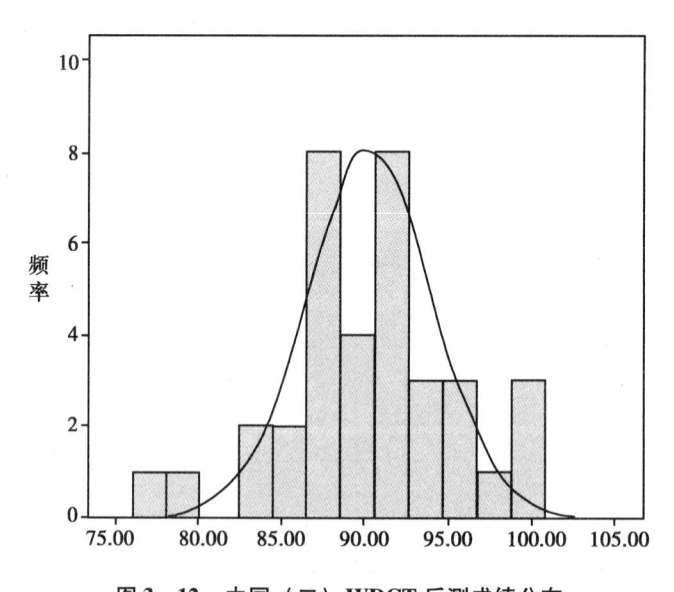

图 3-12　中国（二）WDCT 后测成绩分布

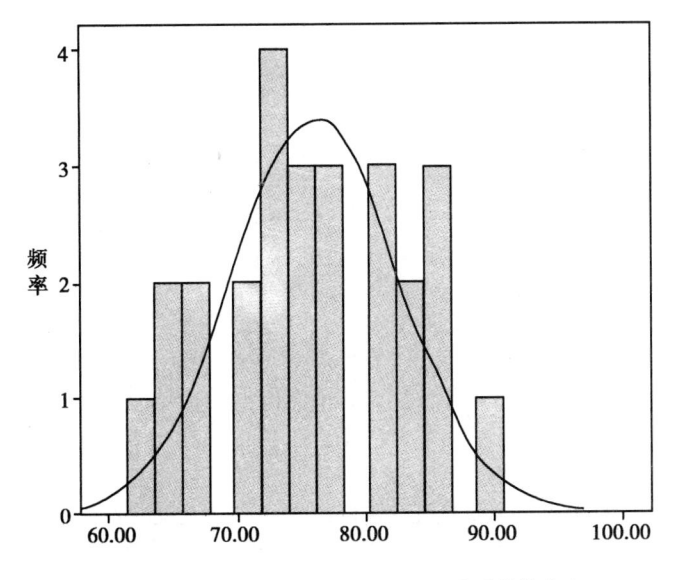

图 3-13 实验组（二）WDCT 后测成绩分布

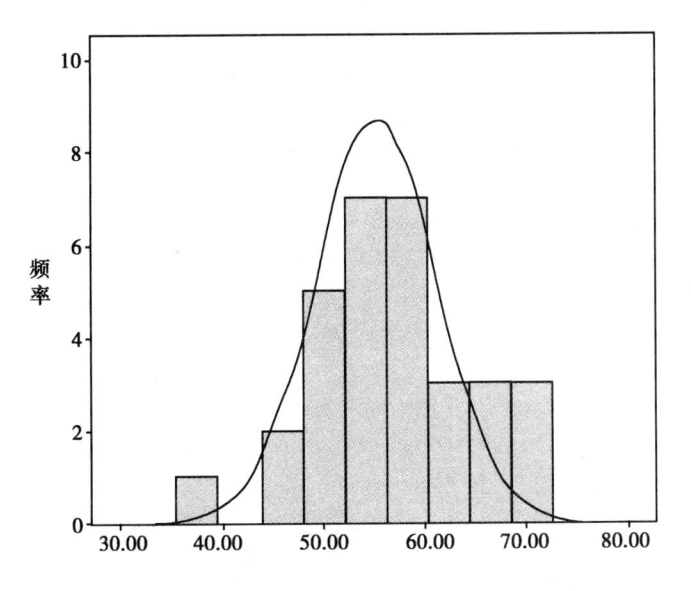

图 3-14 控制组（二）WDCT 后测成绩分布

多项选择话语填充部分分析结果：

如图 3-15 至图 3-17 所示，参加实验一的中国受试以及实验组和控制组的多项选择话语填充后测成绩总体上呈现正态分布，说明调查结果符合测试信度要求，可用于统计分析。

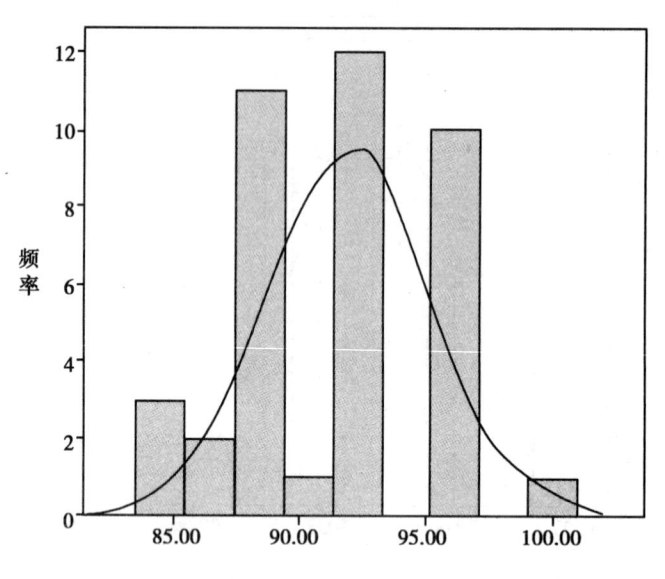

图 3–15　中国（一）MDCT 后测成绩分布

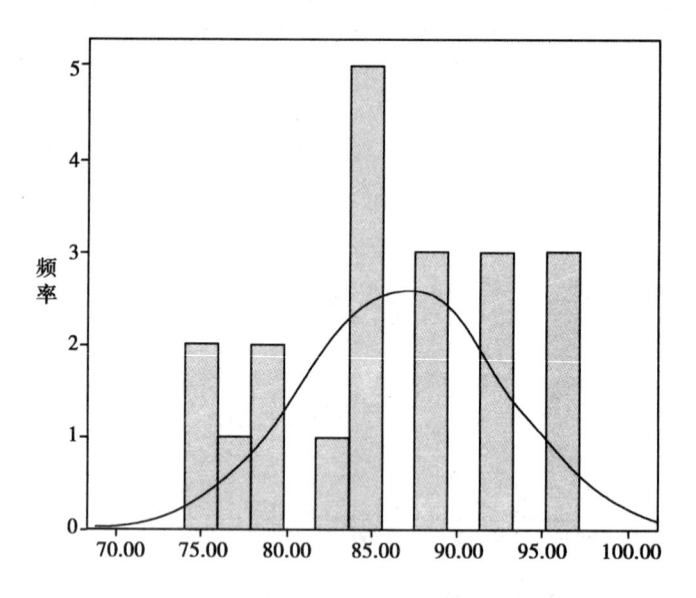

图 3–16　实验组（一）MDCT 后测成绩分布

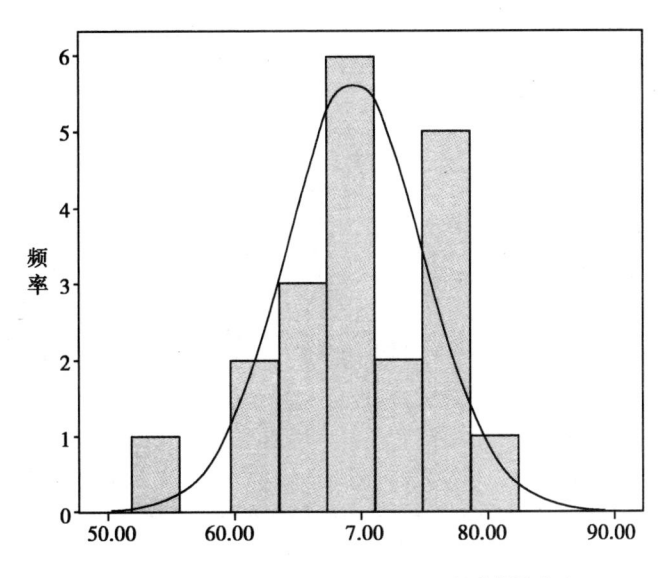

图 3-17　控制组（一）MDCT 后测成绩分布

如图 3-18 至图 3-20 所示，参加实验二的中国受试以及实验组和控制组的多项选择话语填充后测成绩总体上呈现正态分布，说明调查结果符合测试信度要求，可用于统计分析。

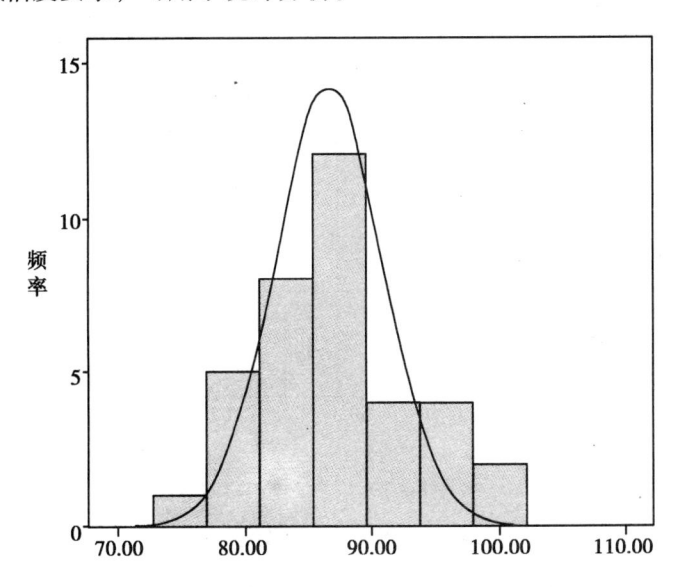

图 3-18　中国（二）MDCT 后测成绩分布

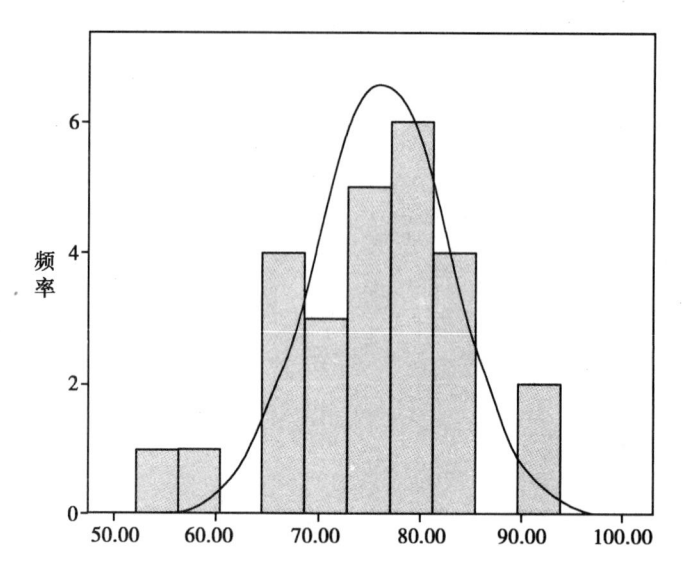

图 3-19　实验组（二）MDCT 后测成绩分布

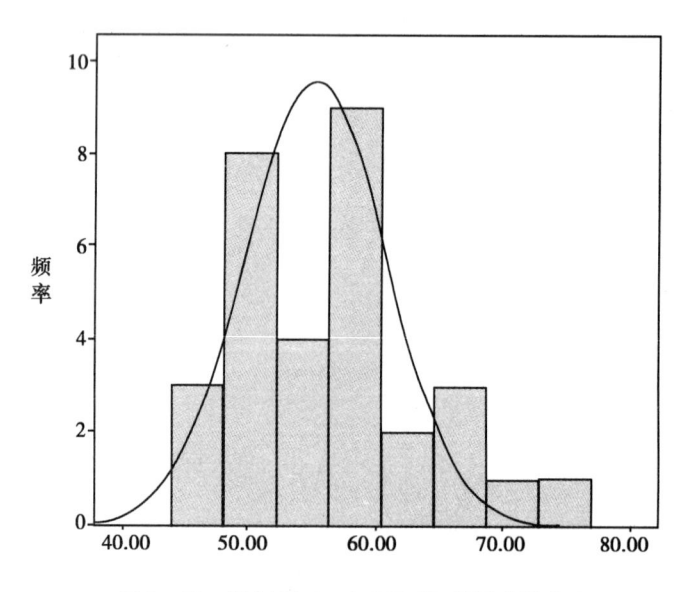

图 3-20　控制组（二）MDCT 后测成绩分布

（二）实验组和控制组前后测成绩的对比统计分析

为了分析两次实验中实验组和控制组前后测的变化，我们首先需要根据前测成绩考察两组原有的语用水平是否一致，然后再根据后测成绩考察两组在接受不同的教学方法之后，语用水平是否出现明显差异。在前测和后测的对比中，我们都以中国受试的成绩作为参照。

1. 实验一数据分析

我们以组别（实验组、控制组、中国受试）为自变量，以测试成绩为因变量，分别对实验一中三组受试的前测、后测成绩作了单因素方差两两比较分析，结果如下：

表 3-13　　　　　　　实验一 WDCT 前测 ANOVA 分析

（I）分组	（J）分组	均值差（I-J）	标准误	显著性
中国（一）	实验组（一）	29.11058	1.72122	0.000
	控制组（一）	28.58173	1.84811	0.000
实验组（一）	中国（一）	-29.11058	1.72122	0.000
	控制组（一）	-0.52885	2.36134	0.973
控制组（一）	中国（一）	-28.58173	1.84811	0.000
	实验组（一）	0.52885	2.36134	0.973

表 3-14　　　　　　　实验一 WDCT 后测 ANOVA 分析

（I）分组	（J）分组	均值差（I-J）	标准误	显著性
中国（一）	实验组（一）	10.24038	1.67505	0.000
	控制组（一）	22.74038	2.31422	0.000
实验组（一）	中国（一）	-10.24038	1.67505	0.000
	控制组（一）	12.50000	2.72518	0.000
控制组（一）	中国（一）	-22.74038	2.31422	0.000
	实验组（一）	-12.50000	2.72518	0.000

从表 3-13 中可以看出，实验组（一）和控制组（一）WDCT 前测成绩没有显著差异（$p=0.973>0.05$），两组 WDCT 前测成绩和中国受试的差异都很显著（$p=0.000<0.05$）。经过 13 周不同的教学之后，从表 3-14 中看到，实验组（一）和控制组（一）的 WDCT 后测成绩出现了显著差异（$p=0.000<0.5$），虽然两组的 WDCT 后测成绩与中国受试都有显著性差异，但是我们看到实验组（一）与中国受试的差距（10.24038）远远小于控制组（一）与中国受试的差距（22.74038），说明实验组（一）在后测中的成绩更接近中国受试。这种情况的变化可以从下面的前、后测成绩均值图（见图 3-21 和图 3-22）中更直观地体现

出来。

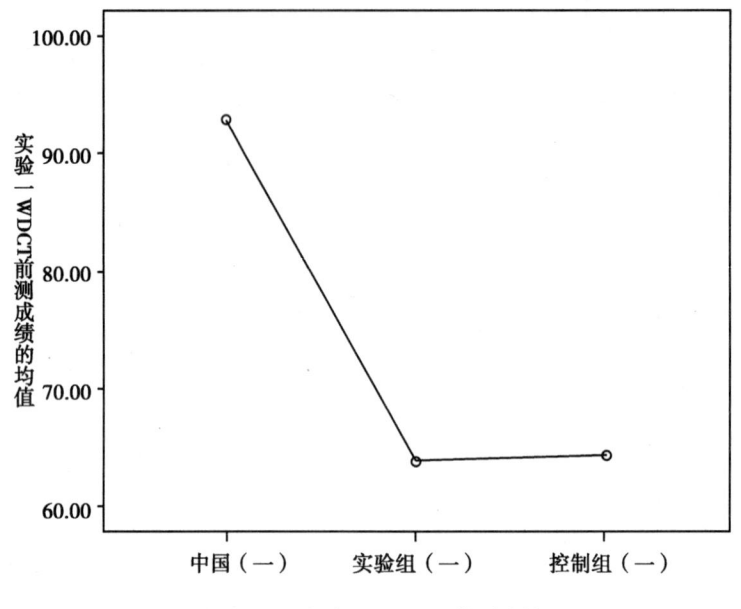

图 3-21　实验一 WDCT 前测均值图

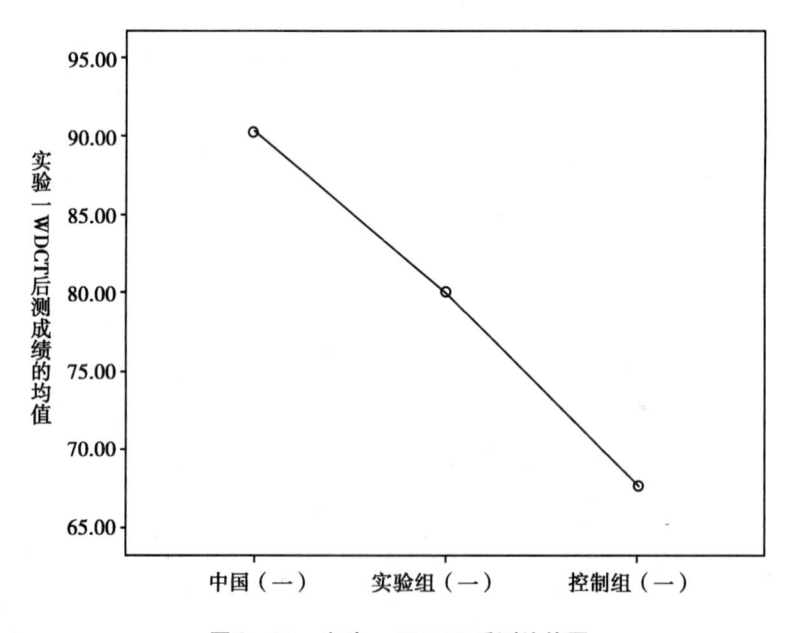

图 3-22　实验一 WDCT 后测均值图

表 3-15　　　　　　　实验一 MDCT 前测 ANOVA 分析

（I）分组	（J）分组	均值差（I-J）	标准误	显著性
中国（一）	实验组（一）	29.13462	2.04662	0.000
	控制组（一）	26.97115	1.79232	0.000
实验组（一）	中国（一）	-29.13462	2.04662	0.000
	控制组（一）	-2.16346	2.52207	0.670
控制组（一）	中国（一）	-26.97115	1.79232	0.000
	实验组（一）	-2.16346	2.52207	0.670

表 3-16　　　　　　　实验一 MDCT 后测 ANOVA 分析

（I）分组	（J）分组	均值差（I-J）	标准误	显著性
中国（一）	实验组（一）	5.43269	1.65273	0.008
	控制组（一）	22.54808	1.61942	0.000
实验组（一）	中国（一）	-5.43269	1.65273	0.008
	控制组（一）	17.11538	2.14395	0.000
控制组（一）	中国（一）	-22.54808	1.61942	0.000
	实验组（一）	-17.11538	2.14395	0.000

从表 3-15 中可以看出，实验组（一）和控制组（一）MDCT 前测成绩没有显著差异（$p=0.670>0.05$），两组 MDCT 前测成绩和中国受试的差异都具有显著性（$p=0.000<0.05$）。经过 13 周不同的教学之后，从表 3-16 中看到，实验组（一）和控制组（一）的 MDCT 后测成绩出现了显著差异（$p=0.000<0.5$），虽然两组的 MDCT 后测成绩与中国受试都有显著性差异，但是我们看到实验组（一）与中国受试的差距（5.43269）远远小于控制组（一）与中国受试的差距（22.54808），说明实验组（一）在后测中的成绩更接近中国受试。如图 3-23 和图 3-24 所示。

为了更加清楚地看到实验组（一）和控制组（一）在实验前后语用水平的变化，我们对实验组（一）的前测和后测以及控制组（一）的前测和后测成绩作了配对样本 t 检验。

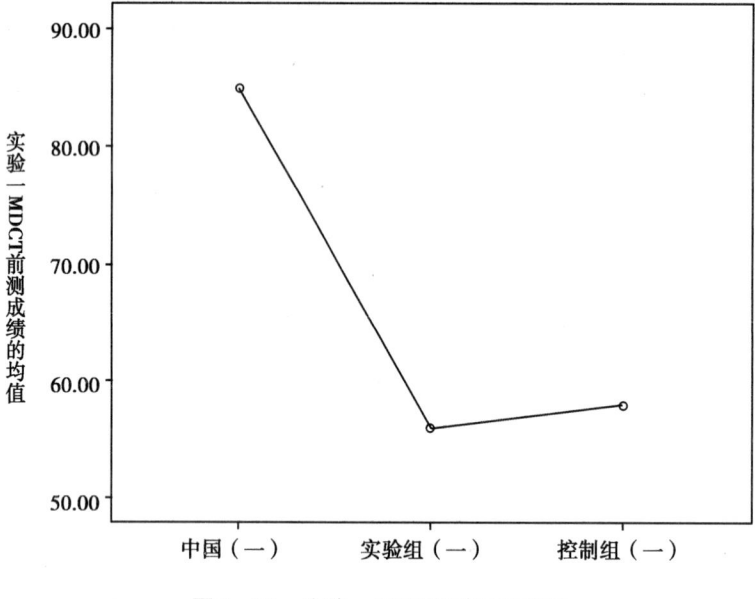

图3-23　实验一 MDCT 前测均值图

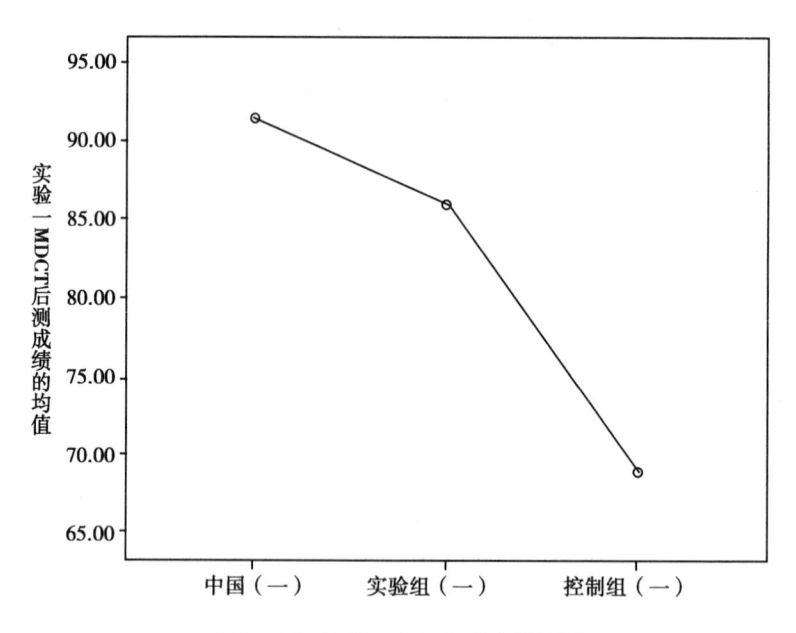

图3-24　实验一 MDCT 后测均值图

表 3-17　　　　　　　实验组（一）前后测配对样本 t 检验

	均值	标准差	均值的标准误	t	Sig.（双侧）
WDCT 前测—后测	-16.25000	10.56956	2.36343	-6.876	0.000
MDCT 前测—后测	-30.19231	11.14547	2.49220	-12.115	0.000

从表 3-17 中我们可以看到，实验组（一）WDCT 的前、后测成绩之间存在显著性差异（t = -6.876，显著水平为 0.000 < 0.05）；MDCT 的前、后测成绩之间也存在显著性差异（t = -12.115，显著水平为 0.000 < 0.05）。说明实验组学生在接受了语用教学后在语用产出、语用理解和策略选择方面所取得的进步非常明显。

表 3-18　　　　　　　控制组（一）前后测配对样本 t 检验

	均值	标准差	均值的标准误	t	Sig.（双侧）
WDCT 前测—后测	-3.22115	11.99451	2.68205	-1.201	0.245
MDCT 前测—后测	-10.91346	9.86653	2.20622	-4.947	0.000

从表 3-18 中我们可以看到，控制组（一）WDCT 的前、后测成绩之间的差异不明显（t = -1.201，显著水平为 0.245 > 0.05），说明控制组接受传统教学之后，语用产出方面没有取得明显进步。控制组（一）MDCT 的前、后测成绩之间则存在显著性差异（t = -4.947，显著水平为 0.000 < 0.05），但其进步的幅度（10.91346）远不及实验组（30.19231）。实验组（一）和控制组（一）语用能力变化情况如图 3-25 和图 3-26 所示。

以上分析结果表明，实验一中实验组和控制组在教学实验开始前，语用能力基本处于同一水平，且控制组的前测成绩的均值略高于实验组，在对两组学生采用不同的教学方法进行教学实验 13 周之后，实验组的语用总体水平显著高于控制组。两组学生的语用能力都有发展，但是实验组的语用水平的提高更为显著，也更加接近中国学生的水平。

2. 实验二数据分析

为了进一步验证实验一的结论，我们对实验二中得出的各项数据也进

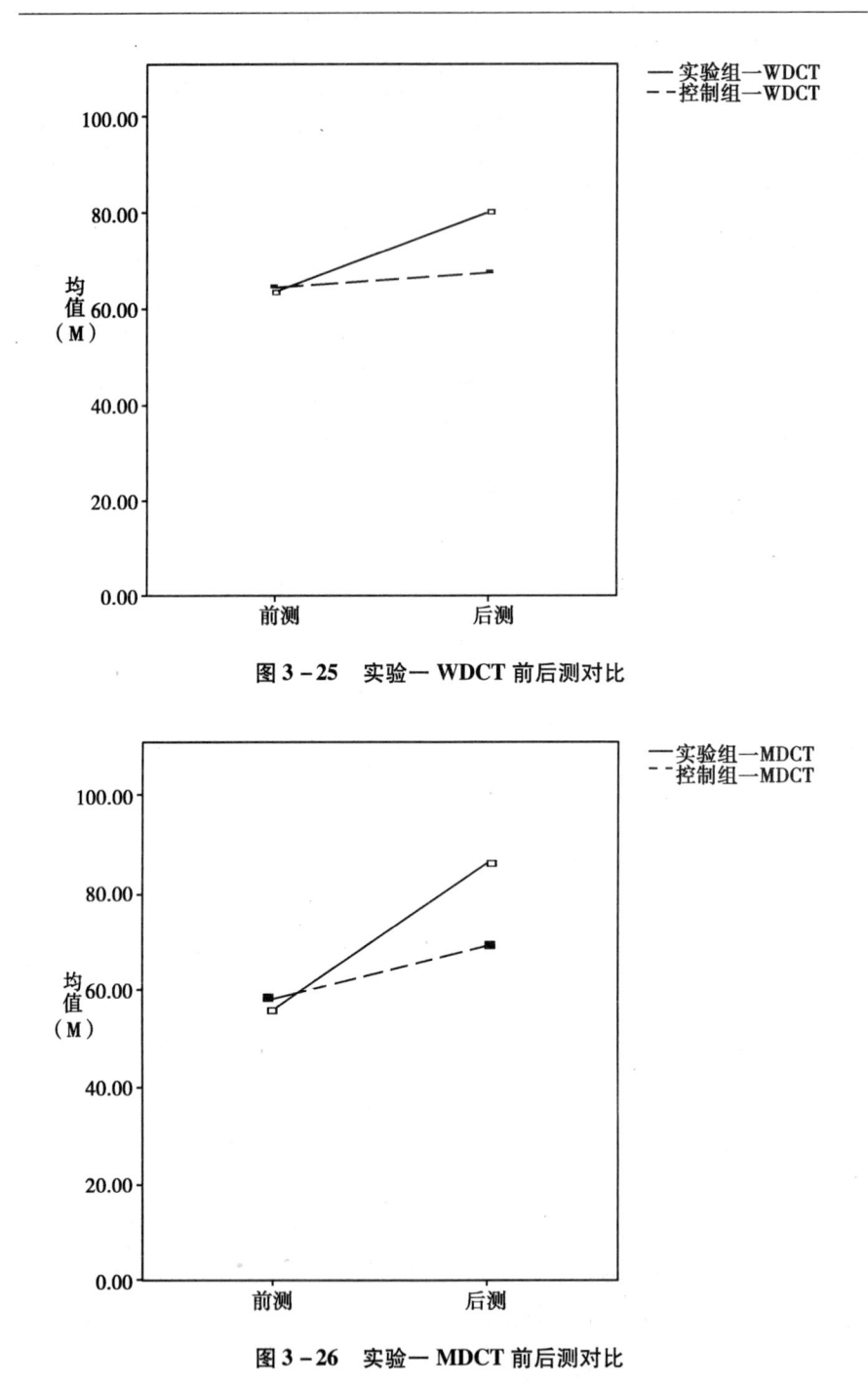

图 3-25　实验—WDCT 前后测对比

图 3-26　实验—MDCT 前后测对比

行了统计分析。首先是三组受试（实验组、控制组、中国受试）前测、后测成绩的单因素方差分析。结果如下：

表 3–19　　　　　　　实验二 WDCT 前测 ANOVA 分析

（I）分组	（J）分组	均值差（I–J）	标准误	显著性
中国（二）	实验组（二）	38.88478	2.17474	0.000
	控制组（二）	38.22029	1.80970	0.000
实验组（二）	中国（二）	–38.88478	2.17474	0.000
	控制组（二）	–0.66449	2.60934	0.965
控制组（二）	中国（二）	–38.22029	1.80970	0.000
	实验组（二）	0.66449	2.60934	0.965

表 3–20　　　　　　　实验二 WDCT 后测 ANOVA 分析

（I）分组	（J）分组	均值差（I–J）	标准误	显著性
中国（二）	实验组（二）	14.53437	1.69434	0.000
	控制组（二）	34.15285	1.65017	0.000
实验组（二）	中国（二）	–14.53437	1.69434	0.000
	控制组（二）	19.61849	2.00524	0.000
控制组（二）	中国（二）	–34.15285	1.65017	0.000
	实验组（二）	–19.61849	2.00524	0.000

从表 3–19 中可以看出，实验组（二）和控制组（二）WDCT 前测成绩没有显著差异（$p=0.965>0.05$），两组 WDCT 前测成绩和中国受试的差异显著（$p=0.000<0.05$）。经过 7 周不同的教学之后，从表 3–20 中看到，实验组（二）和控制组（二）的 WDCT 后测成绩出现了显著差异（$p=0.000<0.5$），同实验一的情况相似，虽然两组的 WDCT 后测成绩与中国受试都有显著性差异，但是我们看到实验组（二）与中国受试的差距（14.53437）远远小于控制组（二）与中国受试的差距（34.15285），说明实验组（二）在后测中的成绩更接近中国受试。这种情况的变化可以从下面的前、后测成绩均值图中更直观地体现出来（见图 3–27 和图 3–28）。

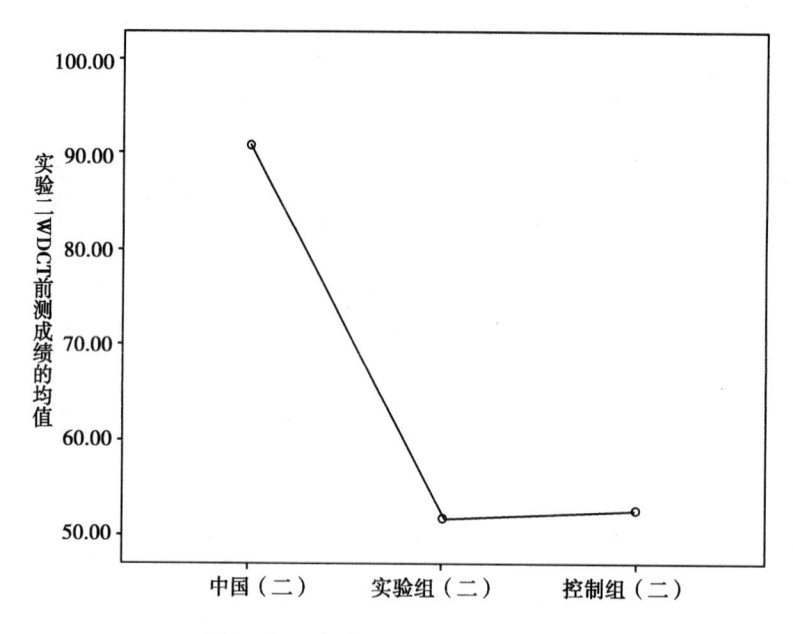

图 3-27　实验二 WDCT 前测均值图

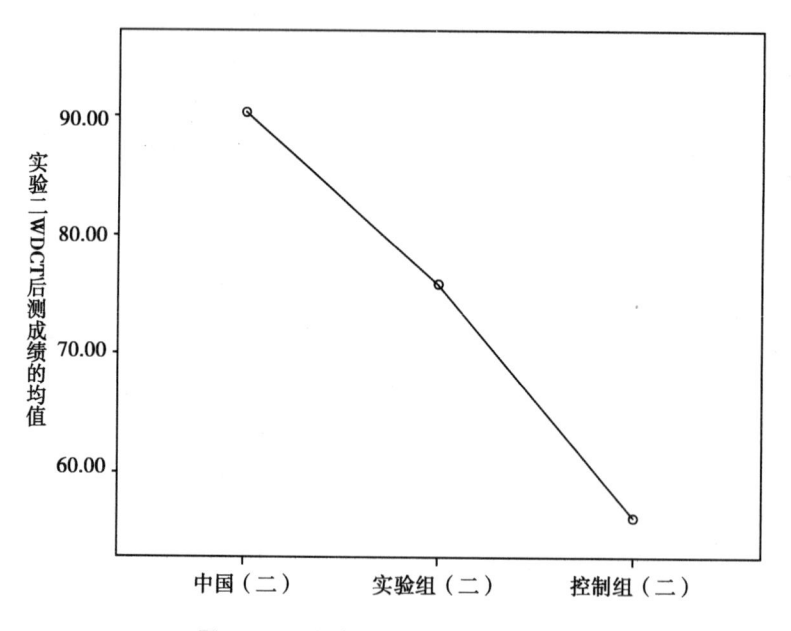

图 3-28　实验二 WDCT 后测均值图

表 3–21　实验二 MDCT 前测 ANOVA 分析

（I）分组	（J）分组	均值差（I−J）	标准误	显著性
中国（二）	实验组（二）	37.87188	1.65070	0.000
	控制组（二）	34.80235	1.80869	0.000
实验组（二）	中国（二）	−37.87188	1.65070	0.000
	控制组（二）	−3.06953	2.19405	0.348
控制组（二）	中国（二）	−34.80235	1.80869	0.000
	实验组（二）	3.06953	2.19405	0.348

表 3–22　实验二 MDCT 后测 ANOVA 分析

（I）分组	（J）分组	均值差（I−J）	标准误	显著性
中国（二）	实验组（二）	11.83226	2.01760	0.000
	控制组（二）	30.70116	1.67811	0.000
实验组（二）	中国（二）	−11.83226	2.01760	0.000
	控制组（二）	18.86890	2.19701	0.000
控制组（二）	中国（二）	−30.70116	1.67811	0.000
	实验组（二）	−18.86890	2.19701	0.000

从表 3–21 中可以看出，实验组（二）和控制组（二）MDCT 前测成绩没有显著差异（$p=0.348>0.05$），控制组（二）的成绩均值略高于实验组（二）（3.06953），两组 MDCT 前测成绩和中国受试的差异都很显著（$p=0.000<0.05$）。经过 7 周不同的教学之后，从表 3–22 中看到，实验组（二）和控制组（二）的 MDCT 后测成绩出现了显著差异（$p=0.000<0.5$），虽然两组的 MDCT 后测成绩与中国受试都有显著性差异，但是我们看到控制组（二）与中国受试的差距（30.70116）远远大于实验组（二）与中国受试的差距（11.83226），说明实验组（二）在后测中的成绩更接近中国受试。如图 3–29 和图 3–30 所示。

我们还对实验组（二）的前测和后测以及控制组（二）的前测和后测成绩作了配对样本 t 检验，以便更加清楚地观察两组在教学实验前后语用水平的变化情况。

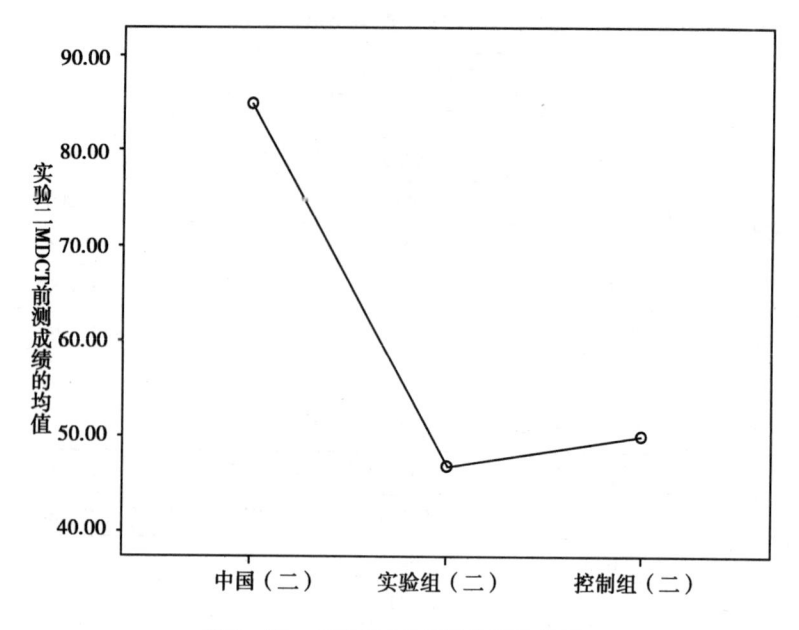

图 3−29　实验二 MDCT 前测均值图

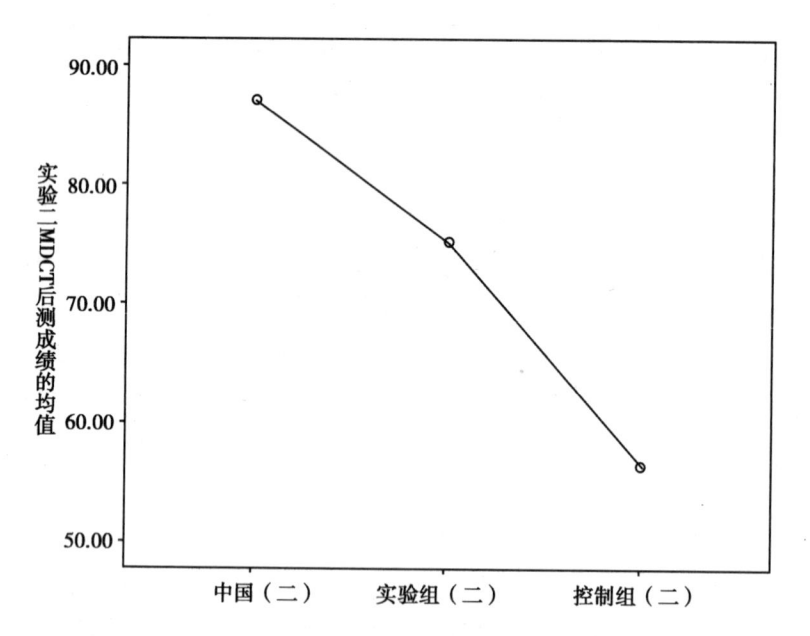

图 3−30　实验二 MDCT 后测均值图

表 3-23　　　　　实验组（二）前后测配对样本 t 检验

	均值	标准差	均值的标准误	t	Sig.（双侧）
WDCT 前测—后测	-23.76726	13.45473	2.63869	-9.007	0.000
MDCT 前测—后测	-28.39004	12.52387	2.45613	-11.559	0.000

从表 3-23 中我们可以看到，实验组（二）WDCT 的前、后测成绩之间存在显著性差异（t=-9.007，显著水平为 0.000<0.05），MDCT 的前、后测成绩之间也存在显著性差异（t=-11.559，显著水平为 0.000<0.05）。说明实验组学生在接受了语用教学后在语用产出、语用理解和策略选择方面所取得的进步非常明显。

表 3-24　　　　　控制组（二）前后测配对样本 t 检验

	均值	标准差	均值的标准误	t	Sig.（双侧）
WDCT 前测—后测	-3.48428	12.59667	2.26243	-1.540	0.134
MDCT 前测—后测	-6.45161	12.17941	2.18749	-2.949	0.006

从表 3-24 中我们可以看到，控制组（二）WDCT 的前、后测成绩之间的差异不明显（t=-1.540，显著水平为 0.134>0.05），说明控制组接受传统教学之后，语用产出方面没有取得明显进步。控制组（二）MDCT 的前、后测成绩之间则存在显著性差异（t=-2.949，显著水平为 0.006<0.05），但其进步的幅度（6.45161）比实验组（28.39004）小得多。实验组（二）和控制组（二）语用能力变化情况如图 3-31 和图 3-32 所示。

以上对实验二调查数据的分析得出了与实验一相同的结论，即在实验组和控制组语用水平基本相同的情况下，对两组学生采用不同的教学法进行教学之后，实验组的语用总体水平明显高于控制组，更接近中国受试的水平。

二　不同教学法对语用能力发展的影响

经过一段时间的教学实验，参加两次实验的留学生的语用能力都发生

图 3-31　实验二 WDCT 前后测对比

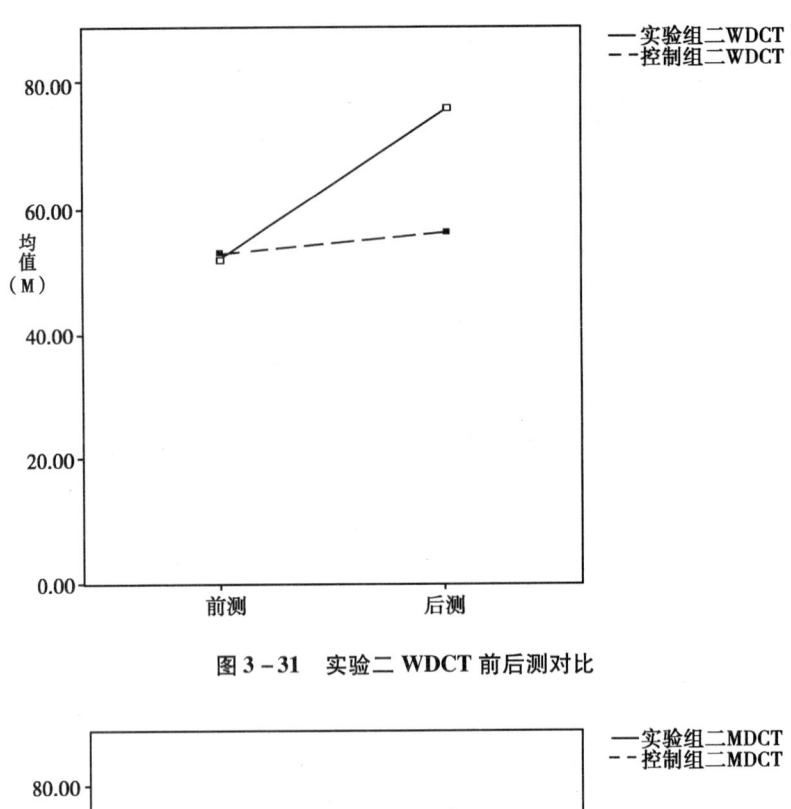

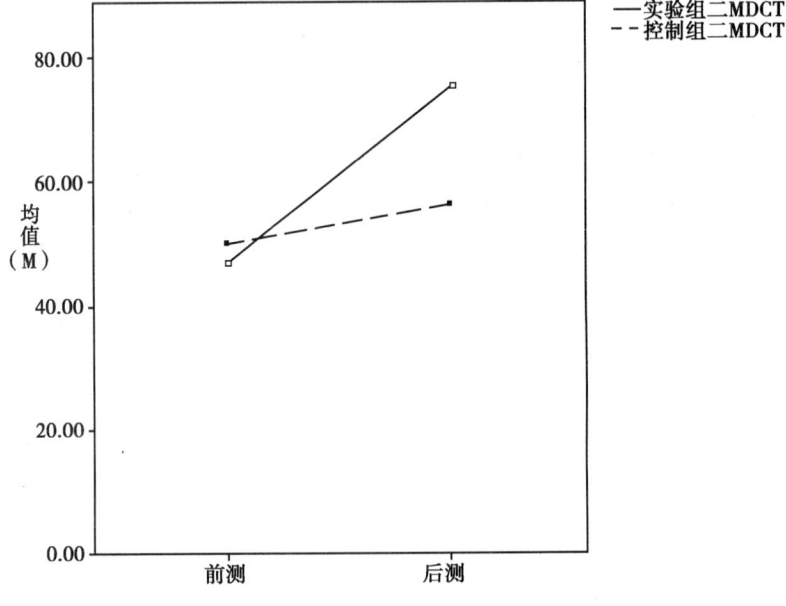

图 3-32　实验二 MDCT 前后测对比

了变化,这些变化在结构语用能力和交际语用能力方面都有体现。实验组学生的语用能力有了比较明显的提高，而控制组学生语用能力的变化却不是很明显。我们对中国受试、实验组和控制组在语用能力后测中每小题的得分情况进行了单因素方差分析，对 MDCT 后测的具体选择情况也进行了统计，以便考察实验组和控制组在语用能力各个方面的不同发展情况。①

（一）不同教学法对学习者结构语用能力的影响

在前测中，实验组和控制组的学习者都出现了不少句子内部的结构安排不符合中国人的习惯和上下文语境，或者不能准确反映和理解主题、焦点、说话者的主观情态等结构语用失误。而在后测中，实验组这方面的失误明显减少，控制组的表现却没有太大的变化。

实验二 MDCT 后测第 1 小题和 WDCT 后测第 1 小题是关于汉语话题结构和焦点表达的，设置的情境是"你坐公交车的时候把手机放在上衣口袋里，下车以后你发现手机不见了，你觉得一定是小偷偷了你的手机。你把这件事告诉你的朋友"。MDCT 中我们给出了三个选项，受试的选择情况如下：

表 3-25　　　　实验二 MDCT 后测（1）选项分布情况　　　（单位:%）

		A. 我的手机丢了	B. 我的手机被偷了	C. 小偷偷了我的手机
	中国受试	27.78	72.22	0
实验二	实验组	23.08	73.08	3.85
	控制组	32.26	29.03	38.71

从表 3-25 中可以看出，实验组绝大多数学生和中国受试一样选择了将"我的手机"这一语义上的受事作为话题置于句首，将"手机怎么样了"（被偷了、丢了）这个新信息作为焦点置于句尾，并且更加倾向于使用语用上表现遭受和抱怨情绪的被字句，而控制组的选择却非常分散。WDCT 的答卷也体现了大致相同的情况，实验组和中国受试普遍使用了以"我的钱包"为话题、"被偷了"为焦点的被字句，控制组则不然，我们对三组受试这一题的得分进行了单因素方差分析，结果也显示：实验组和中国受试没有显著性差异，控制组和前两者差异明显。实验一后测中相关

---

① 具体数据参见本书附录。

的题目也反映了基本相同的情况。

实验一 MDCT 第 10 小题和 WDCT 第 10 小题第一部分考察请求言语行为和信息结构安排,设置的情境是"小李想买一件奢侈品,但是钱不够,他向小王借钱"。MDCT 中我们给出了三个选项,受试的选择情况如下:

表 3-26　　　实验一 MDCT 后测 (10.1) 选项分布情况　　　(单位:%)

		A. 能借我 1000 块钱吗	B. 能借我 1000 块钱吗? 我想买个高级手机,但是钱不够	C. 我想买个高级手机,但是钱不够,能借我 1000 块钱吗
	中国受试	7.5	25	67.5
实验一	实验组	15	20	65
	控制组	20	50	30

从表 3-26 中我们可以看出绝大部分受试在表示请求时都既要说明请求的内容也要说明请求的原因,因此选择 A 的比例都非常低,这和前测中反映的情况基本一致。但在请求内容和原因的信息结构安排上,实验组和中国受试较多地选择先说明原因,再表达请求,重点在后;而较多的的控制组留学生则选择了先表达请求,再说明原因,重点在前。这种差异在 WDCT 答卷中也表现得很明显,实验组和中国受试大都是先说明原因,再提出请求,控制组的学生则往往相反,我们对三组受试这一题的得分进行了单因素方差分析,结果也显示:实验组和中国受试没有显著性差异($p=0.824>0.05$),控制组和前两者差异明显(控制组和中国受试比较:$p=0.000<0.05$;控制组和实验组比较:$p=0.035<0.05$)。

在测试语用产出的 WDCT 问卷中,我们还发现了学习者对于话语标记语使用情况的一些变化。实验组的一些学生开始自觉地使用学过的话语标记语"不如",例如:

我今天没胃口,<u>不如</u>点菜少点儿吧。

学生对于表示口气的话语标记语使用正确率和数量也比前测时有所增加,诸如上例中表示商量口气的"吧",还有如:

好热<u>啊</u>!

不好意思啊!

在控制组的答卷中,依然几乎看不到相关的话语标记语的使用。需要指出的是,虽然实验组的一些学习者开始自觉地使用话语标记语,但是使用的频率和种类却比较少,和中国受试比起来还有很大差距,在相同情境下,中国受试者使用话语标记语的数量更多,种类更丰富。

（二）不同教学法对学习者交际语用能力的影响

在前测中,实验组和控制组的学习者都出现了不少说话方式和内容不得体,不符合中国社会的习惯,表意不准确等交际语用方面的失误。在后测中,实验组的交际语用能力明显提高了,更加接近中国人的习惯,而控制组的变化不大。

实验一 MDCT 第 7 小题和 WDCT 第 7 小题是关于社交指示语的,题目给出的情境是"小王去小李家做客,小李的妈妈在家,她的年纪比小王的父母大,小王跟她打招呼"。我们给出了四个选项,受试的选择情况如下:

表3-27　　　　实验一 MDCT 后测（7）选项分布情况　　　　（单位:%）

		A. 阿姨你好	B. 伯母你好	C. 阿姨您好	D. 伯母您好
实验一	中国受试	0	5	7.5	87.5
	实验组	5	0	25	70
	控制组	15	0	55	30

从表3-27中可以看出,两组学生基本上都知道在面对年长的人时应该用表示尊敬的第二人称代词"您",但是只有接受语用教学的实验组了解"阿姨"和"伯母"在使用上的区别,其选择更接近中国受试。从该题 WDCT 回答的情况来看,实验组的得分与中国受试没有统计学意义上显著区别（$p = 0.092 > 0.05$）,控制组与中国受试差异明显（$p = 0.019 < 0.05$）,实验组比控制组的表现更好。尽管如此,我们也看到实验组在 WDCT 的回答中仍然有一些使用"阿姨"或者"小李妈妈"等不符合中国人习惯的称呼,这说明很多学生知道"伯母"的用法,但是在交际中还不能有效提取出来。

实验二 MDCT 第 7 小题和 WDCT 第 10 小题考察的是汉语交际的礼貌问题,设置的情境是"小王和小李认识时间不长,一天小王请小李吃饭。

小王让小李点菜"。问题是"小李应如何应对?"MDCT 题目中给出三个选项,受试的选择情况如下:

表 3-28　　　　实验二 MDCT 后测（7.1）选项分布情况　　　　（单位:%）

		A. 那我就不客气了,来个清蒸鱼吧	B. 你点菜吧,我吃什么都行	C. 我想吃清蒸鱼
实验二	中国受试	5.56	94.44	0
	实验组	26.92	57.69	15.38
	控制组	64.52	19.35	16.13

从表 3-28 中可以看出,在接受对方好意的时候,绝大多数中国人都要客气地谦让一下,以表示礼貌,显然实验组中较多的学生了解了中国人的这种礼貌习惯,其选择和中国受试趋于一致,但是控制组学生的选择却跟中国受试差距较大。在 WDCT 的答卷中我们看到了基本相同的趋势,值得注意的是,在对三组受试该题的得分进行的单因素方差分析中我们发现,虽然实验组在 WDCT 中的回答情况明显好于控制组（$p=0.01<0.05$）,但是也仍然和中国受试有着非常显著的差距（$p=0.024<0.05$）,有不少学生的回答都还是"那我就不客气了,……""我想吃……"或"我喜欢吃……,可以吗?"等。

实验一 MDCT 第 10 小题和 WDCT 第 10 小题的第二部分考察的是拒绝言语行为,设置的情境是"小李为了买奢侈品向小王借钱,小王不愿意借"。MDCT 中给出三个选项,受试选择情况如下:

表 3-29　　　　实验一 MDCT 后测（10.2）选项分布情况　　　　（单位:%）

		A. 我不愿意借钱给你	B. 我没那么多钱	C. 你应该节省一点儿,别大手大脚
实验一	中国受试	0	67.5	32.5
	实验组	0	70	30
	控制组	5	65	30

从表 3-29 中可以看出,三组受试的选择趋于一致,基本上都认为直接拒绝是不礼貌的方式,而选择了间接拒绝的方式,实验组、控制组和中国受试没有表现出太大的差异。在 WDCT 的答卷中,三组的成绩拉开了一定的距离,即实验组和中国受试的得分没有显著性差异（$p=0.068>$

0.05），但控制组的得分与前两者的差距都很明显（控制组与中国受试相比：$p=0.000<0.05$；控制组与实验组相比：$p=0.023<0.05$），这说明在拒绝言语行为的表达上实验组优于控制组。具体而言，控制组中仍有部分学生采用了直接拒绝的方式，如"不可以""不行"等，即使是间接拒绝，控制组所采用的策略也比较单一，而实验组则相对更加丰富，如"我把钱包忘在家里了""我今天没多带钱""我也钱不够""我也想买一个东西"，等等，另外，实验组和控制组在拒绝时大都使用了道歉策略，这和中国受试是一致的，但是控制组大多用的是"对不起"，而实验组大多使用的是"不好意思"，更接近中国受试的表达。

如前所述，多项选择话语填充部分主要考察的是留学生语用策略选择和语用理解的情况，在教学实验开始前，实验组和控制组的留学生在这两方面的表现基本一致，无论是最佳选项还是程度排序，都和中国受试有很大差异，但是在实验组接受了语用教学、控制组接受了传统教学之后，实验组的选择明显更倾向于接近中国受试，而控制组的选择依然和中国受试有很大差异。[1] 这说明在帮助学习者准确理解话语含意和正确选择语用策略方面，语用教学法比传统教学法更有优势。

书面话语填充部分的问卷主要测试的是留学生语用产出的能力。在教学实验开始前，实验组和控制组的留学生在这两方面的表现大体相当，在结构语用方面和交际语用方面都和中国受试差距很大。但是实验组在接受了语用教学之后，语用产出的能力明显改善，虽然在言语形式的丰富性上仍和中国受试有一定差距，但是在汉语主题句的使用、请求言语行为的实施等方面，都已经更加接近中国人的习惯。而接受传统教学的控制组在语用产出方面的发展并不明显。[2] 这说明，比起传统教学，语用教学更能对汉语学习者语用产出能力产生积极影响。

三 不同教学法对学习者交际能力的影响

对外汉语教学的最终目的是培养学习者使用汉语进行交际的能力。在对外汉语教学过程中采用语用教学法也是为了更好地促进学习者交际能力

---

[1] 有关不同受试在多项选择话语填充部分的具体选择情况参见本书附录二。
[2] 有关不同受试在书面话语填充部分每小题的得分对比情况参见本书附录三对后测成绩的单因素方差分析结果。

的提高。为了比较语用教学法和传统教学法对学习者交际能力的影响，我们对参加实验一的留学生的期末口语考试成绩进行了统计分析。

期末口语考试采用口试的方式进行，考试题目分为两大部分：第一部分考察学习者对语音、词汇、语法等语言要素的掌握情况，共有两个题型，一个是读词语并造句，主要考察学习者认字读音和组词造句的技能；另一个是解释语言点并造句，主要考察学习者对语法的理解和使用技能。第二部分考察的是学习者的口语交际能力，采用的是角色扮演的方式，让学习者在设定的情境中进行模拟现实的交际对话。我们对实验组和控制组这两个部分的得分使用 SPSS17.0 分别进行了独立样本 t 检验，以分析两者是否存在差异。

表 3-30　　　　实验一期末语言要素成绩独立样本 t 检验

		方差方程的 Levene 检验		均值方程的 t 检验			
		F	Sig.	t	Sig.（双侧）	均值差值	标准误差值
语言要素成绩	假设方差相等	0.118	0.733	0.109	0.914	0.22619	2.07003
	假设方差不相等			0.110	0.913	0.22619	2.06170

表 3-30 是实验组和控制组在口语期末考试第一部分语言要素测试中得分的对比统计情况，首先是方差齐性检验，此处，$F=0.118$，p 值为 $0.733>0.05$，说明方差相等，所以我们参考第一行的 t 检验结果，t 值为 0.109，p 值为 $0.914>0.05$，说明实验组和控制组在语言要素题目上的得分不存在统计学上的显著差异，两组对语言要素的掌握程度基本相同。

表 3-31　　　　实验一期末交际能力成绩独立样本 t 检验

		方差方程的 Levene 检验		均值方程的 t 检验			
		F	Sig.	t	Sig.（双侧）	均值差值	标准误差值
交际能力成绩	假设方差相等	1.828	0.186	4.432	0.000	2.19048	0.49426
	假设方差不相等			4.230	0.000	2.19048	0.51781

表 3-31 是实验组和控制组在口语期末考试第二部分交际对话测试中得分的对比统计情况,首先是方差齐性检验,此处,F=1.828,p 值为 0.186>0.05,说明方差相等,所以我们参考第一行的 t 检验结果,t 值为 4.432,p 值为 0.000<0.05,说明实验组和控制组在交际对话题目上的得分存在统计学上的显著差异。另外,实验组交际对话的平均得分是 35.3,高于控制组该项目的平均得分 33.1,说明实验组学生的交际能力明显优于控制组。

本章第一节已经介绍了参加实验的留学生情况,即他们是根据 HSK 的成绩和入学时的分班测试中的表现被鉴定为具有初等一级汉语水平的学习者,并被随机编入两个平行班,实验组和控制组的指定也是随机的。也就是说,实验组和控制组在接受不同的教学方法之初,其汉语水平是基本相同的。经过了近一个学期的学习之后,两组学生对汉语语言要素的掌握程度基本相同,可以说他们在这方面的进步幅度是一样的;而两组学生的汉语交际能力却出现了较为明显的差异,实验组学生的交际能力优于控制组学生。这说明,和传统教学法相比语用教学法对于学习者交际能力的提高更有帮助。在汉语课堂教学中采用语用教学法,虽然在一定程度上增加了教学内容的容量,在总课时不改变的情况下会使课堂内容更加紧凑,但是实践证明,这并不会造成学习者对语言要素习得的偏废。总而言之,在汉语教学活动中开展语用教学有利于促进学习者的语用能力,进而有利于提高学习者的汉语交际能力,是实现对外汉语教学总体目标行之有效的教学法。

四 本节小结

本节主要根据中外受试的语用能力后测成绩和答卷语料对接受不同教学法的实验组和控制组语用能力的发展情况进行了分析,并进一步考察了两种教学法对学习者交际能力的影响。主要研究结论如下:

(一)经统计学描述性分析、Explore 检验和单样本 K-S 检验,每组受试的后测成绩均呈现正态分布,说明测试结果符合测试信度要求,可用于进一步的分析研究。

(二)通过单因素方差分析和配对样本 t 检验发现,实验组和控制组在教学实验开始前,语用能力基本处于同一水平,且控制组的前测成绩的均值略高于实验组,在对两组学生采用不同的教学方法进行教学实验之后，实验组的语用总体水平显著高于控制组。两组学生的语用能力都有发展，但是实验组的语用水平的提高更为显著，也更加接近中国学生的水平。

（三）实验组学生在结构语用能力方面的提高主要表现在：

1. 基本可以正确使用汉语的"话题—说明"结构；
2. 根据上下文表达话语焦点的正确率明显提高；
3. 根据语境选择或使用汉语某些特殊句式的正确率提高；
4. 话语信息结构安排和中国人趋于一致；
5. 开始自觉地使用话语标记语。

（四）实验组学生在交际语用能力方面的提高主要表现在：

1. 使用指示语的正确率明显提高；
2. 实施言语行为时所使用的策略更接近中国人的习惯；
3. 对中国人的礼貌原则有了一定的认识，并能运用在交际中；
4. 实施言语行为时运用的言语策略和形式有所增加。

（五）与传统教学法相比，语用教学法对学生交际能力的促进作用更加明显，并且这种促进不会以牺牲语言要素为代价。

第五节 本次教学实验的启示

本研究通过在对外汉语教学课堂上实施语用教学实验，分析了语用教学对汉语学习者语用能力发展的影响，结果表明在课堂上进行语用教学是提高学习者语用能力、进而提高其交际能力的有效方法。本次语用教学实验的过程和结果，为对外汉语语用教学和习得的深入研究提供了诸多启示。

一 对学习者语用学习过程分析的启示

首先，在教学实验过程中，实验组和控制组使用的是同样的汉语教材，面对的是同样的语言材料，而其语用能力的发展程度却各不相同。究其原因，首先是实验组获得了教师明确的语用信息的输入，而控制组却没有获得这种输入，这就意味着，实验组对课文中的语用信息给予了关注，控制组则不一定能感知到相关的语用信息。这说明，对语言信息的感知是语用习得的首要条件，如果没有关注和感知，也就很难进行接下去的理解和掌握。

其次,在对实验组后测成绩进行统计分析时,我们发现他们在书面话语填充部分的表现和多项选择话语填充部分的表现并不相同。从总体成绩来看,实验组(一)WDCT后测成绩与中国受试成绩的均值差是10.24(见表3-14),实验组(一)MDCT后测成绩与中国受试的均值差是5.43(见表3-16),也就是说,实验组(一)在书面话语填充部分表现出的与中国受试的差距大于其在多项选择话语填充部分的。实验组(二)也出现了相同的情况,即WDCT后测成绩与中国受试的均值差14.53(见表3-20)大于其MDCT后测成绩与中国受试的均值差11.83(见表3-22)。这说明,学习者在接受语用教学的过程中,其语用策略的选择能力和语用产出能力的发展是不平衡的,语用策略选择能力的发展比语用产出能力的发展更快,也就是说,学习者的语用习得不是一蹴而就的,而是一个有层次性和阶段性的过程,当他们接收到语用信息、了解了语用知识之后,能够对现成的答案作出比较正确的选择,但是还不一定能够将其吸收内化为自己的语用能力。

二 年龄因素对语用习得的影响

为了考察语用教学对汉语学习者语用能力发展的影响,我们采用相同的教学方法实施了两次语用教学实验,参加实验一的学习者是成年人,平均年龄是25.85岁,参加实验二的学习者是中小学生,平均年龄是13.24岁。这两次实验的总体结论基本一致,但是两个实验组在接受语用教学的过程中以及后测的具体表现中仍然存在差异。出现差异的一个重要原因,是参加两次实验的学习者年龄上的不同。

首先,在语用能力后测中两个实验组的总体表现与中国受试者的差距不同。实验组(一)书面话语填充后测成绩与中国受试成绩的均值差是10.24(见表3-14),实验组(二)书面话语填充后测成绩与中国受试的均值差是14.53(见表3-20),说明相对于实验组(二),实验组(一)在该部分的表现更接近中国受试。关于多项选择话语填充的成绩,实验组(一)与中国受试者的均值差是5.43(见表3-16),也小于实验组(二)与中国受试者的均值差11.83(见表3-22),说明实验组(一)在该部分的表现也比实验组(二)更加接近中国受试。也就是说,在同样接受语用教学之后,实验组(一)学习者的语用能力总体水平优于实验组

(二)。

其次,两个实验组在语用能力后测中的各个测试项目的回答与中国受试的差距也不同。根据对两个实验组和中国受试在后测中各个项目的得分进行单因素方差分析所得的两两对比的结果[①]来看,实验组(一)在书面话语填充部分的13个测试点中有12个点的得分与中国受试没有统计学意义上的显著差异,在多项选择话语填充部分的13个测试点中的得分全部与中国受试没有统计学意义上的显著差异;实验组(二)在书面话语填充部分的12个测试点中有4个点的得分与中国受试没有统计学意义上的显著差异,在多项选择话语填充部分的12个测试点中有8个点的得分与中国受试没有统计学意义上的显著差异。也就是说,实验组(一)对于每个具体语用项目的掌握程度好于实验组(二)。

总的来说,虽然两个实验组的语用总体水平都和中国受试有明显的差距,在具体的语用项目回答上也都与中国受试有差距,但是,和实验组(二)相比,实验组(一)的语用总体水平和具体表现都更加接近中国人的习惯。这说明,不同年龄层次的学习者对语用知识的理解、接受程度存在差异。

三 语用教学过程中的经验和教训

在教学实验中,每一堂课具体的教学过程是影响语用教学效果的关键因素。我们所实施的语用教学是在不断的摸索中展开的,经过认真的设计,取得了一定的经验成果,但同时,由于缺乏既有研究的借鉴,在摸索的过程中也出现了一些问题。

首先,我们在教学中使用了启发的方式让学生感受语用信息。也就是在课文讲练环节,不直接把课文中所隐含的语用信息告诉学生,而是采用提问的方式,引导学生发现、注意语用信息。这种做法有利于提高学生对语用信息的敏感度,以及关注语用信息的自觉性。经过一段时间的教学,我们发现,一些学习主动性高、认知能力强的学生已经开始自觉地从课文中或日常交际中寻找语用信息,这些学生在最终的语用能力测试中的表现也明显更好。

---

① 参见附录三问卷 SPSS17.0 数据处理结果。

其次，课堂教学过程中的互动很重要。课堂互动比较充分的语用项目，学习者掌握得往往比较好。例如实验一中所讲的关于请求言语行为的实现方式，由于课文内容学生比较感兴趣，师生之间和学生与学生之间对于请求这样的话题进行了较为热烈的讨论，以及模拟交际活动，因而在语用能力后测中，大部分学生在相关题目的回答中都有比较好的表现。如 MDCT 的第 8 小题考察的是"向同事发出请求"，实验组选择的正确率为 97%（见附录二），设置了相同情境的 WDCT 的第 8 小题，实验组的得分与中国受试无明显差异（$p=0.676>0.05$），与中国受试得分的均值差也仅为 0.075。MDCT 和 WDCT 的第 4 小题和第 10 小题也和"请求"有关，实验组学生这两个题的得分也和中国受试比较接近（见附录三）。

最后，语用知识需要通过交际实例讲解和练习才能被学生真正理解吸收。我们在教学中发现，当教师讲授的语用知识在课文内容中没有体现，教师因时间有限也没有给出具体的例子时，学习者对此语用知识即使能够理解也很难真正掌握。例如实验二中关于"朋友请客吃饭、点菜"时的礼貌问题，课文内容没有表现出中国人在点菜时互相谦让的礼貌习惯，教师意识到这个问题，在教学进行到这一部分时给学生讲了相关的礼貌原则，但是由于时间有限，没有展示具体的对话实例，在交际练习中也没有对此特别强调，结果学生对该项内容的掌握情况不好。表现在语用能力后测 MDCT 的第 7 小题中，第 7 小题第一部分实验组学生选择的正确率为 57.69%，虽然高于控制组的 19.35，但远低于中国受试的 94.44%（见表 3-28）。WDCT 中相同情境的第 10 小题，实验组学生的回答情况也不理想，该题得分与中国受试有显著差距（$p=0.000<0.05$），均值差为 0.52。

四 教材对教学效果的影响

教材是教师教汉语、学生学汉语的工具，是整个教学过程中不可或缺的因素，教材的内容会在很大程度上对教学效果产生影响。本研究实施教学实验所使用的教材已经在本章第一节有所介绍，它们为语用教学提供了基本的语料素材，起到了一定的积极作用，但同时也存在一些问题。

首先，在教学过程中以及后测成绩的分析结果中，我们发现，两个实验组学生的结构语用能力的提高都非常明显。实验一 WDCT 第 3 小题和

MDCT 第 3 小题考察的是汉语话题说明结构的使用,实验组(一)在这两小题中的表现都和中国受试没有显著差异(WDCT3:$p=0.073>0.05$;MDCT3:$p=0.164>0.05$)。实验二 WDCT 第 1 小题和 MDCT 第 1 小题考察的是焦点信息和被字句的语用功能,实验组(二)在这两小题中的表现都和中国受试没有显著性差异(WDCT1:$p=0.410>0.05$;MDCT1:$p=0.994>0.05$);实验二 WDCT 第 2 小题和 MDCT 第 2 小题考察的也是汉语话题说明结构,实验组(二)在这两个小题中的表现也和中国受试没有显著差异。出现这种情况的主要原因是,教材中相关的例句比较多,而且这些例句都有比较充分和明确的上下文语境,学生理解起来比较容易,在交际练习中也比较方便模仿。

其次,学生对交际语用能力的发展与课文提供的语境是否明确有很大关系。实验一 MDCT 后测第 1 小题和 WDCT 后测第 1 小题考察的是中国人在接受他人好意时的回应方式,题目设置的情境是"小王和小李刚认识不久,小王请小李吃饭,小王让小李先点菜"。MDCT 中给出三个选项,受试选择情况如下:

表 3-32　　　　实验一 MDCT 后测(1.1)选项分布情况　　　　(单位:%)

		A. 我要吃清蒸鱼	B. 你点吧,我吃什么都行	C. 我不会点菜
实验一	中国受试	0	100	0
	实验组	0	90	10

从表 3-32 中可以看到,实验组绝大部分学生的选择都和中国受试一致,说明他们了解在这样的情况下应该谦让推辞才是礼貌的做法。但是,在情境相同的 WDCT 中的回答,实验组(一)却和中国受试出现了显著差异($p=0.000<0.05$)。经过对实验组学生答卷的仔细分析,我们发现,很多学生对这个题的回答都模仿了教材中相似情境下的说法"我一看菜单就头晕,不知道这些菜名指的都是什么菜"。这样的说法不能说不礼貌,但并不符合中国人的身份。学生之所以会出现这样的语用失误,究其原因,是教材中提供的情境有问题。教材所给的情境是"保罗和木村来到一家餐馆",这个情境的问题表现在两个方面:一是没有介绍清楚保罗和木村关系的亲密程度,这容易使学生误以为课文中的对话方式在大部分情况下都可以采用;二是将交际双方的身份都确定为"外国人","外

国人"的身份难以充分表现中国人的语言使用特点,这也是很多汉语教材的问题。同样是实验一,实验组学生在请求言语行为上的表现就比较接近中国受试(如 WDCT8:$p=0.676>0.05$),因为教材相关课文①所提供的情境比较充分,便于学生理解交际双方的关系对语言使用的影响,更好地体会中国人说话的特点。事实证明,教材中语境提供得比较充分和明确的课文有利于学生的语用习得,而语境不充分的课文会对学生产生误导,不利于语用习得。

最后,不能反映语言使用真实情况的课文容易造成学生的语用失误。例如实验二 MDCT 第 9 小题和 WDCT 第 9 小题的第一部分考察的是提供帮助和建议的言语行为,题目给出的情境是"小张要去机场接一个朋友,但是不知道怎么坐公交车。小赵也要去机场接人,而且知道怎么坐车,他建议小张和他一起去"。MDCT 中给出三个选项,受试者选择情况如下:

表 3-33　　　　实验二 MDCT 后测 (9.1) 选项分布情况　　　　(单位:%)

		A. 我也要去机场,你和我一起去吧。	B. 我也要去机场,你和我一起去怎么样?	C. 我也要去机场,你和我一起去,好不好?
实验二	中国受试	55.56	44.44	0
	实验组	38.46	30.77	30.77

从表 3-33 中可以看出,实验组学生的选择虽然大体上和中国受试趋于一致,但是仍有很大的差异,这从该题得分的统计分析中也有所体现($p=0.041<0.05$,实验组与中国受试差异具有显著性)。在相同情境的 WDCT9.1 中,实验组(二)学生的回答也表现出与中国受试的明显差异($p=0.000<0.05$),很多学生的回答都使用了"……好不好?"的形式,而中国受试大部分都使用了以"吧"结尾的祈使句。中国人向对方提供帮助和建议时,多用祈使句,表现了礼貌原则中的热情准则,即使是用疑问句,也多用"……怎么样?"的形式以表示提供帮助的主动性。教师在讲授相关课文的时候向学生介绍了中国人的这一礼貌习惯和相对应的语言形式,但是学生仍然在测试中出现了较多的语用失误,主要原因就是教材

---

① 参见《汉语口语速成(提高篇)》第 11 课的课文 2。

中所提供的语言材料使用的是"……，好不好？"①的形式，不符合汉语使用的实际情况。也就是说，如果汉语教材中所提供的语言材料反映的不是汉语使用的真实情况，那么就会对学生造成很大的误导，即使教师介绍了正确的语用知识，也很难扭转教材误导所造成的影响。

总而言之，由于教材所应具有的权威性，往往使学习者将教材奉为真理，对其言听计从，教材中合理反映语言使用规律的部分能够对学习者的语用能力产生积极影响，同时教材中存在的种种问题也极易对学习者产生消极影响。因此，教材编写的科学性对于语用教学和习得意义重大。特别需要指出的是，本次教学实验所使用的教材（也包括绝大部分汉语教材）内容设计缺乏语用意识，未能充分体现汉语交际中的语用特点，也缺少语用练习，使语用教学受到很大限制。

第六节 本章小结

本章主要描述了实施语用教学实验的过程和结果，以及教学实验对语用教学和习得的启示，为语用教学的理论研究提供了实践方面的依据。

（一）我们分别在厦门大学海外教育学院和集美大学海外教育学院实施了两次教学实验，实验对象是具有初级汉语水平的留学生。我们分别选择了与两次实验留学生年龄基本相当的中国学生参与实验，以增强对比分析的可靠性。实验过程分为三个环节"语用能力前测——教学——语用能力后测"。测试采用语际语语用学研究常用的书面话语填充法和多项选择话语填充法，这两种方法也被证明在测试语用能力方面具有较高的信度和效度。测试成绩使用 SPSS17.0 进行统计分析，保证了分析结果的客观性和科学性。

（二）教学实验过程中实验组采用语用教学法授课，控制组采用传统教学法授课。两种教学法都重视词汇、语法的教学，都注意将讲授语言知识和培养语言技能相结合，并贯彻精讲多练的语言教学原则，不同的是语用教学有意识地在教学过程中将语用信息凸显出来，将显性语用教学有机地融入课堂教学的各个环节，启发学生对课文中包含的语用信息进行思

---

① 参见《初级汉语口语2》第四课课文。

考，对课文涉及的语用知识和元语用信息进行专门的讲解。

（三）实验中各组受试的各项语用测试成绩均呈现正态分布，说明测试结果符合测试信度要求，可以作为分析研究的依据。在实施教学前，留学生的语用能力普遍与中国学生存在巨大差距，这种差距在语用理解、语用策略选择和语用产出方面都有表现，既有结构语用能力的差距，也有交际语用能力的差距。在采用不同的教学方法进行教学实验后，接受语用教学的实验组学生的语用能力有明显提高，语用总体水平显著高于接受传统教学的控制组学生。此外，实验组学生的发展在结构语用能力和交际语用能力的各个具体项目上都有明显的表现。说明语用教学对学习者语用能力的发展有极大的促进作用，在课堂上教授语用知识是提高汉语学习者语用能力行之有效的方法。不仅如此，相对于传统教学法，语用教学法对于提高学习者的汉语交际能力也有更加明显的促进作用。

（四）通过对语用教学实验过程和结果的反思得出：学习者的语用习得过程具有阶段性，不同年龄的学习者的语用认知能力存在差异，语用教学过程中要特别注意启发、互动和实践，教材编写应符合语言使用的实际，等等。这些启示为进一步研究学习者语用习得过程、对外汉语语用教学模式和教材编写提供了实践上的依据。

第四章　汉语语用教学的理论探讨

第一节　语用习得的认知分析

一　语用习得和第二语言习得

第二语言习得是学习者在掌握了第一语言之后，通过利用有限的语言输入而获得一种新的语言的过程。对语言本质的认识会影响对语言习得的认识，进而关系到语言的教学。历史比较语言学把语言看作知识，那么语言习得就是获得语音、语法等语言知识，语言教学就采用传授知识的语法-翻译法进行；结构主义语言学认为语言是一套静态的规则，那么语言习得就是掌握这些规则，语言教学就采用以机械练习为主的听说法。也就是说，从语言学的角度讲，不同的语言观或观察角度，决定了学习者在第二语言习得中应该掌握什么，进而影响到采用何种方法教学。

语用学从一种功能性的视角考察语言，研究社会的、活的语言，把语言看作一个使用中的动态体系，因此，语言习得就是获得运用和理解语言的能力，它以语用知识的习得和语用能力的培养为重点，使第二语言成为学习者使用自如的交际工具。语用知识的习得和语用能力的培养共同构成语用习得，因此，语用习得是第二语言习得的核心。如图4-1所示：

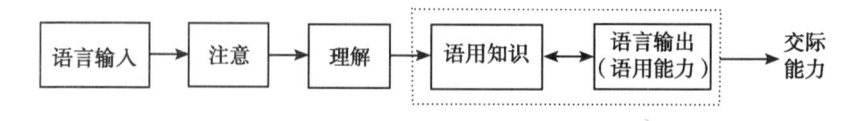

语言输入 → 注意 → 理解 → 语用知识 ↔ 语言输出（语用能力） → 交际能力

图4-1　第二语言习得过程

图4-1是从动态的功能性视角对第二语言习得过程的描述。语言输入是语言习得的第一步，没有第二语言的输入，就不可能有第二语言习

得。输入在很大程度上决定了学习者在语言习得过程中学什么、如何学以及学会之后如何使用。因此，输入给学习者的第二语言材料应该是现实中使用的话语，这样的输入能够综合体现语言的形式、意义和使用功能，便于学习者对语言的整体感知，对于学习者来说也最有意义。既然是现实中的话语，就还要清楚地交代出说话的环境，包括场合、人物关系等。例如，在讲解汉语"话题—说明"结构时，要向学习者输入的语言材料是"菜我都买好了，谁做？今天我可懒得动……"，同时还要让学生明白这段对话发生的地点是在家里，交际双方是夫妻关系等。

语言习得的第二个阶段是注意，也就是学习者需要在语言输入的基础上关注到学习的内容。只有被注意到的信息才能被学习者进一步加工和吸收。影响注意的因素有很多，如语言形式的出现频率、语言形式的突出程度、学习任务、学习者的个体因素，等等。在课堂上，对注意影响最大的是教师的指令。教师应当非常明确学习者要学什么，进而将学习者的注意引导到相应的部分。如上例输入的语料是"菜我都买好了，谁做？今天我可懒得动……"，因为学习者需要学习的是"话题—说明"结构，教师就应把学习者注意引导到"菜我都买好了，谁做？"上来。

语言习得的第三个阶段是对语料的理解，包括对形式、意义和用法的理解。对输入语言的理解是语言习得的必要条件。学习者要通过句法语义的处理提取句子层面的意义，并且利用语言环境完成对语言话语层面的理解，也就是，不仅要理解话语的表层意思，还要深入体会话语的语用意义。比如"菜我都买好了，谁做？"表层意思是"妻子把菜买好了，问丈夫谁来做菜"，深层的意思是"妻子在和丈夫讨论'菜'怎么样了，'菜'由谁来做"，进而表达出"妻子不愿意做菜"的意思。这里"妻子"把"菜"放在句首的位置，是将其作为谈话的中心，即话题。这种主谓谓语句形式的"话题—说明"结构对于学习者来说是陌生的，因此学习者需要在教师的帮助下才能对其完全理解。

在理解输入的基础上，语言习得进入语用知识阶段。在这一阶段，学习者要掌握构成输入语料的潜在规则，将其储存到自己的知识体系中，即了解语言形式及其变化在使用中的意义和功能，掌握语言使用的规则、规律和习惯，将这些信息以知识的形式储存在头脑中，以待在语言使用中提取。这些规则可以在教师的帮助下由输入语料抽象而成，它们是学习者生成语言的基础。仍以"话题—说明"结构为例，从"菜我都买好了，谁做?"抽象出"菜"是作为话题放在句首的位置,后面的谈话围绕"菜"展开,进而抽象出汉语使用中,说话人可以根据自己的表达需要,选择与动词有联系的某个成分作为话题,使听话人了解说话人关心的对象,围绕话题展开对话。语用知识的习得是语言输出的基础。

语言习得的第五个阶段是语言输出。在语言习得研究领域,传统上都把语言输出作为语言习得的产品或结果,而我们认为,输出也是语言习得过程的一个组成部分,因为语言表达和语言理解所包含的过程并不是相同的。学习者对语言的理解和对语言使用规则的掌握并不能自动转化为使用语言的能力,这是因为学习者的语言使用能力只有在语言输出的过程中才能得到提高。语言输出就是在与对方(其他学习者或本族语者)的互动中,在特定语境下,以意义沟通为目的使用语言的过程。语言输出既是提高学习者语言使用能力的手段,又是学习者语用能力的表现,它要求学习者能够对语言形式进行恰当的选择和理解,而这又依赖于对头脑中储存的语用知识的有效提取和利用。

如图4-1所示,从语用知识到语言输出并不是单向的发展,而是互动的过程。一方面,学习者头脑中储存的语用知识是语言输出必要条件和基础,输出是对语用知识的实际运用;另一方面,语言输出迫使学习者注意语言形式和功能的匹配,在实践中检验自身知识的正确性,以及时调整和补充。语言输出是语用能力的表现。因此也可以说,学习者习得的语用知识越丰富,语言使用的能力就越强,语言输出就更准确、得体;语用能力越强,语用知识在头脑中的建构就越趋于合理、便于提取。

第二语言学习者在习得了语境因素影响下语言形式及其变化的意义和功能等语用知识,并具备了在特定语境中对语言形式的恰当表达和准确理解的语用能力之后,才能在真实的语言交际过程中充分得体地表达自己的交际意图,以及准确解读对方的交际意图,达到通过语言习得获得新的语言交际能力的最终目的。

综观第二语言习得的过程,语言输入、注意、理解为习得提供了充分的准备,语用知识与语言输出(语用能力)的循环互动使学习者的第二语言产生了实质性的发展,学习者的语用知识和语用能力在整体的语言习得中不断积累和发展,形成一个渐趋完善的动态语言使用系统。由此可见,第二语言习得的核心就是语用习得。

事实上,并不是所有的语言观都能对语言习得产生相同的作用。如果把语言限定在静态系统之内，单纯从形式上进行解释，不考虑其意义和功能，不将其同语境因素联系起来，学习者就难以把所学的语言形式运用到语言交际中去。而语用学以动态的功能性视角看待语言，研究语言的使用，抓住了语言作为交际工具的根本性质，将语言的运用和语言产生的环境结合起来，与语言的社会文化背景结合起来，从而产生适合于语境和交际目的的话语。所以，在语用视角下的语言习得，能够最大限度地把语言习得与交际能力联系起来，这样的语言习得是被实践证明了的非常有效的习得。

二　汉语学习者语用认知的局限性

语言是人类最重要的交际工具，是由人类的交际需要而产生的。语言主体是使用语言表达思想、交流互动的人，离开了语言主体——人，语言便不复存在。"第二代认知科学的研究表明：语言不是自治的，句法的建构不是独立于意义的，而是为了表达意义的；不是独立于交际的，而是与交际策略相一致的；不是独立于文化的，而经常是与文化的最深层次相一致的；不是独立于身体的，而是来自感知动觉系统的。"[①] 也就是说，语言离不开人的感知体验和互动认知。使用语言的人，作为语言主体，是言语活动的主导者，在言语活动中起着决定性的作用。言语形式和言语内容都是语言主体在交际意图的驱动下所进行的创造性活动的结果。人对于语言的这种主体性关系，正是由语用学真正体现出来的。从我们的语用能力测试中可以看出，如果没有接受有意识的语用教学，汉语作为第二语言的学习者对于汉语的形式系统、功能系统、交际策略等就缺乏相应的体验和认知，因此，他们在使用汉语进行交际的过程中必然会受到种种制约。我们在此主要探讨，如果没有语用教学，汉语学习者语用认知的局限性对其话语生成和理解的制约。

（一）语言主体对话语生成的制约

语言主体在表达思维内容的时候，要将意义进行编码，也就是从个体的心理词典仓库中选择合适的词语，按照语法规则对其进行装配和组合。但是，仅有合适的词语和正确的语法形式并不一定能准确地表意，因为语

[①] Lakoff, G., Johnson, M., *Philosoohy in the Flesh — The Embodied Mind and Its Challenge to Western Thought*, New York: Basic Books, 1999: 479.

言主体在交际中通过话语表达的不光是客观的逻辑命题，还包括语言主体的情感因素、态度因素、观点因素、目的因素以及新旧信息、焦点信息等语用意义，而后者在交际中承担的往往是更重要的价值。情感、态度等因素的细微变化，都需要用不同的话语形式才能准确表达。例如在语用能力测试多项选择话语填充部分中某小题的两个选项：

小偷偷了我的钱包。
我的钱包被偷了。

这两个句子中成分之间的语义关系完全相同（实施：小偷，受事：我的钱包，动作：偷）可以相互变换，包含完全相同的真值意义。但是它们却体现了不同的表达中心。当语言主体想要以"小偷"为话题，强调"偷钱包"这一行为，则须选择前一句，如果选了后一句则不能准确表达意义中心；当语言主体想要说"我的钱包怎么样"，强调"我遭遇到了什么"，则须选择后一句，如果选择了前一句，也会使人误解。也就是说，语言主体为了达到不同的交际目的，通常都要用不同类型的话语，相应的不同类型的话语即可被视为达到某种特定交际用途的专用的最佳的工具。测试中汉语学习者的回答情况说明，由于大部分学习者缺少对某些特定工具的了解，或者不知道话语工具与表达目的之间的对应关系，无法很好地表达自己的交际意图或完成某些特定的交际任务。

从认知的关联性角度来看，成功的交际应以交际双方互相示意为基础。说话人在生成话语时有必要对听话人的话语理解进行一些制约，让听话人识别说话人要表示的某些假设意图，这种对语境范围的制约最基本的方式之一就是使用话语标记语，如"不瞒你说、说实话、话说回来、不过"，以及"吧、啊、哦"，等等，它们在交际中不影响话语的真值意义，其功能是为听话人提供话语间的语用信息关联，使听话人更容易准确理解话语含意。从语用能力测试前测的结果来看，使用汉语交际的汉语学习者作为言语主体，不清楚汉语话语标记语的语用功能，很少使用或者不用话语标记语，很容易导致示意不明确，影响交际顺利进行。

语言对人的认知会产生重要影响，儿童在习得第一语言或母语，接受语言教育的同时，也就自然而然地接受了该语言所承载的思想、文化和世界观。从作为言语行为主体的人对语言的决定性来看，那些由第一语言或母语带来的思想、文化、世界观在人的大脑中不断充实，逐渐形成一种社会心理表征，又会影响说该语言的人在言语交际中的话语行为，在言语生成的时候控制话语的形式、内容、方向和目标。不同的文化中，对社会心理表征有不同的排列方式，在交际合作原则和礼貌原则的框架下，一种语言文化可能强调这一准则而忽视那一准则，而另一种语言文化则可能强调那一准则而忽视这一准则。比如，当在学业、事业等方面受到赞美时，美国人可能会说"Thanks"，这是强调"一致准则"，忽视"谦虚准则"的结果，而中国人更可能会说"哪里哪里，过奖了"，这是强调"谦虚准则"，忽视"一致准则"的结果。从这个意义上说，人要学会一种外语，就必须摆脱母语藩篱的约束，跨过目的语的藩篱进入其内，在一定程度上接受目的语的思想、文化和世界观。

我们在语用能力测试中发现，在认识新朋友的时候，日本人总是说"初次见面，……"而欧美人会说"很高兴认识你！"（Nice to meet you！）这些都不是中国人惯用的表达方式。在表达负面评价时，欧洲人常常表现得比较直接，会说"我觉得不好看，这不是我的风格"，"这件衣服（你）穿不好看"，亚洲人则比较委婉。由此可见，汉语学习者来自不同的国家，有不同的母语文化背景，他们有着和中国人不尽相同的社会心理表征，这些不同的表征必然会迁移到他们使用汉语的过程中，使话语的形式、内容、方向和目标不符合中国人的语言文化习惯，造成语用方面的失误。也就是说，汉语学习者与中国人不同的认知，导致他们即使学会了汉语的语音、词汇和语法，也难以说出地道的汉语，乃至常常出现语用失误使交际无法顺利进行。因此，要想学好汉语、说好汉语，就必须摆脱母语的束缚，跨过汉语的藩篱，接受或至少了解和理解汉语所承载的思想、文化和世界观，接受汉语的文化习惯，掌握和遵守汉语的语用规则。

总的来说，在缺少语用习得的情况下，汉语学习者知识结构中对于汉语语用功能表达形式的匮乏或缺失，致使他们难以充分准确地表达交际信息；汉语学习者母语社会心理表征的迁移，致使他们生成的话语在语用原则的权衡上不符合汉语本族语者的习惯。作为用汉语交际的语言主体，他们在话语生成方面具有很大的局限性。

（二）语言主体对话语理解的制约

言语交际是一个说话双方发挥能动性努力让对方明白自己的交际意图并努力理解对方交际意图的认知过程。交际双方能够配合默契、互相明白对方的话语含意，主要是由于认知的关联性。人类的交际过程可以说是一个寻找关联的过程，在这个过程中，说话人和听话人都是语言主体，他们总是倾向于用最小的投入来获得最大的认知效果。因此，说话人的话语或行为总是"明示"的，提供最关联的信息，使其产生充分的语境效果，而听话人则希望理解话语时付出最小的代价或努力，他根据说话人所提供的信息，从自己的认知语境中选择最佳关联，建立话语与自己的认知语境之间的关联，从而推导出说话人的交际意图。换句话说，听话人识别和理解说话人的交际目的和意图的过程就是一个根据提供的信息寻求关联—推导意图—完成交际的心理认知过程。从这个意义上来说，成功的交际就是通过认知语境和话语之间的互动，建立最佳关联，作出合理的推理。可见，正确理解话语含意需要两个方面的条件：一是推理能力，二是认知语境。

  根据语用能力测试中对语用理解的考察结果证明，汉语学习者作为有一定认知能力的人，都有一定的推理能力，能够根据题目所描述的情境对话语的含意进行推导。例如在情境"教室里的窗户开着，天气很冷，风很大"中，对于"老师说的'真冷啊！'"，绝大部分学习者都正确地将其理解为"请把窗户关上"的意思（见附录二），而并没有从字面意思直接理解，这说明他们在理解的过程中经历了意义推导的过程，具有语用推理的能力，具备理解话语含意的一个条件。

  正确理解话语含意的另一个条件是认知语境，即语言使用者结构化、系统化了的语用知识。因为交际中的话语不但承载着句法语义信息，更重要的是还携带着语用信息，理解句法语义信息靠词汇、语法知识即可达到，理解语用信息则需要认知语境参与的语用推理。然而，在测试中我们发现，很多学习者在理解汉语的话语含意时又往往倾向于直接依靠词汇、语法知识解码的规约意义。一个非常典型的例子，就是当"在学校门口碰到中国朋友"时，对于"中国朋友"所说的"去哪儿啊？"几乎所有学习者都给予了具体而详细的回答（见表3－10），这说明他们完全是根据词汇、语法知识对"去哪儿啊？"进行解码的。而汉语本族语者在面对相同情况时，所采用的则都是"出去一下儿"这样意义非常模糊的回答方式，这说明他们并不是按照字面意思理解"去哪儿啊？"的。在"被朋友的母亲询问自己父母的年纪"时，在理解某些话语标记语时，汉语学习者和汉语本族语者也表现出类似的理解差异，即汉语学习者更倾向于语言形式直接解码的规约意义,并没有意识到话语所携带的语用信息,产生了语用理解上的失误,而汉语本族语者则不然。之所以出现这种情况,究其原因,是汉语学习者和汉语本族语者认知语境的差异造成的。

对于汉语本族语者来说,当"在学校门口碰到朋友"时,朋友所说的"去哪儿啊?"激活了其头脑中"熟人之间常常用询问的方式打招呼"的知识,形成的语境效果是"熟人偶遇时总会用'去哪儿''出去啊?'等询问的方式打招呼,大部分时候都不是真的想要了解我的出行细节,这么打招呼是出于表示对自己的关心的习惯","朋友问我'去哪儿啊?',是对我表达关心、维系双方感情的方式,并不是要打探我的行踪",因此"我不必将自己出行的目的地等信息告诉他,以模糊的方式回应就可以达到维系双方感情的目的"。这一系列的推导,保证了汉语本族语者对朋友话语用意的正确理解,此时,朋友的话激活了本族语者认知语境中有关中国人的礼貌原则的知识单元,该单元通过上述推导将朋友的话语和热情准则关联起来,从而获得了话语的含意。

汉语学习者具备语用推理能力,但对上述情境中的"去哪儿啊?"进行解读时却没有进行相关的推导,是因为,在他们的认知语境中,没有"熟人之间常常用询问的方式打招呼"的知识,也就无法产生后面一系列的推理,对于朋友的话语难以找到正确的关联,导致最终不能正确理解话语含意。

通过以上分析我们看到,对语用信息的理解实际上就是听话人对其认知语境的选择和利用的结果。正常情况下,只要是合作的交际者,其话语的关联性必然存在,但由于听话人认知语境的差异、对认知语境选择和利用能力的差异,相同的话语对于不同的听话人,关联的语境效果或语用效度会不同,听话人的理解不是总能完全准确,也就是说,主体的语用能力会制约话语理解的准确程度。汉语学习者语用能力和汉语本族语者之间的巨大差距主要是由二者的认知语境的差异造成的。现实生活中,中国人在给予对方好处的时候总是"过分热情",甚至"蛮不讲理",在接受别人好处的时候总要客气地推辞一下,常常令汉语学习者感到困惑,也是因为他们缺乏对中国人应酬、礼貌方式的了解,不能寻找到正确的关联造成的。汉语学习者认知语境的局限性制约了其话语理解的准确性。

汉语和英语等其他语言在话语结构框架、焦点表现手段、信息结构安排、口气表达方式、话语标记语、指示语、礼貌原则、言语行为、会话结构模式等方面都存在差异[①]，相应地汉语学习者和汉语本族语者的认知语境也存在这些方面的差异，这些差异导致汉语学习者作为言语交际主体的局限性，使他们在汉语话语生成和理解上受到极大的制约。而当我们把这些语用知识教给学习者并被他们吸收之后，他们的语用能力就有了明显的提高。

三　汉语学习者语用习得过程探析

认知主义学习理论认为，学习就是学习主体面对当前的问题情境，在内心经过积极组织从而形成和发展认知结构的过程，该理论强调刺激反应之间的联系是以意识为中介的，强调认知过程的重要性。[②]学习的过程分为外显行为和内部运作两个部分。学习的外显行为包括学习的内容和学习的效果，是看得见、听得到、可以被感知的学习活动。对于汉语学习来说，学习内容就是输入的语言知识，学习效果就是学习者输出的语言行为。学习的内部运作指的是学习者对学习内容的认知过程，包括感知、领悟、记忆等具体过程，这些过程是操控和影响学习的可变因素。对于汉语学习来说，内部运作就是学习者在汉语语言信息输入和言语输出之间的所经历的中介过程，也可以说是语言知识转化为语言能力的认知过程。我们希望帮助汉语学习者提高语用能力，就需要了解语用信息和语用知识转化为汉语学习者语用能力的认知过程。

语用学习可以分为发现式学习和接受式学习，在本研究所实施的语用教学实验中，控制组的汉语学习者采用的是发现式学习，实验组采用的是接受式学习，结果证明两种方式产生了不同的学习效果。

发现式学习指的是具体情境（在教材中或现实生活中）以及其中经常用到或者出现的目的语语言使用特征，经过长期的积累，在学习者的大脑中结构化。如此一来，曾经的具体语境因素就变成了学习者头脑中的认知结构单位和关系。此后，一方面，一旦遇到类似的场景或提到有关的具体情境，学习者便能够自然想到在该情境下可能使用的目的语语言表达形式；另一方面，当一提到某种语言表达形式，也会容易联想到与这种语言表达形式有关的具体情境。语用信息在学习者头脑中结构化的结果就是产

---

① 参见本书第二章第一节。
② 梁宁建：《应用认知心理学》，上海教育出版社 2009 年版，第 32 页。

生与目的语使用有关的、图示化或者概念化了的知识结构,是学习者对目的语使用的有关知识,也就是认知语境。学习者在使用目的语进行交际的时候,就可以根据交际情境的需要,自觉或不自觉地激活相关的认知语境,使之投入使用,生成或理解话语。发现式学习要求学习者尽可能地使自己成为知识的发现者,重视学习者自身的领悟能力、理解能力和推理能力在语言学习中的重要性,强调学习者在学习中的主体地位,在一定程度上有助于学习者独立地在现实交际中的长期学习和发展。但是发现式的语用学习有其明显的局限性和缺陷。

首先,发现式学习受学习者注意选择性的制约。学习者在学习过程中会受到大量作用于感官的刺激,但是由于认知资源的有限性,这些刺激无法被全部接收,学习者只能对有限的信息作出选择性的注意,把其他信息排除在外。人只能对注意选择了的信息进行传送和进一步加工,没有被选择的信息不能被加工处理。汉语学习者在面对情境中的语言材料的时候有可能感受到的刺激有语音的、词汇的、语法的、汉字的、语义的、语用的,等等,理论上说,任何一种刺激都有可能被注意选择,也有可能不被选择。现实中,在缺乏明确指导的情况下,大部分汉语学习者都倾向于把注意指向汉字(包括字形、字音、字义)、词汇的形式和意义,或者语法结构,而语用信息由于其显性程度较低,则不太容易被注意选择,从而难以在学习者头脑中积累和结构化。其次,发现式学习受学习者认知能力制约,效率比较低。在发现式学习中,语用知识不直接向学习者提供,而是要学习者自行发现,而自行发现、总结出规律,往往需要较长的时间。也就是说,即使学习者注意到了语言材料中的语用信息,想要从中发现特征、找到规律,形成自己的语用知识结构,也需要一个长期的过程,并且认知能力不同的学习者其学习效率也会有很大差别。

接受式学习指的是在呈现语言材料的基础上,把现成的、已经经过概括的、或多或少已经定论的语用知识提供给学习者,不依靠学习者的自主发现,学习者只需要将语用知识内化,将其纳入自己的知识结构之中,形成认知语境,以便在交际中激活和利用。这里的接受式学习不是机械性的,而是有意义的接受式学习。

从语用教学实验的结果来看,控制组学习者的语用能力虽然有所提高,但是实验组学习者语用能力提高的速度和程度远远高于控制组。这说明对于语言课堂教学来说,接受式的语用学习比发现式学习更为经济和重要，能达到短期速成的效果。下面我们就根据语用教学实验中的发现来具体探讨接受式语用学习中汉语学习者的认知过程。

（一）语用知识的认知层级

语用习得的认知具有不同的水平和不同的层次。学习者的语用认知可以分为三个层级：语用知识层级，即通过简单的认知，掌握语用知识；语用能力层级，即通过较为复杂的认知，获得语用能力；语用元认知策略层级，即通过更为复杂的认知，获得语用学习策略能力。这三个层级不是相互割裂的，而是整体连续的认知活动和过程。

1. 语用知识层级

汉语学习者在教师的指导下，通过识记、保持、回忆等认知过程，获得汉语使用的规则、规律、习惯等语用知识，即达到了语用知识层级。例如打招呼，汉语打招呼的方式有很多种，有表示问候的，如"你好""吃了吗？"；有针对当前活动的，如"去哪啊？""看书呢？""这么早就来啦？"；有谈天气的，如"好冷啊！""今天天气不错"等。人们在打招呼的时候用得最多的是疑问句，而且常常明知故问，看见别人干什么就问什么，问题的内容是开放性的，问话人对听话人的回答并不在乎，也不期待具体的答案，只是通过这样的招呼表示对听话人的关注和友好。另外，交际双方对相互的关系越认可，招呼的热情程度越高；交际双方的关系越亲密，招呼所涉及的话题越多，越涉及对象的私人空间；交际双方中年龄较小、辈分较低或社会地位较低的一方通常先招呼。[1] 这种对汉语某种语用特征的概括，就是语用知识。在这一层级，汉语学习者通过简单的认知学习获得语用知识，以命题表征的形式将其存储在自己的头脑里面。

2. 语用能力层级

汉语学习者在掌握了汉语语用知识的基础上，通过比较复杂的认知学习能够在使用汉语的过程中提取和利用头脑中相关的语用知识，即达到了语用能力层级。也就是说，在这个层级上，汉语学习者头脑中的语用知识进一步转化为了他们的语用能力。以汉语拒绝言语行为为例，在语用教学实验中，我们发现，采用接受式学习的实验组学习者通过简单的认知学习获得了关于汉语"拒绝"的语用知识，即中国人在表示拒绝时，偏向于

---

[1] 曲卫国、陈流芳：《汉语招呼分析》，《华东师范大学学报》（哲学社会科学版）2001年第3期，第116—124页。

使用间接的拒绝策略，并常常采用各种补救措施之后，还难以立即将其运用到言语交际中，必须把相关的知识作为言语交际的向导，经过反复练习和实践，学习者才能够正确理解中国人的"拒绝"并比较得体地用汉语拒绝对方的邀请、提供和请求等。此时，就完成了从语用知识到语用能力的转化。语用能力是以"产生式"表征的，也就是如果出现某种特定的情境，学习者就会激活相关的认知语境的语用知识单元，理解或生成相应的话语。

3. 语用元认知策略层级

元认知策略是学习者对自己的认知过程进行反思和改进的深层次的认知活动。对汉语语用学习来说，学习者（尤其是认知能力较强、学习自觉性较高的学习者）在教师的提示和指导下，在通过简单的认知学习和复杂的认知学习获得语用知识和语用能力的过程中，发现了语用信息在交际中的重要性，逐渐开始自觉地、有意识地关注言语材料中的语用信息，主动寻找和发现汉语语用特征，总结规律，并将其纳入自己的知识结构。语用元认知策略就是学习者对语用认知任务的再认知，并通过语用认知活动中的体验，对语用认知过程和策略进行自我监控和自我调节，目的是使学习活动更加成功，体现了学习者的自我控制能力和学习的主动性。

（二）语用习得的信息处理过程

在第二语言教学活动中，学习者需要经历一系列的信息处理过程才能完成语用习得。这一信息处理过程可以分为三个阶段：语用信息的感知、语用知识的记忆、语用能力的获得。这三个阶段在现实的语用习得过程中前后相继、环环相扣，是连续性的，在某些部分还有所重叠。

1. 语用信息的感知

人脑对任何信息的加工处理必然有一个认知上的起点，即对相关信息的感知。在汉语课堂上，随时都有大量的刺激信息作用于学习者，包括教材中的字词、课文、教师的形象、动作、话语、同学的窃窃私语、翻书的声音，等等，这其中的大部分都不会进入学习者的意识，只有那些有价值的、有用的信息会被注意选择进行进一步加工。在课堂语用教学过程中，首先被学习者的注意所选择的信息是由词语和句子体现的课文内容，这些信息可以通过视觉（纸质教材）、听觉（教师朗读或录音）或视听结合（边看边听或视频）的方式被学习者感觉到，是情节性的信息。语用信息隐含在这些情节性信息之中，很难被直接感知，此时就需要教师将语用信息归纳和提炼为有组织性和整体性的语用知识，将其以语义性的信息形式传达给学习者，学习者才能真正明确地感知到语用信息。

从认知的角度来说，由于语用信息的隐含性，提供语义性的语用信息比提供情节性的信息对学习更重要。在进行语用教学实验的过程中，我们发现，情节性信息无论以何种方式展示给学习者，最容易被他们感知的都是字、词、句、语音等显性的信息，语用信息作为一种隐性的信息则在绝大部分情况下都会被忽略。例如一段关于道歉的对话，学习者可以感知交际双方"说了什么""怎么说的"，但是对道歉的策略以及交际双方的关系、错误的严重程度对道歉方式和策略的影响却难以感知，如果教师没有将这些信息提炼为语义性的信息讲授给学习者，它们就很容易被学习者忽略。从记忆提取的角度来说，学习者对情节性信息的记忆是一种场景的存储，容易受到时空的限制和各种因素的干扰，提取比较缓慢；而语义性的记忆是一种概念的存储，由于不依赖于特定的时间或地点，因而比较稳定，不易受到各种因素的干扰，提取也比较迅速。当然，情节性的信息在教学中也是必不可少的，情节性的信息是为语义性的信息服务的，提供语言使用的情节可以帮助学习者更快、更好地认识和理解语用信息。语用信息的感知为语用知识在学习者头脑中的进一步加工提供了条件。

2. 语用知识的记忆

语义性的语用信息——语用知识被学习者感知之后，需要进行进一步的加工才能进入学习者的长时记忆仓库以备提取，学习者也才能算是获得了语用知识。人类获得知识的过程，是一个知识结构的重构过程，也就是说，当一个人所获得的知识越来越多，不仅代表着他的知识数量的增加，而且意味着储存在其长时性记忆中的知识体系也被重新建构了。反过来说，新的知识只有被重新建构之后，也就是得到理解和解释，与学习者头脑中已经存在的知识联系起来之后，才能被学习者掌握和运用，也才能算是知识的获得。因此，新知识的获得要受到学习者原先知识结构的限制。汉语学习者在学习汉语语用知识的时候，头脑中已经有了第一语言的语用知识和一部分汉语知识，新的汉语语用知识就是在此基础上建构起来的。所以，一方面汉语学习者要激活头脑中已有的相关知识信息，以便知识网络的重新组织，例如汉语的礼貌原则作为新知识对学习者产生刺激之后，学习者需要激活其头脑中第一语言的礼貌原则，在礼貌原则这一知识节点下增加新的图式和联系，组成新的知识网络。在教学活动中我们发现，只有少数学习者能够主动激活头脑中的既有知识，而绝大部分学习者都需要教师提示或指导。另一方面，由于汉语学习者汉语水平的有限性，输入的新知识必须是其可以理解的信息，超越其理解能力的知识对学习者来说是无效的，无法被建构，因此，即使是抽象概括的语用知识，也要以简单通俗的形式表现，不能使用专业术语。另外一个使知识进入长时性记忆的必要手段是反复的练习。就语用知识的习得来说，学习者学习的目的是在交际中运用相关知识，而只有通过参与了相关的交际活动过程，才能把新的语用知识整合到自己的知识结构中，成为交际中可以被激活和利用的认知语境。与此同时，语用知识也逐步地转化为语用能力。

3. 语用能力的获得

语用知识的记忆虽然在认知的程序上先于语用能力的获得，但是两者在现实的语用习得过程中很难截然分开，而且存在着互动的关系。如前所述，语用知识进入长时记忆的必要手段是学习者参与大量的相关交际练习活动，此过程也是学习者获得语用能力的过程。从另一个方面看，语用知识和经验储存在学习者头脑的长时记忆仓库中，是为了适时的应用，应用的前提是有效的提取。这样，语用能力获得问题就成了如何增加学习者在面临现实交际问题时提取在课堂中习得的语用知识的可能性问题。在教学过程中我们看到，参与交际活动越多的学习者，其对头脑中的语用知识提取的可能性就越大，提取的速度也越快，从而语用能力越强。此外，知识提取的可能性与知识结构内各单元之间交互联结的数量有关系，也就是语用知识结构越丰富，有效提取的可能性就越大，相应的语用能力也就越强。因此，在教授语用知识，帮助学习者建立抽象的认知图示和扩展知识结构的同时，还应该给学习者呈现一定数量的真实交际的实例或者相关知识应用的情境，以使汉语学习者了解课堂中习得的语用知识在交际中是如何运用的。

总而言之，由于接受式学习比发现式学习更为经济和有效，因此，比起让学习者自行发现汉语使用规则，汉语课堂上教师有意识地教授语用知识更能有效帮助学习者掌握语用知识、提高语用能力。同时，学习者对于语用知识的认知和语用能力的获得需要经历一定的过程，语用教学要根据学习者的认知过程和习得特点科学地开展。

第二节　语用教学模式

教学模式是以一定的理论为指导，以一定的教学实践为基础而形成的比较稳定的具有典型意义的教学程序、方法与策略体系。它能够将相关理论和具体的教学方法、教学内容、教学组织形式等联结在一起，把抽象的理论化为具体的操作性范式，是理论和实践的中间环节。教学模式作为一个完整的教学框架，体现了教学实施的程序和所遵循的原则，可以帮助教师明确教学目标，使教师能站在较高的层次"自上而下"地开展教学实践。一个完整的教学模式一般包括理论基础、教学目标、操作程序、教学策略、评价等五个要素。

任何教学都很难说有一种完全相同、整齐划一的模式，语用教学也不例外。因为一个语用教学模式是受多方面因素影响的，比如学习者的认知水平、语言水平、母语背景，语用项目的类型、难易程度和复杂性，各种教学条件（如教学设备、教学资源、教师）的制约，等等，因此，严格地说，语用教学模式是无法完全固定的。但是，从另一个角度来说，不尽相同的语用教学方法中，总是存在着某些体现语用教学规律的共同的东西，如基本的语用知识项目、教学程序、教学手段等。本书在此希望能够根据语用知识的特性和学习者的语用认知特点提出一种能反映语用教学共同规律的模式。

一　语用教学模式的理论基础

教学模式的理论基础是教学模式赖以形成的根本，为教学模式提供理论渊源，是教学模式内在特征的反映。"教什么——如何学——怎样教"三个方面构成了对外汉语教学研究的整体框架，汉语作为第二语言教学的理论研究都要围绕这三个方面展开。对外汉语语用教学也应该从语用教学"教什么——如何学——怎样教"三个方面开展理论基础的研究。

首先，对外汉语语用教学"教什么"，其理论基础是语用学。尤其是汉语语用学的本体研究，包括结构语用学和交际语用学。在此基础上，通过汉语和学习者母语的语用对比分析、学习者的语用失误分析[①]，以及汉

[①] 参见本书第二章。

语学习者和汉语本族语者的语用差异①，确定汉语的语用特点和语用教学的重点和难点。

其次，对外汉语语用"如何学"，其理论基础是汉语作为第二语言的语用习得理论。通过对汉语学习者语用习得过程的观察和分析，并结合认知心理学的基本原理，本研究明确了语用习得在第二语言习得中的核心地位，指出汉语学习者语用认知的局限性，归纳出了语用习得的认知层级和语用习得的认知处理过程。这些研究结果都是语用教学模式建构的重要依据。

最后，对外汉语语用教学"怎么教"，其理论基础是汉语作为第二语言的语用教学理论。语用教学是以动态的功能性视角看待语言，把使用中的活的语言教给学习者的过程。语用教学注重语言形式以及语言形式的变化，更注重语言形式及其变化在使用过程中的意义和功能，主张语言形式和功能不可分，应和真实的语言运用相结合，在教学活动中培养学习者的语用能力，进而提高学习者的汉语交际能力。

总之，对外汉语语用教学模式的设计和实施是在语用学理论、语用习得理论和语用教学理论的基础上，根据语用教学的实践经验，结合汉语语用特点以及学习者的实际情况，形成理论构想和框架模式。

二 语用教学模式的教学目标

教学模式的教学目标指的是教学模式所能达到的教学结果，是教学工作者对教学活动在学习者身上所产生作用的一种设定和预期。无论何种教学模式，都是为了达到一定的教学目标而创设的，因而，教学目标是教学模式中的核心因素。对外汉语教学的总体目标是培养学习者的汉语交际能力，交际能力的核心是语用能力。语用教学是为实现培养交际能力这一总体目标服务的。

在此前提下，语用教学模式的基本目标是使学习者通过接受语用教学掌握语用知识、发展语用能力。汉语语用知识是汉语语用习惯、语用规则和语用特点的总和，是客观存在的，不会因某个人是否掌握而受到影响；而语用能力作为交际能力的核心部分，总是跟具体的人联系在一起的，是

---

① 参见本书第三章第二节。

具体的人的语言使用能力。人的语用能力必须以客观存在的语用知识为基础，但是语用知识必须经过转化才能成为学习者的语用能力。我们进行语用教学，实际上就是通过适当的方法和途径，把客观存在的语用知识和相关文化背景知识转化为学习者的语用能力，进而提高其交际能力。语用教学的任务，就是通过知识的传授和相关的训练，帮助学习者将语用知识转化为语用能力。语用教学模式就是促使学习者完成这种转化、适合语用知识传授和相关能力训练的有效方式和途径。

汉语作为第二语言的学习是一个长期的过程。有教师指导的课堂学习总是有限的，教师也不可能把汉语所有的语用知识都传授给学习者。让学习者学会独立学习，掌握获取新的语用知识和语言运用能力，既有利于课堂教学取得更好的效果，更有利于保证学习者在课堂以外语用能力的可持续性。因此，培养学习者的语用元认知策略是语用教学模式更高层次的教学目标。

三 语用教学模式的操作程序

教学模式的操作程序是教学活动在时间上展开的环节步骤以及各步骤的具体操作方法。语用教学模式的操作程序简言之，就是确定在语用教学过程中师生先做什么，后做什么，以及怎么做。一个完整的语用教学模式的操作程序可以由如下几个阶段构成（如图4-2所示）：

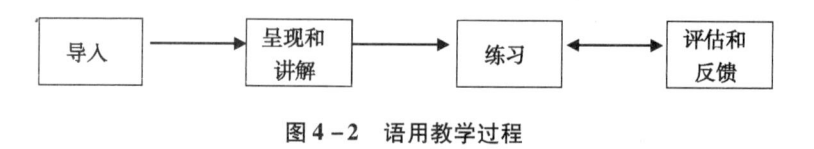

导入 → 呈现和讲解 → 练习 ↔ 评估和反馈

图4-2 语用教学过程

1. 导入阶段：引导学习者进入学习情境；

2. 语料呈现和语用知识讲解阶段：展示真实性语料、讲解语用知识，使学习者获得陈述性的语用知识；

3. 练习阶段：通过各种练习促进学习者对新语用知识的建构，使学习者获得程序性的语用知识；

4. 评估和反馈阶段：对学习者使用语言的情况进行评估和反馈，及时纠正语用失误，在每一次练习后都要及时反馈。

（一）导入阶段

导入是教师在开始新的教学内容或教学活动时，通过某种方式引导学习者进入学习状态的行为方式。导入得法可以引起学习者对学习内容的注意，帮助学习者唤起原有的相关知识和经验，为建构新的知识做准备。语用教学的导入可以使用以下几种方式。

1. 问题导入法

问题导入法是通过提出一些贴近学习者现实生活的问题，引导学习者思考将要学习的新知识的方式。比如在讲授请求言语行为时，可以问"在你们的国家，如果一个人想请他的朋友帮忙，他会怎么说呢？你们知道中国人会怎么说吗？"也可以问得更具体一些，如"XX（班里某个学生的名字）想借老师的一本书，你怎么对老师说？"又如在讲授"被字句"的语用功能时，可以问"'爸爸打了小明'和'小明被爸爸打了'的意思有什么不一样吗？"，等等。提出的问题要注意符合学习者的认知水平和语言水平，不能太难，尽量让每个学习者都有话可说。问题导入法操作起来简单方便，不需要借助其他教学设备，是一种行之有效的导入方法。

2. 图片导入法

图片导入法是利用照片、漫画、简笔画等手段吸引学习者的注意力，并围绕图片的内容提出一系列问题，引导学习者思考的方式。比如在讲授如何表达祝愿的时候，可以使用过生日的图片、结婚的图片，提出的问题可以是"你去参加朋友的生日聚会（婚礼），你会对他说什么？"，等等。图片具有直观性的特点，对于用言语描述起来比较烦琐，或者较难用言语描述清楚的情境，图片可以起到较好的展示作用。

3. 音像材料导入法

音像材料导入法是教师选择跟新语用知识相关的音像材料播放给学习者，引起学习者的关注和兴趣，然后围绕播放的内容提出一系列问题的方式。使用的音像材料可以是反映现代中国人家庭生活和社会生活的动画、电视剧、电影、小品等。导入阶段使用的音像材料可以是在讲解阶段具体分析的，同样的材料在不同的阶段使用，对学习者理解程度的要求有所不同。利用音像材料是最能够具体、直观、生动地展示交际情境（如时间、地点、人物关系等）的方式，也更能吸引学习者的注意力并激发他们的学习兴趣。但是获得恰好适合用于教学的音像材料并不容易，因为教师在选择时既要考虑材料与所讲知识的相关性，又要照顾到学习者的语言水平和接受能力。另外，使用音像材料还要受到教学设备的制约。

(二) 呈现和讲解阶段

呈现和讲解是教师利用言语材料深入浅出地把语用知识通俗易懂地传递给学习者，使学习者领会和掌握。这里的呈现是言语材料的呈现，讲解是语用知识的讲解。因此这个阶段又可以分为两个步骤：呈现言语材料和讲解语用知识。这两个步骤没有一定的先后顺序。先呈现言语材料，在言语材料的基础上讲解语用知识，是一种类似归纳的方法；先讲解语用知识，然后呈现言语材料印证语用知识，是一种类似演绎的方法。两种方法都能够帮助学习者获得陈述性的语用知识。我们在这里更提倡使用先呈现言语材料再讲解语用知识的方法，因为这种方法更有利于培养学习者自主学习的能力。

1. 言语材料的呈现

言语材料可以通过很多形式呈现给学习者，可以是文本的形式、录音的形式或者视频的形式。无论使用哪一种形式，教师所提供的言语材料都必须是真实性的，能够体现汉语使用的特点和规律。对于言语材料的呈现，视频材料具有较为明显的优越性，因为交际是由交际场合和话语共同构成的，不同的场合往往使用不同的话语形式，也会产生不同的话语含意，视频材料可以把交际场合的具体情况和话语的语音、语调、语速较为完整和直观地呈现出来，能使学习者在交际的整体感知中接受完整的言语刺激，从而增强对言语材料的兴趣并有助于加深其理解。文本和录音在呈现言语材料的直观性上稍显逊色，但只要呈现言语材料之前清楚地交代出交际发生的时间、地点、交际双方的关系等情境信息，这两种形式依然是语用教学中呈现言语材料的有效手段。另外，在大部分情况下，就某一项语用知识而言，学习者不可能在课堂中获得相关的全部语用知识，因此教师在选择言语材料的时候要注意材料的典型性和代表性。

2. 语用知识的讲解

把言语材料呈现给学习者之后，教师要提供必要的相关语用知识的讲解，使汉语的语用特征更加显著地呈现在学习者面前，从而引导学习者对这些语用特征的注意，帮助学习者进一步认识和理解汉语语用知识，并提高学习者的语用意识。语用知识的讲解可以围绕以下几个方面展开。

首先，交际情境的识别。学习者对言语材料熟悉了之后，教师可以采取提问的方式或者小组讨论的形式引导学习者分析交际发生的语境、交际的内容或言语行为的类型，如交际的场合，交际双方的关系，交际双方的社会地位，交际的主题，发生了什么事情，是道歉、恭维、祝贺，还是邀请、拒绝、抱怨，等等。对交际情境的识别是语用能力的重要组成部分，因此，语用教学也应该把识别交际情境作为一个重要的部分来教。要让学习者懂得根据不同的情境选择合适的方式理解对方和表达自己的交际意图。

其次，语用策略的选择和使用。语用策略是从言语内容的角度分析出来的特定言语行为的实现方式。如汉语中对称赞的回应策略有接受策略、接受加修正策略、不接受或拒绝策略以及这些策略组合而成的复合式策略，并且，不同性别的交际者在对这些策略的选择上也存在明显差异。[①]教师在引导学习者辨明言语材料中的言语行为类型之后，就可以让学习者分析语料中交际者的言语行为是如何实现的，选择和使用了哪些语用策略，教师需要向学习者讲解影响语用策略选择的因素，如交际者的相对权势、社会距离等，必要时，还应解释选择和使用某种语用策略背后的社会文化渊源，帮助学习者理解。另外，在这个过程中，教师还可以引导学习者对比该言语行为在其母语和汉语中实现方式的异同。

最后，关注言语形式。言语形式是表达交际意图的基础，不同的言语形式可以表达相同的话语内容，但是其表达效果和话语内涵却是不同的。从交际语用的角度来说，教师应引导学习者注意实施某些言语行为的语用常用语，比如在对对方的称赞表示拒绝的时候可以说"哪里，哪里"，但不能说"你说的不对"或"不是这样的"，还需要向学习者解释汉语文化词语，比如汉语委婉语、熟语、敬语和谦称，等等。从结构语用的角度来说，教师应向学习者讲解各种语用效果和不同语言单位或语言结构之间的匹配关系，如各种话语标记语的语用功能，"把字句"的语用功能及其跟一般主动宾句的区别，等等。

另外需要注意的是，教师在讲解语用知识的时候应围绕具体的言语材料，有些语用规则如果教师只是稍微提及，而不给出具体的实例，很容易使学习者感到困惑。对于一些比较复杂的语用现象，不应该也不可能在一次语用教学中讲完，可将难点分散，各个击破，必要时还需在讲解的准确性和学习者的可理解性之间做出适度的妥协，因为语用知识的学习是一个

---

① 权立宏：《汉语中男女在称赞和称赞回应使用上的差异分析》，《现代外语》2004年第1期，第62—70页。

螺旋式、逐渐深入的过程。

(三) 练习阶段

通过前两个阶段的教学，学习者已经接受了一定的语用输入，获得了新的陈述性语用知识，如何把陈述性语用知识转化为程序性语用知识，使学习者理解和生成符合汉语使用习惯的话语是练习阶段的主要任务。练习阶段应分为两个步骤，即模仿交际和准真实交际。

1. 模仿交际练习

模仿交际练习是教师提供有限的言语形式，如词、短语等，学习者根据教师提供的线索模仿上一个阶段呈现的言语材料进行交际练习，这种练习在一定程度上也是复述练习。学习者在了解了新的语用知识之后，并不能立刻将其转化为自己的语用能力，对刚接触不久的表达某种特定交际意图的言语形式也需要进一步的记忆。模仿交际练习使学习者从言语材料的旁观者、分析者变成参与者，可以更加深入地体会交际者的态度、情感和思维方式。这种练习能够帮助学习者在理解的基础上，进一步加深对新语用知识的掌握，巩固新的言语形式，为在实际交际中的自如运用做准备。在模仿交际练习中，交际的内容是限定的，而且是学习者共知的，学习者能够清楚地意识到他们正在做的是某种形式的语言操练，而并不是在交流信息，所以这种练习活动是非真实的交际。

2. 准交际练习

模仿交际练习是非真实的交际，只能帮助学习者巩固和记忆新的语用知识，但不能将陈述性知识真正转化为程序性知识，要使学习者获得语用能力，教师需要模拟和创造日常交际生活的情境，让学习者在情境中运用所学的语用知识进行交际活动。虽然在设置的情境中进行交际活动已经非常接近真实的交际，但它毕竟是在课堂环境中、在教师的人为虚构的情境中进行的，不能算是真正真实的交际，因此我们将其称为准交际活动。要在课堂上进行接近真实的交际活动，关键在于交际双方的信息是不共知的，需要靠互动的言语交流来获得对方的信息。也就是说，准交际活动是建立在交际双方"信息差"基础之上的，在这种交际中，双方的交际目的是获取信息或交流看法，对方会说什么或如何回答是难以预知的，需要根据自己的认知语境去理解和应对。在准交际练习中，学习者可以通过对新语用知识的运用将其进一步整合、内化，使其成为自己知识结构中的一部分，并在现实交际需要的时候将其提取出来，真正将语用知识转化为语用能力。

准交际练习最常用的形式之一就是角色扮演。教师根据前两个环节所教的语用知识,设置相关的话题情境和人物关系,学习者分别扮演不同的人物角色,利用新的语用知识,通过言语、动作、表情等手段实施言语行为,进行交际活动。课堂中的角色扮演具有形象性、生动性和直观性的特点,能极大限度地调动学习者的参与积极性,有效促进学习者对语用知识的深刻体会和运用。

(四)评估和反馈阶段

对学习者语言使用情况的评估和反馈,是语言教学课堂必不可少的环节,在语言习得中具有不可忽视的作用。在这一过程中,教师要检验学习者对知识掌握的程度和正确性,并对其言语表达的质量作出一定的评价,对正确的表达加以鼓励,对语用失误进行适当的纠正,如果发现学习者某些知识的缺漏,还应予以及时的补充。教师的反馈可以以不同的方式提供给学习者,如微笑、皱眉、点头、摇头等表情动作,或者要求澄清、要求确认、语言提示、纠正错误等言语形式。教师的反馈必须充分照顾到学习者的水平,和学习内容紧密相关,如果是言语说明式的反馈,应该清晰,明确,有一定的知识性,并且根据需要有选择、有侧重地进行。学习者可以根据教师的反馈,调整自己的行为,不断改进和完善自己的知识和表达。因此,教师的评估、反馈和学习者的交际练习是互动的过程。为了维护学习者参与交际练习的积极性,教师对学习者的评价应以鼓励为主,对学习者出现的语用失误要有一定的宽容度,切忌在学习者进行交际活动的过程中打断他们的对话。

四 语用教学模式的教学策略

教学模式的教学策略是在一定的教学条件下促使教学模式发挥效力、为达到教学模式的教学目标所采用的手段和谋略,它体现在具体的教学活动中。是教学活动有效开展的指导思想、方法和应当遵循的基本要求,具有指向性和调控性的作用。

语用教学是汉语作为第二语言教学的一部分,要遵循汉语教学的共同规律,如教师主导,以学生为中心的策略,精讲多练的策略,有限使用学习者母语或媒介语的策略等,同时语用和语用教学,以及学习者对语用信息的认知又有很多自身的特点和规律。因此,在进行语用教学时,一方面要遵循汉语教学的基本策略；另一方面，更要从语用习得和语用教学的实际出发，找出针对汉语语用教学本身的规律。语用教学模式的教学策略是语用学理论、语用学习和习得理论以及语用教学理论在实践中的贯彻，对语用教学过程起着指导和调节作用。

（一）应注重教学内容的真实性、准确性和与时俱进

语用知识和语音知识、语法知识、汉字知识不同，它主要是在交际过程中体现出来的，具有动态性和功能性的特点，因此输入语料的真实性是语用教学的必然要求。只有提供真实的语言材料，才能创造真实的语言情境，才更容易使学习者体会到言语形式和语用功能的密切关系，习得汉语在具体情境中的组织和运用方式。另外，现实中的语言使用是非常复杂的，几乎没有一条语用规则可以放之四海而皆准，如汉语的招呼语有"你好""王老师""吃了吗""去哪儿啊""看书呢"，等等，不同身份、不同关系的交际者在不同的场合会作出不同的选择，如果在使用时不分场合和对象，就很容易闹出笑话。简单笼统的语用知识介绍极易导致以偏概全，所以，在教学时，应该对言语形式、语用功能、交际对象、交际情境进行匹配，准确地教授给学习者，这样才有助于他们交际的得体性。再者，在世界各国语言文化频繁交流、相互影响的今天，汉语的使用也在悄悄发生着变化，一些传统观念下的语言使用规则已经不能完全适用于现实交际状况，因此，教师的教学内容就要与时俱进，反映当前汉语使用的实际情况。比如，我们在分析中国大学生语用能力测试答卷的过程中，有一个非常明显的感觉，就是现在年轻人的谦虚观念已经发生了很大的变化，当女性被赞美"漂亮"或男性被赞美"帅气"的时候，有80%以上的受试者选择或采用了以"谢谢"的方式接受赞美（见附录二）。因此，在讲到中国人如何回应他人的赞美时，不能一味地强调中国人的谦虚美德，而应当对现实的情况进行客观的描述，即一方面要介绍中国文化重谦虚的特点，因此常常否认或降低赞美的内容；另一方面也要注意到现代人的谦虚程度已经比从前减弱了，尤其是年轻人由于受西方文化影响也会采用"谢谢"的方式接受赞美。

（二）要根据不同国别背景的学习者的差异，有针对性地教学

汉字文化圈和非汉字文化圈的学习者在语用习惯上的差异，在我们所做的语用能力测试中有很明显的表现，即汉字文化圈的学习者在语用策略的选择上更接近中国人。这是因为不同国家的语言文化与汉语言文化的差

异也不相同,相应的不同国别背景的学习者对汉语语用规则的接受和理解程度也存在差异。欧美等非汉字文化圈国家的学习者的语言文化背景与中国差异较大,因此在语用理解和产出中出现的问题和遇到的困难也会更多一些。而汉字文化圈的学习者,如日本、韩国和越南等国家的学习者,由于他们的母语文化自古受到中国的影响很大,他们在价值观念、风俗习惯等方面和中国人有很多相似之处,因此他们对汉语的语用规则,尤其是交际语用方面的特点,更能够理解、认同和接受。因此,在语用教学中应该根据不同国家学习者的特点,有针对性地选择教学内容和侧重点,不能一概而论。

(三) 要充分考虑学习者的认知发展水平和语言水平

随着世界各地学习汉语的人数越来越多,汉语学习者的年龄分布也越来越广。我们所做的两次教学实验中的教学对象处在不同的年龄层次,实验一的对象都是 20 岁以上的成年人,实验二的对象都是 10—14 岁的中小学生,两次实验采用了相同的语用教学方法,两组实验组的语用能力都有较大提高,而实验一的进步幅度明显大于实验二。[1]造成这种情况的主要原因是不同年龄层次的学习者在认知水平、经验积累和人生经历方面有很大的差别,这些差别必然导致他们对语用知识的接受能力不同,因此对不同年龄层次的学习者在教学内容和教学方法上应有所区别。对于年纪比较小的汉语学习者来说,他们的认知水平有限,抽象思维能力不强,对世界的了解也不够多,难以理解比较抽象和复杂的知识或道理,教学内容应该选择和他们的日常生活密切相关的、比较具体和直观的教学材料。对于成年的汉语学习者来说,他们的认知水平已经基本成熟,有一定的抽象思维能力,也积累了较为丰富的世界知识,语用教学内容的深度和广度就可以扩大到一些概括的、复杂的、需要逻辑思维和抽象思维参与的领域。

如前所述,学习者新知识的获得是以其原有知识为基础建构的。对于大部分汉语学习者来说,他们虽然已经有了母语知识和关于世界的知识,但是他们的汉语知识还不完整,汉语水平还不高,对汉语的理解能力十分有限,因此,教师在教授语用知识时,应该尽量减少学习者在理解新知识

---

[1] 参见本书第三章第四节表 3-14、3-16、3-30、3-22 以及第三章第五节的相关分析。

过程中的困难和障碍，想办法用最简单易懂的言语或其他方式将语用知识表达出来，以使学习者更易于理解。另外，汉语教学中语用教学的目的是通过讲授语用知识培养学习者的汉语使用能力，而不是让学习者了解语用学理论，在教语用时使用专业术语、大谈语用学理论或者把语用学著作中的语用规则以及对那些规则的解释原封不动地照搬到课堂上的做法，不光没有必要，还可能使学习者更加迷惑，造成适得其反的后果。

（四）应将教师说教式的知识传授和学习者的体验结合起来

说教式的方法是在课堂上通过讲解的方式进行知识传授的方法。这种方法有利于学习者对新知识的认识和理解，能够帮助学习者学习和掌握语用知识，分析和理解汉语和自己母语的语用差异，在此基础上将学习者的语用知识转化为语用能力。从逻辑的角度来说，这是一种演绎的方法，在课堂教学中具有经济性的特点。但是，我们在教学中也发现，当教师讲授的语用知识在课文内容中没有体现、教师因时间有限也没有给出具体的例子时，学习者对此语用知识即使能够理解也很难真正掌握。可见，仅靠说教式的知识传授不足以使学习者将新的语用知识完全内化，将语用知识转化为语用能力，还需要学习者对具体交际活动的亲身体验，才能把相关的语用知识整合到自己的认知结构中。因此，在语用教学中还需要学习者的亲身体验。这里的体验包含两个层次的内容：一是学习者体验教师或教材所给的交际性语言材料，感受其中的语用信息，以便理解教师讲授的语用知识；二是教师在课堂上模拟真实的交际情境，让学习者参与交际，体验交际过程，在情感、行为和认知的各个层面都接受刺激，以使教师所讲的语用知识转化为学习者能够在交际中提取的语用知识，从而形成语用能力。

（五）注意培养学习者对语用信息的敏感性，发展其自主学习的能力

对语用信息的敏感性指的是学习者在面对具体的交际内容时发现其中所蕴含的语用信息的能力，它是语用元认知策略的一种表现。我们在实验组发现，实施语用教学一段时间后，那些学习比较主动并且认知能力较强的学习者，已经逐步开始有意识地寻找课文对话中的语用信息，而这些学习者最终的语用后测成绩也明显好于其他学习者。汉语的语用知识包括结构语用知识和交际语用知识，在信息爆炸、知识不断更新的今天，这些知识本身是非常复杂、难以穷尽的，相应地，以此为基础的汉语教学中的语用教学的目标和内容也就非常广泛，如果将这些目标和内容作为分门别类

的知识范畴——进行教学，在学习者有限的学习生涯内很显然是无法实现的。此外，由于语用教学的加入，汉语教学的教学内容和教学目标相对于传统教学而言有较大的扩大和增加，但是课堂教学的时间却不太可能因此而加长，课堂上语用知识的教学量受到时间限制不可能面面俱到，因此很多汉语的语用规则和语用特点，学习者都无法在课堂上接触或学习到。鉴于此，教师在语用教学中应该注意培养学习者对交际中语用信息的敏感性，启发学习者自主的发现式学习。当然，课堂上语用知识的传授和语用规则的讲解仍然必不可少，而同时也要注意对学习者自主学习能力的发掘。教师在教学过程中要有意识地引导学习者对言语材料中的语用信息进行分析和解释，对语用规律进行归纳和总结，鼓励他们在简单的认知学习和复杂的认知学习基础上进行更高级的认知学习，这样才能确保教学目标最终得以真正地实现。

（六）要注重教学过程的互动性

学习者获得知识的过程，并不是一个被动接受的过程，而是一个在教师的引导下主动建构的过程。汉语教学强调以教师为主导，以学习者为主体，在教师与学习者以及学习者之间的互动中开展教学。语用教学对互动性的要求尤为突出。如前所述，语用教学要注重学习者的体验，而"如果学生在活动中发展了一种内在的愿望去做事情，那么他将更容易去进行积极的体验并从中获得收益"。[1] 从语用教学过程和最后的语言能力测试结果来看，课堂互动充分的语用项目（如请求言语行为）学习者掌握的效果更好（多项选择话语填充中相关题目选择的正确率达到了100%）；在课堂活动中参与互动较积极的学习者，在语用能力后测中的表现也相对更好。语用教学过程中的互动，既要有教师和学习者之间的互动，也要有学习者之间的互动。在师生互动中，教师通过提问和知识讲解帮助学习者唤起头脑中原有的知识（包括汉语的相关知识和学习者母语的语用知识）并输入新的语用知识，为学习者的知识建构做准备；学习者通过回答或询问向教师反馈对于新知识的理解和接受程度，以便教师控制和协调教学进程，整个教学在师生的循环互动中向前推进。学习者之间的互动有两种形式，一种是相互交流各自母语的语用文化特点，评价汉语的语用文化规

---

[1] Ryan R. M., Deci E. L., "Intrinsic and Extrinsic motivations: Classic Definitions and New Directions", *Comtemporary Educational Psychology*, 2000, 25: 54—67.

则，在此基础上进行汉语语用知识的建构；另一种是教师安排学习者进行角色扮演，在设定的情境中利用新的语用知识完成交际任务，使学习者在运用新的语用知识的过程中逐步完成知识建构，最终获得知识。另外，教师在学习者互动的过程中或过程后应对学习者的表现进行评价和反馈，以确保知识能够被正确理解和运用。

（七）应该尊重学习者的情感态度

教师在语音、词汇、语法、汉字的教学中应对学习者严格要求，因为这些语言要素是使用汉语进行交际的基础和必要条件。而汉语语用规则（尤其是交际语用方面的）的背后是中国文化的世界观、价值观和思维方式，在交际中遵循汉语的语用规则，在一定程度上就意味着不但要理解还要认同和接受中国文化的世界观、价值观和思维方式。我们在语用教学实验过程中曾经对学习者做过相关访谈，有少数人认为学汉语具备听、说、读、写能力就可以了，没有必要让自己的汉语表达完全和中国人一样，尤其是个别来自阿拉伯国家和欧洲国家的学习者，他们对中国人在交际中的某些策略（如为了维护面子而放弃真实性）不能认同，也不愿效仿，在这种情况下，教师如果一味灌输，很容易引起学习者的抵触情绪。因此，教师应该尊重学习者的文化背景、价值观念、个人体会和思想感情，不能强迫世界各国的汉语学习者都对中国文化全盘接受。有的学习者希望自己能掌握地道的汉语，和中国人一样，对于这类学习者，教师在其语用理解和语用产出方面要有比较严格的要求，尽量帮助他们接近中国人的水平和习惯；而有的学习者则不太能够接受中国文化的某些方面，或者更愿意让别人意识到自己"老外"的身份，对于这类学习者，教师可主要通过语用教学，帮助他们利用汉语语用知识理解汉语会话含意，对其语用产出是否符合中国人的习惯则不必太过追究。

五 语用教学模式的评价

教学模式的评价指的是根据教学目标的要求，运用一定的方法，对教学活动和教学效果进行科学的价值判断的过程。教学模式评价可以为学习者提供反馈信息，使学习者了解自己的学习状况和学习中存在的不足并加以改进；也可以为教师提供反馈信息，使教师发现教学中可能存在的问题以便及时调整；教学研究者还可以将其作为检验教学模式的参考依据。语用教学模式的评价应以语用教学模式的理论基础为依据，以语用教学模式的教学目标为出发点,以科学的方法展开。

(一) 传统评价与真实性评价相结合

传统评价主要是以纸笔测试的方法进行的评价。这种方法往往有规范化的标准,实施起来比较容易控制,评价结果也便于统计。目前,针对第二语言学习者语用能力的考察已经形成了几种信度和效度都比较高的测试模式,被语用教学研究者广泛运用。但是,任何测试都是人为设计的,测试中所设置的情境再接近真实,毕竟不是真正的现实交际情境,难以全面考察和评价学习者的汉语使用能力。因此,就需要真实性评价来弥补这方面的不足。真实性评价考察的是学习者在日常生活和学习中使用汉语的能力。真实性评价可以通过两种途径进行:一是对学习者的访谈。教师可以请学习者讲述自己在接受了语用教学之后,在日常生活中与汉语本族语者交际的情况,以分析学习者的实际交际能力是否有明显提高。二是观察学习者在校的语言使用表现。课堂本身也是一个交际场合,教师和学习者都是这个场合中的交际者,此外,课间学习者与教师、学习者之间的聊天都为教师观察学习者语用能力提供了机会。传统评价和真实性评价相结合能够进一步确保评价的客观性。

(二) 定量评价和定性评价相结合

定量评价是教师给学习者的练习、测试等打出具体的分数,然后将这些成绩数据用多元分析、数理统计等数学方法进行分析,从中提取出规律性结论的评价。对汉语学习者在语用能力测试中的成绩进行定量评价,能够直观地体现出学习者语用能力的进步幅度,以及学习者与本族语者语用水平的差距,直接反映出语用教学的效果。定性评价是教师用语言文字对学习者的学习情况进行描述,归纳出特点。对汉语学习者在语用教学活动中和语用能力测试中的表现进行客观的描述,能够反映出学习者语用能力的具体情况和语用教学的具体效果,以及学习者通过语用教学学到了什么,还有哪些没学到,学习者语用习得的特点和规律,等等,有助于对语用教学有更加明确的认识。因此,定量评价和定性评价相结合,有助于提高教学评价的科学性。

(三) 形成性评价和终结性评价相结合

形成性评价是一种过程评价,是教师对学习者在平时的教学活动中的表现进行的评价。语用教学过程中,教师可以对学习者在课堂交际活动中的语言使用情况进行形成性评价,教师可以据此及时调整教学的内容和进程，或者帮助学习者调整自己的学习策略。终结性评价是总结性质的事后评价，是在一个阶段的教学活动结束后，对教学目标的完成程度进行的评价。语用教学的终结性评价可以通过专门的语用能力测试进行，也可以融入期末考试等语言综合水平测试中进行。测试的方式可以采用角色扮演、书面话语填充、多项选择话语填充等形式。

形成性评价和终结性评价相结合，体现了对教学过程和教学结果的综合性评价，能够弥补传统上仅有期中考试和期末考试的不足，一方面有利于及时改进教学和学习；另一方面可以有效避免可能因偶然因素造成的评价偏颇，保证总体评价的公平性。

第三节 语用教学与教材编写

教材是教师进行教学活动和学习者进行学习活动的基础和主要依据。俄国著名教育家乌申斯基曾经说过："好的教科书和有效的教学法，能够使没有经验的教师成为一个好老师。如果缺少这些，一个优秀的教师也难以真正在教学上登堂入室。"[1]在第二语言教学中，教材占有非常重要的地位，它的功能是多方面的。教材可以是：

"教师：教材通常包含很多对学生进行学习指导的内容，如读前思考题、词语解释、背景知识介绍等。"

"地图：教材对教学内容的组织和安排向学生和教师表明一段时间内所要教和学的内容和过程。"

"资源：教材是一个丰富的语言和文化资源库，课堂教学不可能涉及课本中的所有内容，有些教材所提供的内容只是作为学生课外阅读的参考和资料。"

"培训者：对于没有经验或没有受过培训的教师，教材所提供的解释和教师指导用书起着很大的作用。"

"权威：教材一般是由专家所编，而且通常会经过教学研究者和教师的筛选，因此其权威性、真实性和可靠性可以得到保证。"

"思想意识：教材的内容选择和安排必然会涉及一些意识形态的东

---

[1] 转引自盛炎《语言教学原理》，重庆出版社1990年版，第163页。

西，会反映一种世界观，如何对待教材所体现的思想意识，不同的学习文化会有不同的做法。"①

汉语作为第二语言教学的教学目标、教学原则、教学要求、教学内容等都应体现在教材当中，教材水平的高低会在很大程度上影响教和学的效果。好的汉语教材应具备实用性、知识性、科学性、趣味性、交际性、针对性和系统性等特点，能体现汉语的特点，以及汉语教学和汉语习得的规律。目前国内外已出版的汉语教材数量庞大，种类繁多，其中不乏精品，但就汉语教材的整体现状而言，还存在很多不足。

一　从语用教学看现有汉语教材的问题

现有教材大部分以传授语言知识和提高语言技能为主要目的，虽然有的教材也注意强调交际能力的培养，但贯穿始终的教学和学习重点基本都是词汇和语法，而语用充其量只是一个边缘的、次要的、潜在的内容。因此，从语用教学的角度考察现有的汉语教材，其在课文、注释和练习中都存在不少问题。

（一）对课文交际情境的描述过于简单

人们的交际总是在一定的情境中进行的。交际的情境包括交际的场合、会话的主旨、交际参与者，以及一些非言语性行为和有关客体。在不同的交际情境中，人们往往会选择不同的会话内容、不同的会话方式，对会话含意也会有不同的理解。但是，目前很多汉语教材的课文对交际情境的描述都过于简单，难以使学习者将课文内容和情境联系起来。例如《汉语口语速成（提高篇）》中有一篇课文是这样的：

（小孙和小于两个人坐在出租车里）
小孙：我要攒钱买房子，我想有一所自己的房子。
小于：就靠你那点儿工资，等你攒够了，房价也早就涨上去了。
小孙：照你这么说，我这辈子没希望住上自己的房子了。
小于：我不是这个意思，我的意思是买房子光靠攒钱是不行的，

---

① Cortazzi, M., Jin L., "Cultural Mirrors: Materials and Methods in the EFL Classroom", In Hinkel, E. ed., *Culture in Second Language Teaching and Learning*, Cambridge: Cambrige University Press, 1999: 196—220.

你还得想想别的办法，比如分期付款或者贷款。

小孙：欠债心里多不踏实。

小于：你的观念应该变一变了，要不你永远住不上自己的房子。

这篇课文的题目是"我想有一所自己的房子"，对话前仅用一句话交代了交际发生的地点是"在出租车里"，我们感到"出租车里"和"买房子"很难找到必然的关联。人们"在出租车里"可以谈论很多话题，而诸如"交通状况""城市建设"等话题应该比"买房子"出现的可能性更大。另外，人们也可能在很多地方谈论到"买房子"的话题，如中介公司、售楼处、某人的新家等。课文中的两个人为什么会"在出租车上"谈到"买房子"，教材中并没有交代。因此，我们发现，这里所提供的情境由于过于简单而变得毫无意义。此外，教材中也没有介绍交际双方"小孙"和"小于"的身份和关系，他们是司机和乘客，还是朋友？如果是朋友，是普通朋友还是很亲密的朋友？我们知道，中国人很重视面子，说话时会尽量礼貌以不伤害对方的面子，课文中"小于"听说"小孙"要攒钱买房子时说的话"就靠你那点儿工资……""……要不你永远也住不上自己的房子"多少带有一点鄙视的意思，是不太给面子的说法，只有两个人的关系非常亲密时，才可能不会显得没礼貌或让听话人觉得没面子。教材中不介绍交际双方的关系，就无法让学习者了解汉语的面子观和礼貌原则，甚至还会造成学习者的误解，以为可以不分对象，对任何人说出类似的话。

（二）课文内容缺乏真实性

语言原本来自现实生活，应该富有生活气息。然而，"我们使用的许多教科书里充斥着枯燥无味的对话，生拉硬扯地将一些毫不相干的，或是极不自然的句子拼凑在一块儿，虽然表达了语法，但语法是在一种干巴巴的语言环境中表达出来的。……学生接触到的汉语却毫无生气，脱离实际。学生越学越没兴趣"。[①] 教学中所呈现的言语材料的真实性是语用教学尤其强调的，如果语料缺乏真实性，学习者也许能够学到词汇和语法规则，但却无法正确认识和了解汉语的语用规则，进而难以得体使用汉语。

---

① 李晓亮：《对外汉语教材的几个问题》，《世界汉语教学》1996 年第 4 期，第 101—104 页。

从语言使用的角度来看，课文缺乏真实性至少体现在以下几个方面。

1. 某些言语行为的实现方式是真实交际中很少用甚至不用的。

这方面问题最明显就是"应酬"和"寒暄"。很多文章都曾举过的一个例子是：

（两个朋友见面互相问候）
A：<u>你好吗？</u>
B：<u>我很好，你呢？</u>
A：<u>我也很好。</u>

这样的寒暄方式虽然没有违反汉语的使用规则，不能说是错误的，但是我们在现实生活中几乎没有见过中国人使用这样的问候方式。再如：

（英国人昆丁和他的中国朋友小马一起在饭馆吃饭，碰到了马丁。）
……
昆丁：……来，我来介绍一下，这位是我的中国朋友小马，北京大学的学生。这位是——
马丁：他的瑞典朋友小马，北京语言大学的学生。<u>认识你很高兴！</u>
小马：你好！<u>很高兴认识你。</u>……
……
昆丁：……<u>如果你愿意的话，可以加入我们</u>。小马，可以吗？
小马：当然欢迎！<u>我们这就算认识了，希望我们能成为朋友。</u>
……①

这是一个比较典型的朋友见面、相互介绍认识的寒暄场面。"认识你很高兴/很高兴认识你"很显然是英语"Nice to meet you"直接翻译成汉语来的，是英美国家的人在类似的场合常用的表达方式。虽然近些年随着

---

① 选自马箭飞主编、李小荣编著《汉语口语速成（提高篇）》，北京语言大学出版社 2006 年版，第 36 页。

国际交流的频繁，也有一些中国人开始使用这样的寒暄语，但是大部分限于比较正式的场合，非正式场合下朋友之间则很少这样说。根据我们对一些中国人的访谈，"我们这就算认识了，希望我们能成为朋友"这样的表达方式在现实交际中也是极少见到的。另外，这段对话中还有一个"邀请"行为，中国人在邀请时多使用祈使句，以示热情，很少会先询问对方的意愿（如果你愿意的话）。

2. 雕琢痕迹明显，难以反映汉语自然口语的会话结构。

教材中的口语材料都是经过精心编辑的，但也常常由于编辑的痕迹过重，而显得过于干净，使其和现实的自然会话有很大差异。在教材的会话中，说话人无须维持话轮、听话人无须争夺话轮，会话中的反馈语也极其缺乏，一切似乎都早已安排好了，给学习者呈现出来的是一种僵化的会话模式，话轮推进得很不自然。例如下面这段对话：

(李爱华和陈卉第一次见面①)
李爱华：陈卉，你是北京人吗？
陈卉：不是，我是上海人。
李爱华：<u>北京有很多上海人吗</u>？
陈卉：有很多。
李爱华：你家有几口人？
陈卉：有四口人，有爸爸、妈妈，还有一个弟弟。
李爱华：他们都在北京吗？
陈卉：不，爸爸、妈妈在上海，我和弟弟两个人在北京。爱华，<u>你有没有弟弟</u>？
李爱华：我没有弟弟。<u>你弟弟是学生吗</u>？
陈卉：不是，他在北京工作。

以上对话非常不自然，尤其是画线部分，说话人所提的问题显得十分唐突，甚至有些莫名其妙。虽然家庭状况是中国人聊天常见的话题，但是两个年轻人初次见面就以这种"查户口"的方式你问我答还是极为罕

---

① 选自邓恩明主编《实用汉语口语课本》第 1 册，北京语言大学出版社 2003 年版，第 23—24 页。括号里的情境为笔者注。

见的。

3. 口气生硬，缺乏生活气息

语气词是汉语中极具特色的一种词类，汉语中的语气词可以作为话语标记语表达丰富的口气，体现交际中的说话人情感态度。"啊、吧、呢、哦、啦"等语气词在现实交际中出现的频率非常高。大部分口语教材的会话中都有语气词，但是出现的频率却比日常生活低得多，这一方面影响了说话人情感态度的表现；另一方面使对话显得比较生硬，缺乏生活气息。另外，不同性别、不同地域的人使用某些语气词的频率也有不同，南方人使用语气词的频率高于北方人，女性比男性更倾向于常常使用语气词，这些特点在汉语教材中都没有得到体现。

（三）语用知识的呈现缺乏系统性

目前汉语口语教材——包括初级、中级和高级的，基本的编写模式都是用话题统摄词汇和语法，词汇和语法仍然是教学和训练的重点。语用则处于附属和次要的地位，汉语教材中所包含的语用知识比较零碎，缺乏系统性。之所以会出现这种情况，一方面是由于目前汉语教学界"词本位"和"句本位"的思想仍然是主流；另一方面是由于汉语本体研究领域对语用学的研究还不够深入和系统。词汇和语法能够较为系统地编辑在汉语教材中，一个很重要的原因是目前已经有了比较成熟的词汇和语法大纲，教材编写有据可依，但是目前还没有汉语教学的语用大纲，要想将语用知识系统地编入教材是很困难的。

（四）注释以讲解词汇和语法为主，缺少语用知识

在以词汇和语法的学习为重点的汉语教材中，对课文的注释也以讲解词汇和语法为主，讲解的内容也主要是语言形式和意义，很少提及词语或结构的语用功能。例如下面对"好说"的解释：

好说
当别人请求帮助时，表示"没问题"，"愿意帮忙"。比如：
甲：我想请你帮我买一张明天去上海的飞机票。
乙：好说。[1]

---

[1] 选自刘德联、刘晓雨编著《中级汉语口语1》，北京大学出版社2004年版，第4页。

以上注释介绍了"好说"的意思，也给出了例句，但是并没有说明"好说"的语用特点，如果把例子中的"好说"换成"好的""没问题""行"，说话人的交际意图会有怎样的变化则无从而知。

一些教材在课文注释中专门设置了表达法一项，主要是根据当课文主要的功能项目列举常用的表达方式，提供了实现某些言语行为的手段，这是非常值得肯定的做法，但美中不足的是，教材只列举了言语形式，没有说明它们各自的语用功能特点。例如：

请求帮助的表达法：
我可以/能……吗？
我想请您/你……
请您/你……好吗/行吗/可以吗？
劳驾，您/你能……吗？
您/你能不能……？
求您/你……
帮我……，求您/你了。①

以上注释罗列了实施请求言语行为可以使用的言语形式，但并没有说明这些言语形式各自的语用功能和适合的使用情境。

（五）缺少培养学习者语用意识和语用能力的练习

教材中设置练习的目的是记忆巩固所学知识并在此基础上拓展提高。大部分教材的练习都是围绕课文进行的，如"根据课文回答问题""根据课文内容完成对话"，训练的对象多为课文中出现的词语和语法，如"根据所给词语完成对话""用课文中的词语、句式完成句子"，等等，充分体现了以课文为中心、以词汇语法为重点的练习模式，而涉及语用知识和语用能力的练习却几乎没有。在口语教材中，绝大部分练习的最后一项内容是情景对话，目的是训练学习者的交际技能，但由于情境信息不具体等原因，学习者难以意识到语用知识的重要性，其语用能力也无法得到充分的训练。例如北大版《中级汉语口语》第四课的练

---

① 选自戴悉心、王静编著《汉语口语教程》，北京语言大学出版社2001年版，第45页。

习四：

> 根据所给的情景选用下面的句式对话：
> ……得要命　—……就……　我建议你……
> 1. 你听不懂老师讲的课；
> 2. 你旅行时买了很多东西，拿不了；
> 3. 你身体不舒服；
> 4. 你丢了学生证。

我们看到，题目中虽然给出了所谓的情景，但是极不具体，对话的时间、场合、对话双方的身份等必要信息都没有交代清楚。做这样的练习时，学习者基本上都是把课文内容套用进来，模仿课文会话，难以真正实现交际能力的提高。

二 突出语用教学的教材编写原则

教材编写与教学法有着十分密切的关系，教学法所强调的教学目的和教学重点往往在教材编写中起着决定性的作用。传统教学法以词汇和语法为教学重点，在一定程度上强调以培养学习者的交际能力为目的，这种教学观念在教材中就体现为课文的编写、语言知识的讲解和练习都是围绕词汇和语法进行，而缺少对语用规则的关注。词汇和语法是人们进行交际的语言基础，理应受到重视，但教材中语用信息的缺失会严重影响学习者语用能力的发展，从而使提高交际能力这一语言教学的最终目的难以有效实现。因此，我们认为，汉语教学应贯彻语用教学，汉语的语用信息和语用知识应该在汉语教材中得到充分的展示，这就需要在教材编写的过程中注意遵循以下原则。

（一）言语材料的真实化

这里的言语材料主要指的是语言教材里的课文。课文在语言教材中是不可取代的重要组成部分，它将语言所包含的各个要素有机地融为一体，使静态的语言要素成为动态的话语。语言知识的理解、语言技能训练和语言交际能力的培养都离不开课文。大部分第二语言学习者和语言教师都喜欢教材的课文部分。所谓真实的言语材料"指的是现实生活中使用的，不是专门为教学而设计的材料，这些材料所传递的信息和意义依赖于它们所处的社会语境,不能孤立地去理解"。① 编写课文即使不能使用绝对真实的自然口语,也应尽量避免人工雕琢的痕迹,最大限度地真实化。语法和词汇知识也可以通过真实的材料进行分析和讲解,而对于语用教学来说,言语材料的真实性尤为重要,因为只有真实的言语材料才能反映出真实的语用规律和特点,只有真实的言语材料才能充分发挥语言教材课内外媒介的作用,把学习者的课堂学习和现实生活中的语言联系起来,使学习者在面对现实中的情境时,能够学以致用,得体交际。我们实施语用教学实验时所使用的教材中就有一些课文不符合现实情况,教师为了扭转不真实的课文给学习者造成的错误影响需要花费很大的力气;也有一些学习者在现实交际中发现了教材中所讲的和现实中所用的不太一样,从而对教材的权威性产生怀疑,极不利于课堂教学的开展。此外,从学习者语言习得的角度来说,真实的言语材料更能够刺激学习者的认知活动,学习者对真实交际内容的体验和反思,能够促进其头脑中认知语境的有效建构,以及交际时对相关信息的有效提取。

(二) 言语材料的语境化

语境是人们运用语言进行交际的环境。语境这一概念对语用学来说非常重要,语用学的产生就是从语言学家在研究语义时注意到语境因素开始的。利奇曾提出用以判断意义讨论是否进入了语用范畴的四条标准,其中重要的一条就是"是否涉及语境"。② 话语含义只有在特定语境中才能得以准确地表达和理解。语用能力就是在语境中选择恰当的语言形式表达自己交际意图以及准确理解对方的交际意图的能力。我们进行语用教学实验所使用的教材就缺乏对交际语境的具体描述,这迫使教师不得不自己想方设法设计符合对话内容的语境,在很大程度上增加了备课的负担,而且教师所设计的语境要想和对话内容完全契合也是很有难度的,这在一定程度上影响了教学效果。为了有效提高学习者的语用能力,教材就必须提供语言使用的语境,使言语材料语境化。具体而言,语境至少包括特定的交际活动发生的时间、地点、交际双方的相互关系及其在交际活动中的相对地位、交际活动的主题、交际场合的正式程度等。教师可以引导学习者利用

---

① Kramsch,1988,转引自张红玲《跨文化外语教学》,上海外语教育出版社 2007 年版,第 279 页。

② Leech, G., *Semantics*, Harmondsworth: Penguin 1981: 320.

这些语境信息推导话语含意，提高他们在具体语境中的语用得体能力，并培养学习者的语用意识。教材在呈现言语材料的时候如果忽视了语境这一重要因素，学习者即使熟练地掌握了一些汉语的语言知识和常用词句，也仍然难以恰当、灵活地使用汉语。

（三）教材建设的立体化

与语言材料真实化和语境化密切相关的是教材建设的立体化。现代科学技术突飞猛进，第二语言教学也进入了充分利用现代化科技手段和教育手段的时代。教材的设计和编写已不能仅限于一两本纸质的教科书，而应该同时考虑声像资料的制作和现代科技手段的使用。除了教科书之外，教材编写还应该包括挂图、录音、录像以及相关软件的编写和制作，实现教材建设的立体化。立体化的教材可以全方位地刺激学习者的感官，把学习者的视觉、听觉同时调动起来，把真实情境中的真实交际引入课堂，把交际双方的身份、关系、交际的场合、交际的背景等影响语言使用的因素更加生动直观地展现在学习者面前，更利于学习者对汉语语用规律、习惯及特点的感知和体验。图文并茂、声像并茂的立体化教材，具有很强的感染力，能够更加有效地激发出学习者的兴趣和潜能，达到更好的学习效果。

（四）语用信息应与时俱进并有代表性

教材对于学习者——尤其是在中国境外学习汉语的学习者来说，是接触汉语语用信息的主要渠道，一套客观全面描述汉语语用信息的教材对于学习者准确理解和使用汉语是十分重要的。而同时语用体系是一个具有开放性的体系，任何教材都不可能囊括一种语言中的所有语用现象，汉语教材所能呈现的语用信息再多，也只不过是庞杂的汉语运用体系中的一小部分。因此，教材所提供的语用信息的代表性就显得尤为重要。另外，如前所述，汉语本族语者的思想观念和语言使用习惯随着社会的发展和世界文化的交流融合在不断发生着变化，教材作为学习语言的依据也要顺应潮流，不能墨守成规，因为学习者要学的是用于当代交际的语言。这就要求教材首先要让学习者明白社会文化的发展使语用规则具有了发展变化的特点，注意说明所呈现的语用信息的时代背景，并且应该重点表现当代中国人的语用习惯和特点，不能一味地抱着传统观念不放；其次，不能将课文内容和人物关系限定在大学校园或留学生之间，来自中国不同社会背景（如工人、知识分子）、不同年龄层次的人们的生活方式和语言使用特点都应该有选择性地在教材中得到体现；再次，各种主要社会场合的交际活动的特点都应该得到描述，比如宴会、婚礼、生日会、同学聚会，以及这些场合的正式程度，等等；最后，所选择的言语材料应该是交际活动的真实写照，而不是编写者理想化的描述，应该建立在对社会语言生活广泛调查研究或客观权威的语料库的基础之上，而不能是少数人的个人经验。

（五）合理安排语用教学内容，多次呈现，循序渐进

语用教学应以学习者已有的语言能力为基础，不同汉语水平的学习者对语用知识的理解和接受能力是不同的。在语用教学实验中，我们曾经试图一次性地将汉语称谓语的使用特点介绍给学习者，结果并不成功，大部分学习者能记住并会用只是对话中出现或可能用到的，其他的则很快就被遗忘了。同时，由于语用知识的复杂性，一项语用功能也不可能在一篇课文或者一课书中得到完整的呈现，而且相同的语用功能也会因情境的不同而产生难度上的差异。比如关于"道歉"言语行为的实现，可以使用的语言形式有"对不起、不好意思、抱歉、向……道歉、包涵、原谅"，等等，它们各自适用的情境也不相同，在难度上也就有了明显的不同。可以说，语用知识越复杂，难度越高，对学习者语言水平的要求也就越高。因此，在教材编写中，应注意语言本身的难易度和语用知识难易度的契合，根据不同的语言水平，循序渐进地呈现语用信息。同一个语用功能，在不同层次的汉语教材中，可以有不同的教学侧重点。还是拿"道歉"言语行为来说，在初级教材中可以先教"对不起、不好意思"等基本道歉方式；在中级教材中可以教"赔罪、赔不是、谅解、包涵"等赔罪类和请求原谅类词语以及相对复杂的道歉方式；在高级教材中可以教表明自身痛苦悔恨、自我贬损或责罚等更为复杂的道歉方式。语用功能的反复多次呈现，不仅能使学习者全面透彻地了解语用知识，掌握语用规律，而且也有利于语用教学由浅入深，在更加真实的语境中进行。

（六）练习设计多样化

汉语教学要达到最终的教学目标，需要每一个教学环节共同的配合，练习作为教学过程的重要环节之一也应该为实现教学目标服务。练习具有将输入的信息维持在短时性记忆并从短时性记忆迁移到长时性记忆的机能。人们常说"语言不是'教'会的，而是'练'会的"，可见练习在语言习得中具有不可替代的关键地位。我们根据教学实践分析了语用信息

在学习者头脑中的认知层级和认知过程[①]，发现语用知识要转化为语用能力的一个关键性条件就是大量的练习，只有通过练习，语用知识才能被内化，而单调的练习形式难免枯燥无味而达不到练习的效果，如果练习都依靠教师设计的话，会增大教师的工作量，对于经验不足的教师也是巨大的挑战。因此教材中关于语用习得练习的设计应丰富多样，这一方面是教学内容层次性的需要；另一方面也有利于激发学习者的学习兴趣，使他们的学习体验更加丰富。例如，可以设计问答练习，培养学习者对语用规则的归纳能力；可以设计情境联想练习，提高学习者知识提取的速度和有效性；另外还有必不可少的交际性练习，帮助学习者将习得的知识应用于实践。

（七）编写具有针对性的国别化教材

就汉语作为第二语言的教学来说，教学对象来自并分布在世界各国，具有多国别性的特点，他们之间在社会习俗、语言背景、文化背景、价值观念、思维方式、学习方式等方面存在着不同程度的差异性，他们对汉语的感受力、理解力和接受力也有不同程度的差异。因此，我们需要编写有针对性的适用于不同国别汉语学习者的教材。从语用教学的角度来说，教材的国别化尤为重要。因为和其他语言要素相比，语言的使用习惯同社会文化、价值观以及思维方式的关系更为密切和直接，甚至很多就是民族文化和思维的直接体现。如前所述，不同国家的学习者在语用能力测试中的表现有着规律性的差异，这是因为学习者的母语及其社会文化背景已经在学习者的头脑中根深蒂固，学习者母语的语用文化习惯和汉语语用文化习惯的差异程度及亲疏关系，会直接影响学习者对汉语语用知识的认知和建构。如果给不同国家的学习者使用完全相同的教材，极易造成信息的不足或资源的浪费。因此，教材内容应充分考虑到不同国家的差异，在课文编写、注释和练习设计上做到针对不同国别有的放矢，这样才能最大限度地使学习者在学习汉语的过程中少走弯路，使学习者学习汉语的进程更快、更有效。

---

① 参见本章第一节。

第四节 本章小结

本章结合语用学的基本原理、汉语语用教学的主要内容和对两次语用教学的过程及结果的具体分析，初步提出了汉语语用习得理论，构建了汉语语用教学模式，并进一步讨论了在教材中如何贯彻语用教学理念，提高教学效率。

一 汉语语用习得理论

语用习得是第二语言习得的核心，在语用视角下的语言习得，能够最大限度地把语言习得与交际能力联系起来，这样的语言习得是非常有效的习得。

在缺乏语用习得的情况下，汉语学习者在语言使用方面就会存在极大的局限性。他们对于汉语的形式系统、语义系统、交际策略、社会文化都缺乏相应的体验和认知，这使他们在使用汉语进行交际的过程中受到种种制约。汉语学习者在语用知识结构上与汉语本族语者的差异，导致他们难以充分准确地表达交际信息，在语用原则的权衡上不符合汉语本族语者的习惯，无法对会话含意作出准确合理的推断。因而，让学习者掌握汉语语用知识十分必要。

学习者的语用认知可以分为三个层级：语用知识层级，即通过简单的认知，掌握语用知识；语用能力层级，即通过较为复杂的认知，获得语用能力；语用元认知策略层级，即通过更为复杂的认知，获得语用学习策略能力。这三个层级不是相互割裂的，而是整体连续的认知活动和过程。语用习得的信息处理过程可以分为三个阶段：语用信息的感知、语用知识的记忆、语用能力的获得。这三个阶段在现实的语用习得过程中前后相继、环环相扣，是连续性的，在某些部分还有所重叠。

二 语用教学模式

语用教学模式以语用学理论、语用习得理论、语用教学理论为基础，以培养学习者的语用能力和语用元认知策略为目标，具体的操作程序可分为四个阶段：1. 导入阶段：引导学习者进入学习情境；2. 语料呈现和语用知识讲解阶段：展示真实性语料、讲解元语用知识，使学习者获得陈述性的语用知识；3. 练习阶段：通过模仿交际和准真实交际练习，使学习者获得程序性的语用知识；4. 评估和反馈阶段：对学习者使用语言的情况进行评估和反馈，及时纠正语用失误。

语用教学模式的教学策略要求，语用教学应注重教学内容的真实性、准确性和与时俱进；要根据不同国别背景的学习者的差异，有针对性地教学；要充分考虑学习者的认知发展水平和语言水平；应将教师说教式的知识传授和学习者的体验结合起来；注意培养学习者对语用信息的敏感性，发展其自主学习的能力；要注重教学过程的互动性；要尊重学习者的情感态度。

三 教材编写中贯彻语用教学需遵循的原则

从语用教学的角度考察现有的汉语教材，其在课文、注释和练习中都存在很多问题，不利于教学的有效开展。语言教材应体现学习者的习得规律和科学的教学方法，在汉语教材中呈现语用信息和语用知识应遵循的原则是：言语材料真实化；言语材料语境化；教材建设立体化；语用信息应与时俱进并有代表性；合理安排语用教学内容，多次呈现，循序渐进；练习设计多样化；编写具有针对性的国别化教材。

第五章　综合讨论

一　语用教学在汉语作为第二语言教学中的地位

（一）强调语用教学是汉语自身特点的要求

回顾汉语作为第二语言教学的历史，我们不难发现，从 20 世纪 50—60 年代的以语法—翻译法和直接法为主，到 70—80 年代的听说法为主，再到 90 年代以后的结构—功能法，汉语教学法基本上是在西方的语言学习和教学理论的影响下发展的，与此同时，汉语教学界也一直在努力探索新的教学路子，但突破和创新还不够明显。不可否认，西方的语言学习和教学理论在一定程度上反映了语言的共性和人类认知规律的共性，具有普遍意义，对汉语教学研究有一定的借鉴作用。但是，这些理论主要是通过以印欧语言为基础的研究得出的，对于汉语这种在谱系关系上离印欧语较远的语言来说，并不一定完全适用。汉语被西方学者称为"真正的外语"，汉语的很多特点，使汉语的学习过程和规律表现出很多特殊性。因此，汉语教学在遵循第二语言学习和教学普遍规律的基础上，更要注意考虑汉语自身的特殊性，遵从汉语的特点，并利用汉语的特点和规律提高教学效率，走出一条符合汉语文特点的教学之路。也就是说，"语言教学的路子必须与所教语言的特点相一致。汉语有自己的特点，汉语教学的路子应当根据汉语的特点来决定"。[①]

那么，汉语的特点是什么呢？王力先生对此有过非常形象的描述："西方语言是法治的，中国语言是人治的，法治的不管主语用得着用不着，总要呆板地要求句子形式的一律，人治的用得着就用，用不着就不

[①] 吕必松：《对外汉语教学学科理论建设的现状和面临的问题》，《语言文字应用》1999 年第 4 期，第 3—11 页。

用，只要使听话人听得懂说话人的意思，就算了。"①徐思益认为汉语的特点表现在："汉语语法系统的规范语句常常在日常交际过程中变形，以至变得不成句读，但在交际中受特定语境约束，不仅无碍于理解，而且能产生最佳的交际效果。"②范晓先生就如何判定现实使用中的句子是否合格归纳出八条标准，即：

"A 合法合理合用的句子，是完全合语法的，是合格句。

B 不合法不合理不合用的句子，是完全不合语法的句子，是不合格句。

C 合法合理但不合用的句子，是不合格句。

D 合法不合理不合用的句子，是不合格句。

E 合理不合法不合用的句子，是不合格句。

F 合法不合理但合用的句子，是合格句。

G 合理不合法但合用的句子，是合格句。

H 不合理不合法但合用的句子，是合格句。"③

也就是说，一个使用中的句子合不合格主要是看它是否合用，即语用标准是判断一个汉语句子是否合格的主要标准。我们发现，不同研究者对汉语特点的观察视角虽然不同，但是都得出了基本相同的结论：在汉语中，语用对句子的结构和句式的选择具有很强的制约作用，汉语是语用优先的语言。语用在汉语中的作用更为根本、更为重要，汉语疏于句法和语义，而精于语用，有语用优先于句法和语义的明显倾向，并且语用优先具有充分的心理现实性。④

汉语句子在使用中灵活多变，汉语教学讲句子的用法时，如果只讲三五条语法规则，很可能使学习者停留在"只见树木不见森林"的状态，无法从整体上把握句式的意义、用法和变化，要使学习者学好汉语，就要让他们掌握汉语的特点，了解汉语结构语用知识。因此，汉语语用优先的特点决定了汉语教学应该特别重视结构语用的教学。

---

① 王力：《王力文集》（一），山东教育出版社 1984 年版，第 53 页。

② 徐思益：《汉语的特点及其研究方法》，《语言与翻译》（汉文）2007 年第 3 期，第 12—16 页。

③ 范晓：《三个平面的语法观》，北京语言文化大学出版社 1996 年版，第 371—372 页。

④ 刘丹青：《语义优先还是语用优先——汉语语法学体系建设断想》，《语文研究》1995 年第 2 期，第 10—15 页。

汉语的特点不仅表现在结构形式的灵活性上，还表现在它所负载的精神文化上。以儒家思想为代表的中国文化与以基督教文化为代表的西方文化有着根本的分歧，由此导致了中国文化形成了与西方不同的世界观与价值观。中国人尊崇儒家伦理和实践理性，强调集体主义与和谐统一，在性格上表现出沉着、坚定、有较强的集体归属感。汉民族的这种精神文化特质对于汉语言交际具有强制性的控制力，使汉语交际表现出自身特有的语言运用规律和个性特点。比如，中国人在日常言语交际中比较喜欢"拉关系，套近乎"，这似乎就是在集体主义影响下汉语文化语用的一种独特现象；在交际中，中国人往往会比较注意表现自己很"谦虚"，这也是汉语文化语用的特色。汉语学习者如果对汉语文化的个性感悟不深，就难以在交际中理解和生成得体的话语，出现语用失误。因此，汉语所负载的精神文化特点决定了汉语教学应该重视交际语用的教学。

总而言之，要想教好一种语言，首先就要弄清楚这种语言和其他语言相比有哪些共性和个性，要教好汉语，就要搞清楚汉语有什么突出的特点。抓住了汉语的根本特点，才可能对汉语有更深刻的理解，才能找到适合汉语教学的方法，教学过程中的讲解才能清晰、明确、到位、有效。汉语语用优先的特点和精神文化的特点，决定了汉语教学必须重视语用教学。

（二）语用教学应贯彻于汉语教学的全过程

汉语作为第二语言教学的全过程和全部教学活动可概括为总体设计、教材编写、课堂教学和成绩测试四个大环节。以上我们从汉语作为第二语言教学的完整性和汉语自身的特殊性两个方面，论证了语用教学在汉语教学中具有非常重要、不可或缺的地位，因而，语用教学应该在汉语教学的全过程和全部教学活动中得到充分的贯彻。

总体设计是汉语教学的四大环节中首先会遇到的问题。它是教材编写、课堂教学和成绩测试等各项教学相关活动的依据。语用教学首先要在总体设计中明确地规划，才能在后面的环节中得到有效的贯彻。这就要求总体设计在确定教学目标时，明确对语用能力的要求；在确定教学内容时，将语用知识纳入教学范围；在确定教学原则时，注意协调语言要素和语用规则之间的关系，选择合适的交际训练方式。教材是课堂教学的基本依据，教材编写的水平对教学质量和效率有着深刻而直接的影响。教材中凸显语用教学，就要做到在编写教材的过程中，对语言材料的组织、教学内容的选择、相关知识的介绍、练习的设计和编排都要有利于学习者语用能力的发展。①课堂教学是汉语作为第二语言教学的基本形式，是学习者学习和掌握汉语的主要场所。教学计划的实施、教学原则的贯彻、教学目标的实现，都需要依靠课堂教学来完成，可以说，在教学过程的四大环节中，课堂教学是中心环节。语用教学应在课堂教学中得到最为充分的落实。②语言测试是第二语言教学活动的一个组成部分，与语言教学关系密切。一方面，测试可以检验语言教学是否达到了教学目的；另一方面，语言测试的反馈作用会对语言教学产生很大的影响。汉语测试应该从动态的角度测试学习者的语言使用能力，以真正考察教学目的的完成情况，并且发挥指挥棒的作用，引导教师和学习者重视语用知识的教学和学习。

综上所述，汉语作为第二语言的教学应特别重视语用教学，将语用教学贯彻于汉语教学的全过程和全部教学活动中去，唯有如此，才能保证汉语教学的有效性，才能开创符合并体现汉语特点和汉语学习规律的教学思路，才能真正有效地实现培养学习者汉语交际能力的教学目的。

二 对汉语语用本体研究的反思

汉语作为第二语言的教学是要把"汉语"教给第二语言学习者，而"教"的前提是要先把教学内容"汉语"研究透了，知其然，并知其所以然，之后，教师依据此教，学习者依据此学。相应地，要开展语用教学，前提就是要先把汉语的语用规律、语用特点研究明白，客观、科学地概括出汉语语用知识，清楚地描述出汉语语用系统，使教师可以据此教语用，学习者可以据此学语用。可以说，汉语语用本体研究是开展语用教学的基础，其研究成果可以为语用教学所吸收和利用。事实上，汉语语用本体研究的许多成果都是可以直接或间接应用到语用教学当中去的。换句话说，汉语语用教学有赖于汉语语用本体研究，汉语语用本体研究应该能够为汉语语用教学提供支撑。然而，从目前汉语语用本体研究的现状来看，其所能够为语用教学提供的支撑还稍欠力道。

在中国语用学发展的过程中，外语界和汉语界走了两条不同的路。外语界做的主要工作是引进国外语用学理论，并尝试将这些理论与汉语研究

---

① 关于语用教学在教材中的具体体现方式参加本书第四章第三节。
② 课堂语用教学的原则和方法参加本书第四章第二节。

结合起来，在建立符合汉语实际情况的语用理论方面进行探索，研究主要围绕言语行为、会话含意、关联理论、会话分析、指示、预设、礼貌现象等交际语用学方面的问题展开，取得了一定的成果。比如，顾曰国指出了英汉礼貌现象的差异，对利奇的礼貌原则作出了修订，总结出了贬己尊人准则、文雅准则等一些制约汉语交际的礼貌原则；①钱冠连提出了"言语交际三相论"的语用模式，并认为语用学实际上就是"人文网络语言学"②；何兆熊、何自然、左思民、索振羽等研究者也在相关领域进行了卓有成效的研究，另外，还有一些研究者开始关注某些言语行为在汉语中的实现方式。可以看到，外语界将语用学这一年轻的学科引进中国的速度是相当快的，并且，在引进的过程中，研究者们还根据汉语运用的实际情况，对国外语用学理论进行一些补充和修订，对语用学研究的理论和实践都作出了一定的贡献。但必须承认的是，这些研究的不足也是十分明显的，主要表现在三个方面：一是缺乏创新，研究者们在引介国外语用学理论时加入了自己的批评与阐发，并根据汉语的运用加入了自己的思考，但是，绝大部分研究都是在格赖斯、利奇、列文森、塞尔等人的语用学理论研究框架下进行的，对汉语的关照也主要是给既有理论提供佐证，没有真正发掘出汉语的特点，从认识论和方法论上对汉语语用的研究偏少，没有形成自己的特色；二是研究分散，语用学的研究对象非常丰富，不同研究者所关注的点也各不相同，有的关注言语行为、有的关注预设或者其他语用分析单元，而在不同语用分析单元中专门探讨汉语现象的研究数量较少且更为分散，导致对汉语语用情况的研究难以深入；三是缺乏系统性，研究的分散性必然导致研究结果缺乏系统性，虽说一种语言的语用系统具有开放性的特点，无法作绝对穷尽式的研究，但是语用系统的组成、结构、层次和内部关系是可以被描述出来的，目前对汉语语用系统的研究还亟待深入。

汉语界的研究始终立足于汉语本体，走的是从语用角度研究语法的路，提出了语法研究的三个平面说，将语用研究限定在句中词语与使用者之间的关系上，即研究人怎样组词成句进行交际，主要关注上下文的照应，围绕话题、焦点、口气、信息结构等结构语用学方面的问题展开。语

---

① 顾曰国：《礼貌、语用与文化》，《外语教学与研究》1992年第4期，第10—18页。
② 钱冠连：《汉语文化语用学》（第二版），清华大学出版社2002年版，第285—289页。

用平面的研究顾及了动态语言的使用，开创了汉语研究静态描写与动态研究有机结合的可喜局面，使汉语研究更加精密化，使一些汉语学界长期争论的问题得到了更加合理的解决，使我们对汉语的特点有了更加客观和深入的了解。然而，对结构语用学或者说汉语语用平面的研究也存在一些不足。具体表现在：较多运用三个平面的理论对某些具体的语言形式或个别词、个别领域进行研究，对于语用平面内诸多具体因素的分析系统性不足，如汉语使用中话题的选择、信息的安排、上下文语境的影响、口气的表达、话语标记语的形式功能等语用因素的具体倾向性和规律性，还有待于系统的分析和梳理；在研究理论和方法上，对于语用条件和句法形式之间的制约与反制约关系，语言形式与语用意义和语用功能之间的对应关系等问题的研究，有待进一步深入，对句法、语义、语用三个平面的关系还没有形成统一的认识，存在双层模式、双翼模式、三角模式等不同的理解模式，而每一种模式都无法对三者之间的复杂关系作出完满的解释，对于汉语来说，句法、语义、语用三者哪一个处于核心地位，在汉语使用中又是如何相互影响的，这还需要更加深层次的分析和探讨。

由于语用研究还存在上述不足，为了给语用教学提供充足的依据，急需要进一步加强汉语语用本体的基础研究和汉语作为第二语言教学的语用研究，前者属于基础研究，后者属于应用研究。

首先要加强汉语语用本体研究，也就是研究汉语语用学。对汉语结构语用学的诸因素，包括话题、焦点、信息结构、口气、话语标记语等问题，以及汉语交际语用学的各个分析单元，包括指示、言语行为、预设、会话含意、礼貌原则、会话结构等现象，进行全面、细致、深入的考察、描写、分析和解释，归纳出汉语使用的规律和特点，并进一步升华为汉语语用学理论，建立相应的汉语语用学理论体系。另外，对与汉语语用规律和特点密切相关的社会因素、文化因素、思维习惯、价值观念等也要有深入的考察和清楚的认识。汉语语用本体研究的成果是汉语教学语用研究的基础，对汉语教学语用研究有指导作用。

汉语教学语用研究是直接服务于语用教学的研究，其研究成果应该可以直接运用到教材编写和课堂语用教学中，并能取得预期的教学效果，直接解决教师教什么、学习者学什么的问题。汉语教学语用研究主要需进行以下几个方面的研究：

第一，在汉语语用学研究的指导下建立一个各方基本都能接受的、有利于汉语语用教学的汉语教学语用体系，在对教学语用体系进行表述的时候，要尽量少使用术语，并尽可能做到通俗易懂，深入浅出。

第二，各个层次的汉语学习者分别应该掌握多少个语用项目？哪些语用项目？各个语用项目在教材中出现的先后顺序如何编排？如何复现？复现率是多少？

第三，开展对比分析，确定如何根据不同国别的特点制定不同的语用要点表。

第四，教给汉语学习者的语用知识的深度应该达到什么程度？需要分几个层次？如何分阶段地教给学习者？

三 语用教学对汉语教师的要求

语言教学是一个复杂的系统工程，在以教师为主导、以学生为中心的汉语课堂上，教师扮演着多种角色，包括课堂教学与学习活动的设计者、组织者、管理者、信息传递者、参与者、督导者、激励者、协调者等，教师需要对书本知识进行组织和安排，对教学内容进行筛选，对课堂教学活动进行控制，对学生言语表现进行反馈，尽量使用最有效的教学方法完成语言知识的传递和能力的培养。

教师的知识和能力是影响课堂教学成败的关键性因素。法国教育部汉语总督学白乐桑先生曾经指出：一个好老师使用一本不好的教材，远比一个不好的老师使用一本好教材教学效果好得多。可见教师在语言教学中的重要性。作为一名合格的语言教师，应具备多方面的素质和能力，其中学科知识是教师职业知识中的核心部分，它能够在很大程度上增强语言教师的职业自主权。格罗斯曼（Grossman）通过观察发现，"学科知识贫乏的教师只会按照教科书的结构组织教学内容，把学科知识表征为一系列静态的事实，而且对自己欠缺的知识往往采用回避的教学策略，避免学生提问，不能和学生建立积极而有意义的对话；而学科知识丰富的教师不仅不再严格套用教科书的结构，而且还能根据学生的实际采取其他有效的组织安排，用恰当适宜的多样化表征帮助学生建立概念间的联系，从而达到预期的教学目的"。[①] 也就是说，语言教师的学科知识在教学内容、教学过

[①] Grossman, P. L., *A study in Contrast*: *Sources of Content Knowledge for Secondary English Teacher*, unpublished doctoral dissertation, Stanford University, 1988: 56.

程等方面都发挥着潜移默化的作用，并在很大程度上决定了教学效果。对于汉语作为第二语言教学的教师来说，学科知识主要包括语言学知识、心理学知识、教育学知识、语言教学法知识、文学知识、其他文化知识，以及对这些知识灵活运用的能力。

受结构主义语言学和传统教学法影响，汉语教师基本上都倾向于把语音、词汇、语法、汉字等语言要素及语言要素教学作为自我学习和研究的重点，并将语言要素作为教学内容的重点贯穿于整个教学过程。而鉴于学习者语用能力的重要性以及语用教学在汉语教学中的重要地位，语用教学应纳入汉语教学的全过程，这就打破了传统上以语音、词汇、语法和汉字等语言要素为重点的教学模式，要使语用教学真正地在汉语教学活动中得以贯彻落实，需要对汉语教师的学科知识结构和教学能力提出更高的要求。

第一，汉语教师必须明白语用能力是交际能力的核心，并清楚地认识到语用教学在汉语教学中的重要地位。只有正确认识语用能力培养的重要性，才能将语用知识作为教学的重点内容，有意识地在具体的教学实践过程中开展目标明确的语用教学，才能提高教学质量，有效实现培养学习者汉语交际能力的教学目的。

第二，汉语教师应该了解语用学的基本理论，具备比较系统的汉语语用知识。语用知识是语用教学的基础，要开展语用教学，必须具备汉语语用知识。从学习者的认知角度来说，他们首先要理解所学的内容，然后才能将其内化。虽然不能把语用学理论知识直接教给学习者，但是教师必须做到心中有数，否则就难以有效地组织教学。因此，教师只有对汉语语用知识有了较为系统和全面的理性认识，才能敏锐地从言语材料中发现语用信息，进而有效地进行语用教学。对于学习者在使用汉语时出现的语用失误，教师不但要指出错在哪里，更要说明为什么是这样说而不是那样说；面对学习者提出的语用方面的疑问时，教师也要尽量给出合理的回答，这些都需要教师具备系统全面的汉语语用知识。

第三，汉语教师只掌握汉语的使用规律和特点还不够，还需要了解世界其他主要语言的语用文化相关知识。就知识的获得来说，新的知识是在旧知识基础上建构起来的。学习者在学习汉语之前，已经掌握了自己母语的全部使用规则，其母语的语用习惯已经在学习者的头脑中根深蒂固，学习者要掌握汉语的语用规律和语用特点，必然要以其母语为基础进行建构。教师如果对学习者母语的语用文化特点有所了解，在教学中就容易做到有的放矢，知道哪些语用点是重点和难点，就能够预见到学习者在哪些地方可能出现失误，可能出现什么样的语用失误，还能够预见到学习者在哪些地方可能会遇到理解或接受上的困难，以便有针对性地进行讲解和练习。

第四，汉语教师需要具备语用教学设计能力和随机应变的能力。语用教学设计能力是要求教师将语用教学自然地融入汉语教学过程当中，将语用教学渗透到课堂教学的每一个环节。在汉语课堂上，教师的教学语言是对学习者最直接的汉语输入，师生之间和学生之间的语言沟通是最真实的交际过程，教师在课堂上除了通过显性的教学向学习者分析、介绍、讲解语用知识，培养语用能力之外，还可以利用上课过程中的真实的交际活动，如寒暄、指令、评价、提问等，使学习者在亲身参与的有现实意义的交际过程中潜移默化地掌握汉语语用规律。另外，教师还可以随机应变，将课堂上的突发事件自然地转化为语用教学的案例，比如，遇到学生上课迟到时，可以讲讲汉语"道歉"的方式，等等。

第五，汉语教师应能够做到有效利用教材，合理改造教材。教材是最主要的课堂教学资源，教师应最大限度地发掘教材的长处，有效利用教材提供的各种言语素材。比如，课文或其他言语材料中所包含的有价值的语用信息，教材的注释或说明部分却没有明确介绍，就需要教师能够敏锐地注意到该语用信息，并将其提取出来，对学习者进行分析和讲解。另外，由于某些教材编写者能力上的欠缺或疏忽，一些教材在课文编写上存在不符合汉语运用实际的情况，教师应该及时发现这些问题，并根据汉语实际对其进行合理的改编和调整，使学习者能够了解到正确的汉语表达方式和表达习惯。

第六，汉语教师还应该是研究者，在语用教学与习得方面有一定的科研能力。陆俭明先生曾多次强调，从事汉语教学的老师不应只是"教书匠"，还应该从事一些相关的科研活动，可以成为"家"。汉语教师处在汉语作为第二语言教学的最前沿，与汉语学习者有最直接的接触，对实际的教学过程也有最深切的体悟，这些都是从事应用研究得天独厚的条件。一方面，汉语教师从事语用习得研究是汉语语用习得理论建设和发展的需要。教师可以通过对学习者语际语语用情况的分析和学习者汉语语用习得过程的观察，探寻语际语的语用特点和语用习得规律，丰富和发展语际语语用学理论。另一方面，汉语教师从事语用习得研究也是不断改进语用教学的需要。教师可以根据学习者使用汉语的情况，对学习者产生的语用失误进行分析和分类，在教学中作出相应的预测，采取有效的防范措施，以实现更好的教学效果，甚至还可以促进语用教学大纲的制定和建立更为科学实用的语用教学模式。

结　　语

语用能力是交际能力的核心，语用教学在第二语言教学中具有非常重要的地位。而长期以来，语用教学在对外汉语教学中一直处于被忽视的状态，这在很大程度上影响了汉语学习者交际能力的有效提高。在此背景下，本研究着力关注对外汉语语用教学，以语用学理论、第二语言习得理论和语际语语用学理论为基础，探讨对外汉语语用教学的教学内容和教学方法，通过实施课堂语用教学实验，考察语用教学效果。我们的研究过程是：经验的借鉴—实践的检验—理论的探讨，即首先借鉴国外相关研究成果提出汉语语用教学具有必要性和可行性的假设，然后通过精心设计的调查和语用教学实验对汉语语用教学的必要性和可行性进行验证，最后在经验和实践的基础上，从理论的高度探讨语用习得的规律和过程、语用教学模式，以及语用教学对教材编写的要求；在此过程中，本研究还首次通过系统的分析，描述出了对外汉语语用教学内容的基本框架。在研究方法上，我们采取了理论探讨和实践证明相结合，横向对比和纵向对比相结合，定量分析和定性分析相结合的综合式研究，从多个角度进行考察，避免了单一研究法可能造成的偏颇，尽可能地保证了研究结论的客观性。总起来说，本研究对汉语语用教学进行了较为全面和深入的探讨，研究结论较为客观，对汉语作为第二语言教学的理论和实践的发展有一定的积极意义。

一　主要研究结论

（一）通过汉外语用对比分析和汉语学习者语用失误分析，确定了对外汉语语用教学内容的基本框架。

结构语用方面，以英语为代表的西方语言的句子结构是句法的，注重形式的严谨性；汉语句子的结构是语用的，注重内容的意会性。汉语作为"语用优先"的语言，在结构语用方面有着与众不同的鲜明特点，很多汉语学习者所犯的错误，表面上看是句法偏误，而实质上是结构语用失误。汉语结构语用所涵盖的各个分析单元都应纳入对外汉语语用教学内容，其中又要以汉语个性突出的部分作为教学重点。具体包括：汉语句子"话题—说明"的结构框架，汉语句子焦点的表现手段，汉语句子信息结构的特点和规律，汉语句子变化的规律及其语用意义，汉语句子口气的表达方式，汉语话语标记语。

交际语用方面，中华民族文化独特的思想传统和精神内涵赋予了汉语独特的魅力，汉语交际中有着不同于其他语言文化的语用习惯和规则。汉外语用的差异和汉语学习者的语用失误在交际语用的每个基本分析单元都有所体现，因此，汉语交际语用各个方面的特点都应该成为对外汉语语用教学的内容。具体包括：汉语指示语，汉语言语行为的实现方式，汉语会话含意的理解方式及相应的礼貌原则和面子观念，汉语会话结构模式。

总的来说，语用教学的内容是非常丰富的，而且它们之间并不是各自孤立的，在教学中也不能截然分开，因为它们彼此之间本身就是相互关联的，或是从不同的角度对语言交际的分析和解释。所有的交际都在语境中进行，言语行为侧重于表达，会话含义侧重于解释；而言语行为的实施和会话含义的推导都要利用交际策略、会话结构特征、指示语、各种语言形式的语用功能和会话标记语。

（二）通过语用测试比较出了留学生与中国学生在语用能力上的差距及具体表现，并将实践与理论相结合探讨了汉语学习者语用认知的局限性对其话语生成和理解的制约。

汉语学习者的语用能力总体水平和汉语本族语者相比，有明显较大差距，具体表现为：结构语用方面，不能正确使用汉语"话题—说明"结构；不能准确判断和表达话语焦点信息；不能准确判断和正确使用汉语某些特殊句式的语用意义；话语信息结构安排不符合中国人的习惯；不能准确表达口气情态，没有增强口气的意识或习惯；不能准确理解和使用汉语话语标记语。交际语用方面，使用指示语时常常出现失误；不能准确理解某些话语含意，并容易由理解的失误而作出不恰当的回应；实施言语行为时，所使用的策略常常不符合中国人的习惯；实施言语行为时，不能完全遵循汉语的礼貌原则；实施言语行为时，运用的言语策略和言语形式种类比较单一，数量也比较少。

汉语和英语等其他语言在话语结构框架、焦点表现手段、信息结构安排、口气表达方式、话语标记语、指示语、礼貌原则、言语行为、会话结构模式等方面都存在差异，相应地，汉语学习者和汉语本族语者的认知语境也存在这些方面的差异，汉语学习者语用能力的差距是由于知识结构中对于汉语语用功能表达形式的匮乏或缺失，致使他们难以充分准确地表达交际信息；汉语学习者母语社会心理表征的迁移，致使他们生成的话语在语用原则的权衡上不符合汉语本族语者的习惯。作为用汉语交际的言语主体，他们在汉语话语生成和理解上受到极大的制约。

（三）汉语课堂上精心设计的语用教学对学习者语用能力的提高具有明显的促进作用，进而能够有效促进学习者汉语交际能力的发展。

根据两次教学实验发现，在实施教学前，留学生的语用能力普遍与中国学生存在巨大差距，这种差距在语用理解、语用策略选择和语用产出方面都有表现，既有结构语用能力的差距，也有交际语用能力的差距；教学实验过程中，实验组采用语用教学法授课，控制组采用传统教学法授课，两种教学法都重视词汇、语法的教学，都注意将讲授语言知识和培养语言技能相结合，并贯彻精讲多练的语言教学原则，不同的是语用教学将语言看作使用中的动态系统，有意识地在教学过程中将语用信息凸显出来，将语用教学有机地融入课堂教学的各个环节；教学实验后，接受语用教学的实验组学生的语用能力有明显提高，语用总体水平和各项语用能力均显著高于接受传统教学的控制组学生，更加接近汉语本族语者。说明语用教学对学习者语用能力的发展有极大的促进作用，在课堂上使用语用教学是提高汉语学习者语用能力行之有效的方法。不仅如此，相对于传统教学法，语用教学法对于提高学习者的汉语交际能力也有更加明显的促进作用。

（四）根据语用教学实践，并结合认知科学，初步提出了汉语语用习得理论。

语用习得是第二语言习得的核心，在语用视角下的语言习得，能够最大限度地把语言习得与交际能力联系起来，这样的语言习得是非常有效的习得。

学习者的语用认知可以分为三个层级：语用知识层级，即通过简单的认知，掌握语用知识；语用能力层级，即通过较为复杂的认知，获得语用能力；语用元认知策略层级，即通过更为复杂的认知，获得语用学习策略能力。这三个层级不是相互割裂的，而是整体连续的认知活动和过程。语用习得的信息处理过程也可以分为三个阶段：语用信息的感知、语用知识的记忆、语用能力的获得。这三个阶段在现实的语用习得过程中前后相继、环环相扣，是连续性的，在某些部分还有所重叠。在汉语教学中，可以引导学习者采用接受式学习的方式，将语用知识内化，纳入自己的知识结构之中，形成认知语境，进而能在交际中被激活和利用，提高语用能力。

（五）在实践和理论的基础上构建出完整的语用教学模式，并提出贯彻语用教学的教材编写所需要遵循的原则。

语用教学模式以语用学理论、语用习得理论、语用教学理论为基础，以培养学习者的语用能力和语用元认知策略为目标，具体的操作程序可分为四个阶段：1. 导入阶段：引导学习者进入学习情境；2. 语料呈现和语用知识讲解阶段：展示真实性语料、讲解语用知识，使学习者获得陈述性的语用知识；3. 练习阶段：通过模仿交际和准真实交际练习，使学习者获得语用能力；4. 评估和反馈阶段：对学习者使用语言的情况进行评估和反馈，及时纠正语用失误。

语用教学模式的教学策略要求，语用教学应注重教学内容的真实性、准确性和与时俱进；要根据不同国别背景的学习者的差异，有针对性地教学；要充分考虑学习者的认知发展水平和语言水平；应将教师说教式的知识传授和学习者的体验结合起来；注意培养学习者对语用信息的敏感性，发展其自主学习的能力；要注重教学过程的互动性；要尊重学习者的情感态度。

语言教材应体现学习者的习得规律和科学的教学方法，在汉语教材中呈现语用信息和语用知识应遵循的原则是：言语材料真实化；言语材料语境化；教材建设的立体化；语用信息应有现实性和代表性；合理安排语用教学内容，多次呈现，循序渐进；练习设计多样化；编写具有针对性的国别化教材。

二 本研究的创新与价值

（一）在相关理论的指导下对汉语语用教学进行了较为全面的研究。

语用教学在汉语教学中占有非常重要的地位，但是相关领域的研究却很薄弱。针对这种情况，本研究在语用学理论、第二语言习得理论和语际语语用学理论的基础上，对汉语语用教学进行了全方位的探讨，较为全面地勾勒出汉语语用教学内容的系统框架，分析了学习者语用习得的认知过程,提出了汉语语用教学原则和教学方法,在一定程度上解决了对外汉语语用教学"教什么""如何学""怎么教"的问题。在理论上充实和拓展了对外汉语教学的学科体系,为对外汉语语用教学实践提供了可以参考的内容和方法,有的研究成果,比如汉语语用教学模式,还可以直接应用于现实的教学活动。

(二)根据汉语的实际,对语用教学相关概念进行了重新分类和界定,摆脱了对国外理论的生搬硬套。

汉语是语用优先的语言,汉语所承载的是极具特色的文化。因此,我们明确提出汉语语用学应该包括结构语用学和交际语用学两部分,避免了重结构轻文化或重文化轻结构的片面性。结构语用学研究句法结构在使用中的变化及其产生的语用意义,研究范围限于上下文语境影响下的和句法表现形式有关的语用问题。交际语用学研究交际过程的原则和规律,研究范围涉及在情境语境和社会文化语境影响下语言的使用和理解。在此基础上提出,语用能力也应分为结构语用能力和交际语用能力,相应地汉语学习者的语用失误也分为结构语用失误和交际语用失误。

(三)本研究采用了实验研究和理论推导相结合的方法,在最大程度上保证了研究结论的科学性和可靠性。

以往的相关研究多为经验式的总结,或是从概念到概念的思辨性探讨,容易使研究结论带有明显的主观色彩和非现实性问题。本研究采用了在对外汉语教学界较少使用的实验研究法,利用了实验方法系统性、逻辑性强和容易量化的优势,并使用基于统计学的 SPSS17.0 对实验数据进行分析处理,使研究更具科学性。同时,理论推导和实践证明的结论彼此相近,并且能够互相说明和印证,尽可能地保证了研究结论的可靠性。

(四)根据汉语学习者和汉语本族语者语言使用情况的对比来评价学习者的语用水平,使评价更有客观性。

语用能力是一个相对的概念,即使是本族语使用者在交际中也会出现失误,无法达到尽善尽美的水平。因此,我们对汉语学习者语用能力高低的评判不以绝对的对错观或研究者单方面设定的尺度为标准,而是通过学习者语用能力与汉语本族语者语用能力的对比,找出学习者的差距,以确定学习者语用能力的相对水平和发展空间,这样就避免了单纯以学习者测试成绩的绝对值评判其语用能力所造成的不现实性。另外,语言在使用中是不断变化发展的,随着全球一体化进程的加快,汉语的使用也在悄悄发生着变化，一些传统观念下的语言使用规则已经不能完全适用于现实交际状况，根据汉语学习者和汉语本族语者语用情况的对比来评价学习者的语用能力，可以避免书本知识的滞后性和研究者个人体验的主观性所造成的偏颇。

三 本研究的不足之处

（一）由于汉语语用学本体研究的成果还比较分散，对汉语语用体系缺乏系统深入的分析，因此，本书中所作的汉外语用对比分析和学习者语用失误分析也会有很多疏漏，对语用教学内容的描述也只是框架性的概括，难以更加具体。

（二）来华留学生生活在目的语环境中，必然会对其汉语使用能力产生或多或少的影响，我们在研究过程中注意到了这个问题，在华时间较长的学习者语用能力总体优于在华时间较短的。但是由于对学习者生活环境和社交范围的具体情况了解有限，加之我们重点关注的是课堂教学，因此未能充分分析社会环境对学习者语用能力的影响。

（三）参与两次教学实验的留学生，其国别背景和母语背景比较复杂，分别来自14个国家，我们在研究过程中观察到了不同国家和母语背景的留学生对汉语使用规律和习惯的理解和接受程度不同，但由于条件所限没有作进一步针对性的研究。

四 研究展望

今后的语用教学研究需要更加深入、系统、细致，立足汉语自身的特点，注意理论与实践的有机结合和研究的多维性。

（一）汉语语用学本体研究和教学语用研究成果的匮乏极大地制约了实践中语用课堂教学的开展，因此急需在汉语语用学本体研究的基础上，积极开展汉语教学语用研究，较为系统地描述出汉语教学语用体系，划分语用项目难度等级，制定语用教学大纲，为语用教学实践和教材编写提供更加科学、客观和可靠的依据。

（二）在语用教学普遍规律的基础上，开展更加有针对性的研究。根据前文的相关分析，学习者在国家背景、年龄、学习环境等方面的差异使他们对语用教学的需求和要求也不尽相同。这就需要更加具体、更加有针对性的研究。比如，针对不同国别背景的研究，针对不同年龄层次的研究，针对不同学习时限的研究，针对不同学习目的的研究，针对是否在目的语环境中的研究，等等。

（三）进一步探讨汉语学习者语用习得的影响因素及其语用习得策略。本研究主要从认知过程上探讨了汉语学习者语用习得的特点。而影响学习者语用习得的还有一些其他的因素。要使语用习得的理论更加完善，还应从认知和社交两个方面研究汉语语用知识的习得和语用能力的发展规律，通过各种方式了解学习者在汉语语用习得过程中的情感态度、学习策略和交际策略对其语用能力发展的影响。

（四）逐步积累中介语口语语料，尝试建立汉语学习者中介语口语语料库。本研究对于汉语学习者语用失误的分析就是因为缺乏足够的中介语口语材料而不够全面。因此，中介语口语语料库的建设十分重要。只有在比较完善的中介语口语语料库的基础上，系统分析学习者的汉语使用情况，研究不同学习群体汉语中介语语用的共性和个性问题，对学习者的语用失误进行分类，探讨语用失误的规律和产生的深层次原因等，才能更加客观和科学，才能据此提出相应的教学对策，为对外汉语教学实践服务。

语际语语用学作为语用学与第二语言习得相结合的研究，发端于20世纪80年代，是一个比较年轻的学科，然而从其发展的历程中可以看到，语际语语用学越来越受到第二语言教学界的重视，其对汉语作为第二语言的教学也具有十分重要的理论意义和实践价值。同时，由于汉语自身的特点，语用教学在汉语教学中还具有更加不可忽视的地位，语用教学研究是汉语作为第二语言教学研究领域中不可或缺的重要组成部分。今后需要有更多的教师和学者投入相关的研究工作中来，以尽快改变目前语用教学研究的薄弱状态，进而形成自己的特色，丰富第二语言习得领域的研究成果，并为汉语作为第二语言的教学提供更好的指导。

参考文献

一 论著

蔡晓丽：《日韩和东南亚留学生习得汉语拒绝言语行为的调查研究》，硕士学位论文，暨南大学，2006年。

曹京渊：《语言交际中的语境研究》，山东文艺出版社2008年版。

陈昌来：《对外汉语教学概论》，复旦大学出版社2005年版。

陈俊森、樊葳葳、钟华：《跨文化交际与外语教育》，华中科技大学出版社2006年版。

程棠：《对外汉语教学目的、原则、方法》，北京语言大学出版社2008年版。

邓炎昌、刘润清：《语言与文化》，外语教学与研究出版社1989年版。

范晓：《三个平面的语法观》，北京语言文化大学出版社1996年版。

范晓玲：《教育统计学与SPSS》，湖南师范大学出版社2005年版。

冯广艺：《语用原则论》，暨南大学出版社2009年版。

龚千炎：《语言文字探讨》，北京语言学院出版社1994年版。

桂诗春、宁春岩：《语言学方法论》，外语教学与研究出版社1997年版。

国家对外汉语领导小组办公室：《汉语水平等级标准与语法等级大纲》，高等教育出版社1996年版。

国家对外汉语领导小组办公室：《高等学校外国留学生汉语教学大纲》，北京语言文化大学出版社2002年版。

国家汉语国际推广领导小组办公室：《国际汉语教学通用课程大纲》，外语教学与研究出版社2008年版。

姜望琪：《当代语用学》，北京大学出版社2003年版。

韩宝成：《外语教学科研中的统计方法》，外语教学与研究出版社 2001 年版。

何兆熊：《新编语用学概要》，上海外语教育出版社 2000 年版。

何自然、陈新仁：《当代语用学》，外语教学与研究出版社 2004 年版。

何自然、冉永平：《语用学概论》，湖南教育出版社 2006 年版。

胡庚申：《国际交流语用学》，清华大学出版社 2004 年版。

胡文仲、高一虹：《外语教学与文化》，湖南教育出版社 1997 年版。

黄锦章、刘焱：《对外汉语教学中的理论和方法》，北京大学出版社 2004 年版。

黄勇：《英汉语言文化比较》，西北工业大学出版社 2007 年版。

季羡林等：《中国大百科全书·语言文字卷》，中国大百科全书出版社 1988 年版。

李大忠：《外国人学汉语语法偏误分析》，北京语言文化大学出版社 1996 年版。

李丽娜：《汉语感谢言语行为分析及其教学探讨》，硕士学位论文，暨南大学，2004 年。

李泉主编：《对外汉语课程、大纲与教学模式研究》，商务印书馆 2006 年版。

李泉主编：《对外汉语教材研究》，商务印书馆 2006 年版。

李泉主编：《对外汉语教学理论研究》，商务印书馆 2006 年版。

梁宁建：《应用认知心理学》，上海教育出版社 2009 年版。

刘伯奎：《中华文化与汉语语用》，暨南大学出版社 2004 年版。

刘丽艳：《口语交际中的话语标记语》，博士学位论文，浙江大学，2005 年。

刘润清：《外语教学中的科研方法》，外语教学与研究出版社 1999 年版。

刘颂浩：《第二语言习得导论——对外汉语教学视角》，世界图书出版公司 2007 年版。

刘珣：《对外汉语教育学引论》，北京语言文化大学出版社 2000 年版。

刘月华、潘文娱、故韡：《实用现代汉语语法》（增订本），商务印书馆 2005 年版。

刘震、吴广、丁维岱、张召明：《SPSS 统计分析与应用》，电子工业出版社 2011 年版。

陆俭明：《作为第二语言的汉语本体研究》，外语教学与研究出版社 2005 年版。

卢华岩：《对外汉语课堂教学行为的理论与实践》，北京大学出版社 2011 年版。

吕必松：《吕必松自选集》，河南教育出版社 1994 年版。

吕必松：《对外汉语教学概论》（讲义），国家教委对外汉语教师资格审查委员会（内部资料），1996 年。

吕叔湘：《现代汉语八百词》（增订本），商务印书馆 2003 年版。

马冬：《中外文化交流及语用分析》，北京大学出版社 2006 年版。

毛悦：《汉语作为第二语言要素教学》，北京大学出版社 2010 年版。

彭增安：《跨文化的语言传通——汉语二语习得与教学》，学林出版社 2007 年版。

钱冠连：《汉语文化语用学》（第二版），清华大学出版社 2002 年版。

秦晓晴：《外语教学研究中的定量数据分析》，华中科技大学出版社 2003 年版。

秦晓晴：《外语教学问卷调查法》，外语教学与研究出版社 2009 年版。

屈承熹：《汉语认知功能语法》，黑龙江人民出版社 2005 年版。

冉永平：《语用学：现象与分析》，北京大学出版社 2006 年版。

冉永平、莫爱屏、王寅：《认知语用学——言语交际的认知研究》，上海外语教育出版社 2006 年版。

邵敬敏：《汉语语法的立体研究》，商务印书馆 2000 年版。

盛炎：《语言教学原理》，重庆出版社 1990 年版。

孙汝建：《汉语语用学探索》，中国文献出版社 2001 年版。

孙亚：《语用和认知概论》，北京大学出版社 2008 年版。

唐红芳：《跨文化语用失误研究》，西南交通大学出版社 2007 年版。

唐雪凝等：《对外汉语语用的多维度研究》，中国海洋大学出版社 2007 年版。

田艳：《国际汉语课堂教学研究——课堂组织与设计》，中央民族大学出版社 2010 年版。

佟慧君：《外国人学汉语病句分析》，北京语言学院出版社 1986 年版。

《外国语言文学》编辑部编辑：《语用学研究：文化、认知与应用》，福建人民出版社 2006 年版。

王建华：《汉英跨文化语用学研究》，博士学位论文，复旦大学，2002 年。

王建勤：《汉语作为第二语言的习得研究》，北京语言文化大学出版社 1997 年版。

王建勤：《汉语作为第二语言的学习者与汉语认知研究》，商务印书馆 2006 年版。

王力：《王力文集》（一），山东教育出版社 1984 年版。

王茜：《以英语为母语的汉语学习者口语话语标记语的使用研究》，硕士学位论文，华东师范大学，2008 年。

王美玲：《对外汉语文化语用教学研究》，博士学位论文，陕西师范大学，2010 年。

温锁林：《现代汉语语用平面研究》，北京图书馆出版社 2001 年版。

吴剑锋：《言语行为与现代汉语句类研究》，博士学位论文，华东师范大学，2006 年。

吴丽君等：《日本学生汉语习得偏误研究》，中国社会科学出版社 2002 年版。

吴为善：《透视汉语交际技巧》，上海古籍出版社 2005 年版。

谢媛媛：《显性教学对英语学习者使用道歉策略的影响》，硕士学位论文，江西师范大学，2007 年。

解正明：《社会语法学》，中国社会科学出版社 2008 年版。

熊学亮：《认知语用学概论》，上海外语教育出版社 1999 年版。

熊学亮：《简明语用学教程》，复旦大学出版社 2008 年版。

徐大明、陶红印、谢天蔚：《当代社会语言学》，中国社会科学出版社 1997 年版。

许林玉：《汉语"安慰"言语行为研究》，硕士学位论文，广西师范大学，2004 年。

徐子亮：《汉语作为外语教学的认知理论研究》，华语教学出版社

2000年版。

徐子亮、吴仁甫：《实用对外汉语教学法》，北京大学出版社2006年版。

徐子亮：《对外汉语教学心理学》，华东师范大学出版社2008年版。

徐子亮：《汉语作为外语的学习研究：认知模式与策略》，北京大学出版社2010年版。

许余龙：《对比语言学概论》，上海外语教育出版社1992年版。

杨惠元：《汉语听力说话教学法》，北京语言文化大学出版社1996年版。

杨寄洲主编：《对外汉语教学初级阶段教学大纲》，北京语言文化大学出版社1999年版。

杨仙菊：《第二语言语用习得：中国学习者英语"请求"言语行为习得的横向研究》，博士学位论文，上海外国语大学，2006年。

游汝杰、邹嘉彦：《社会语言学教程》（第二版），复旦大学出版社2009年版。

曾文雄：《语用学的多维研究》，浙江大学出版社2009年版。

张和生：《对外汉语课堂教学技巧》，商务印书馆2006年版。

张和生：《对外汉语教师素质与教师培训研究》，商务印书馆2006年版。

张和生、马燕华：《对外汉语教学示范教案》，北京师范大学出版社2009年版。

张红玲：《跨文化外语教学》，上海外语教育出版社2007年版。

张亭亭：《汉语言语交际中称赞语的性别差异研究》，硕士学位论文，北京语言大学，2007年。

张旺熹：《汉语特殊句法的语义研究》，北京语言大学出版社1999年版。

张艳玲、晓义：《当代汉语语用学》，湖北人民出版社2009年版。

赵金铭：《对外汉语教学概论》，商务印书馆2005年版。

赵金铭：《汉语可以这样教——语言技能篇》，商务印书馆2006年版。

赵永新：《汉外语言文化对比与对外汉语教学》，北京语言文化大学出版社1997年版。

周瑾序:《二语学习者道歉言语行为习得研究》,博士学位论文,上海外国语大学,2008年。

周思源等:《对外汉语教学与文化》,北京语言文化大学出版社1997年版。

周小兵、李海鸥主编,《对外汉语教学入门》,中山大学出版社2004年版。

朱德熙:《语法答问》,商务印书馆1985年版。

朱湘燕:《汉语批评言语行为研究及其对对外汉语教学的启示》,硕士学位论文,暨南大学,2002年。

左思民:《汉语语用学》,河南人民出版社2000年版。

[英]戴维·克里斯特尔:《现代语言学词典》,沈家煊译,商务印书馆2002年版。

[法]丹·斯珀波、[英]迪埃珏·威尔逊:《关联:交际与认知》,蒋严译,中国社会科学出版社2008年版。

[美]Graves,K.:《语言课程设计——教师指南》,北京师范大学"认知神经科学与学习"国家重点实验室脑与第二语言学习中心译,北京师范大学出版社2009年版。

[英]杰弗里·N.利奇:《语义学》,上海外语教育出版社1987年版。

[美]Larsen-Freeman,D.:《语言教学——从语法到语法技能》,北京师范大学"认知神经科学与学习"国家重点实验室脑与第二语言学习中心译,北京师范大学出版社2009年版。

[美]罗纳德·斯考伦、苏珊·王·斯考伦:《跨文化交际:话语分析法》,社会科学文献出版社2001年版。

[英]Nunan,D.:《第二语言教学与学习》,北京师范大学"认知神经科学与学习"国家重点实验室脑与第二语言学习中心译,北京师范大学出版社2009年版。

[美]Scovel,T.:《学习新语言——第二语言习得论》,北京师范大学"认知神经科学与学习"国家重点实验室脑与第二语言学习中心译,北京师范大学出版社2009年版。

[德]威廉·冯·洪堡特:《论人类语言结构的差异及其对人类精神发展的影响》,姚小平译,商务印书馆1997年版。

[英]Woods,A.、Fletcher,P.、Hughes,A.:《语言研究中的统计

方法》，陈小荷、徐娟、雄文新、高建忠译，北京语言文化大学出版社 2000 年版。

［比］耶夫·维索尔伦：《语用学诠释》，钱冠连、霍永寿译，清华大学出版社 2003 年版。

Austin, J. L., *How to Do Things with Words*, Oxford: Oxford University Press, 1962.

Bachman, L. F., *Fundamental Considerations in Language Testing*, Oxford: OUP, 1990.

Barron, A., *Acquisition in Interlanguage Pragmatics*, Amsterdam/Philadeophia: John Benjamins Publishing Company, 2002.

Brown, G., Levinson, S., *Politeness: Some Universals in Language Usage*, Cambridge: Cambridge University Press, 1987.

Blum-Kulka, S., House, J., Kasper, G. eds., *Cross-cultural Pragmatics*, Norwood, NJ: Ablex, 1989.

Corder, S. P., *IntroducingApplied Linguistics*, Harmondsworth: Penguin Books, 1973.

Cruse, A., *A Glossary of Semantics and Pragmatics*, Edinburgh: Edinburgh University Press, 2006.

Crystal, D., *The Cambridge Encyclopedia of Language*, Cambridge: Cambridge University Press, 1987.

Cummings, L., *Pragmatics: A Multidisciplinary Perspective*, 北京大学出版社, 2007.

Ellis, R., *The Study of Second Language Acquisition*, Oxford: Oxford University Press, 1994.

Fasold, R., *Sociolinguistics of Language*, Oxford: Blackwell, 1993.

Grossman, P. L., *A study in Contrast: Sources of Content Knowledge for Secondary English Teacher*, unpublished doctoral dissertation, Stanford University, 1988.

Griffiths, P., *An Introduction to English Semantics and Pragmatics*, Edinburgh: Edinburgh University Press, 2006.

Hinkel, E. ed., *Culture in Second Language Teaching and Learning*, 上海外语教育出版社, 2001 年。

Hong, G. , *Research Methodology in Cross-Cultural Pragmatics*: *An Inquiry into Date Collection Procedures*, 北京: 外语教学与研究出版社, 2005.

Huang, Y. , *The Syntax and Pragmatics of Anaphora*, Cambridge: Cambridge University Press, 1994.

Hymes, D. , *Foundations in Sociolinguistics*, Philadelphia: University of Pennsylvania Press, 1974.

Kasper, G. , Blum-Kulka, S. eds. , *Interlanguage Pragmatics*, Oxford: Oxford University Press, 1993.

Lakoff, G. , Johnson, M. , *Philosoohy in the Flesh — The Embodied Mind and Its Challenge to Western Thought*, New York: Basic Books, 1999.

Leech, G. , *Semantics*, Harmondsworth: Penguin, 1981.

Leech, G. , *Principles of Pragmatics*, London and New York: Longman, 1983.

Levinson, S. C. , *Pragmatics*, Cambridge: Cambridge University Press, 1983.

Lyons, J. , *Semantics*, Cambridge: Cambrige University Press, 1977.

Mey, J. L. , *Pragmatics: An Introduction*, Oxford: Blackwell, 1993.

Mey, J. L. , *Concise Encyclopedia of Pragmatics (Second Edition)*, Oxford: Elsevier Ltd, 2009.

Morris, C. W. , *Signs, Language, Behaviour*, Cambridge, Mass: MIT Press, 1946.

Morrow, C. K. , *The Pragmatic Effects of Instruction on ESL Learners' Production of Complaint and Refusal Speech Acts*, Unpublished Ph. D. Dissertation, State University of NewYork at Buffalo, Buffalo, NY, 1996.

Rose, K. R. , Kasper, G. eds. , *Pragmatics in Language Teaching*, Cambridge: Cambridge University Press, 2001.

Salkie, R. , *Text and Discourse Analysis*, Landon: Routledge, 1995.

Sperber, D. , Wilson, D. , *Relevance: Communication and Cognition*, Oxford: Blackwell1, 1995.

Takahashi, T. , DuFon, M. , *Cross-linguistic Influence in indirectness: The Case of English Directives performed by Native Japanese Speakers*, Unpublished manuscript, Department of English as a Second Language, University of

Hawaiiat Manoa, 1989.

Thomas, J., *Meaning in Interaction: An Introduction to Pragmatics*, London: Longman, 1995.

Wooffitt, R., *Conversation Analysis and Discourse Analysis*, Landon: SAGE Publications, 2005.

Yule, G., *Pragmatics*, 上海外语教育出版社，2000.

二 论文

白娟、贾放：《汉语元语用标记语功能分析与留学生口头交际训练》，《语言文字应用》2006年第S2期。

白郁：《英语信息焦点实现手段研究》，《国际关系学院学报》2000年第4期。

曹春春：《礼貌准则与语用失误——英汉语用失误现象比较研究》，《外语学刊》1998年第2期。

曹秀玲、杨素英、黄月圆、高立群、崔希亮：《汉语作为第二语言话题句习得研究》，《世界汉语教学》2006年第3期。

常敬宇：《对外汉语教学应重视语气情态表达》，《世界汉语教学》1988年第4期。

常敬宇：《语用对句法句式的制约》，《语文研究》2000年第1期。

常敬宇：《谈句子的语用研究》，《汉语学习》2001年第2期。

陈成辉、刘绍忠：《言语行为理论对外语教学的启示》，《四川外语学院学报》2002年第2期。

陈平：《汉语中结构话题的语用解释和关系化》，徐赳赳译，《国外语言学》1996年第4期。

陈香兰：《从认知因素的重视程度纵览语用推理研究》，《外语研究》2007年第5期。

陈作宏：《语用分析在汉语中级口语教学中的运用》，《语言与翻译》2003年第1期。

陈作宏：《第二语言汉语教学中语用知识的合理利用》，《民族教育研究》2004年第1期。

崔希亮：《语言交际能力与话语的会话含义》，《语言教学与研究》1992年第2期。

崔希亮：《现代汉语称谓系统与对外汉语教学》，《语言教学与研究》1996年第2期。

戴浩一：《时间顺序和汉语的语序》，《国外语言学》1988年第1期。

戴炜栋、杨仙菊：《第二语言语用习得的课堂教学模式》，《外语界》2005年第1期。

董晓红：《对不同阶段英语专业学生语用能力的调查与分析》，《外语教学》1994年第3期。

杜泽兵：《英语情态表达的构式》，《天中学刊》2008年第2期。

范开泰：《论汉语交际能力的培养》，《世界汉语教学》1992年第1期。

范开泰：《语法分析三个平面》，《语言教学与研究》1993年第3期。

樊小玲、胡范铸、林界军、马小玲：《"小姐"称呼语的语用特征、地理分布及其走向》，《语言文字应用》2004年第4期。

方梅：《汉语对比焦点的句法表现手段》，《中国语文》1995年第4期。

马光武：《汉语语用标记语的语义、语用分析》，《现代外语》（季刊）2004年第1期。

高一虹、李玉霞、边永卫：《从结构观到建构观：语言与认同研究综观》，《语言教学与研究》2008年第1期。

关德英：《人称指示在汉语、英语中的语用对比分析》，《河北理工大学学报》（社会科学版）2006年第4期。

顾曰国：《礼貌、语用与文化》，《外语教学与研究》1992年第4期。

江晓红：《语际语用学的课堂研究——恭维语与恭维语回应的可教性探析》，《肇庆学院学报》2005年第1期。

姜占好：《中介语语用学研究及其对提高学生语用能力的启示》，《山东外语教学》2003年第2期。

何刚：《论语用的文化语境制约》，《山东外语教学》1997年第2期。

何自然、冉永平：《关联理论——认知语用学基础》，《现代外语》1998年第3期。

何自然、张巨文：《外语教学中的语用路向探索》，《山东外语教学》2003年第4期。

洪岗：《英语语用能力调查及其对外语教学的启示》，《外语教学与研究》1991 年第 4 期。

洪岗：《语际语用学研究》，《杭州教育学院学报》2000 年第 3 期。

胡裕树、范晓《试论语法研究的三个平面》，《新疆师范大学学报》1985 年第 2 期。

胡壮麟：《英汉疑问语气系统的多层次和多元功能解释》，《外国语》1994 年第 1 期。

黄国文：《交际能力与交际语言学》，《现代外语》1993 年第 3 期。

李军、宋燕妮：《面子理论在汉文化中的考察》，《修辞学习》2004 年第 2 期。

李军、薛秋宁：《语际语用学及其应用》，《语言文字应用》2007 年第 1 期。

李瑞华：《语用的最高原则——得体》，《外国语》1994 年第 3 期。

李晓亮：《对外汉语教材的几个问题》，《世界汉语教学》1996 年第 4 期。

刘丹青：《语义优先还是语用优先——汉语语法学体系建设断想》，《语文研究》1995 年第 2 期。

刘建达：《话语填充测试方法的多层面 Rasch 模型分析》，《现代外语》2005 年第 2 期。

刘建达：《中国学生英语语用能力的测试》，《外语教学与研究》2006 年第 4 期。

刘建达：《语用能力测试的评卷对比研究》，《现代外语》（季刊）2007 年第 4 期。

刘绍忠：《语境与语用能力》，《外国语》1997 年第 3 期。

刘绍忠、廖凤荣：《海外汉语语用学研究：现状与启示》，《外国语》2006 年第 2 期。

刘颂浩、田俊杰：《留学生汉语语用情况调查》，《语言文字应用》1999 年第 1 期。

刘正文：《华语教学的语用学思考》，《暨南学报》（哲学社会科学）1998 年第 4 期。

鲁川：《语义的先决性·句法的强制性·语用的选定性》，《汉语学习》2000 年第 3 期。

陆丙甫：《从语义、语用看语法形式的实质》，《中国语文》1998 年第 5 期。

陆俭明：《汉语教员应有的意识》，《世界汉语教学》2005 年第 1 期。

吕必松：《关于教学内容与教学方法问题的思考》，《语言教学与研究》1990 年第 2 期。

吕必松：《对外汉语教学学科理论建设的现状和面临的问题》，《语言文字应用》1999 年第 4 期。

吕俞辉：《对外汉语教学的语用观》，《上海大学学报》（社会科学版）2002 年第 2 期。

吕文华、鲁健骥：《外国人学汉语的语用失误》，《汉语学习》1993 年第 1 期。

牟金江：《英语课堂教学语言的语用分类及其优化设计》，《课程·教材·教法》2007 年第 2 期。

曲卫国、陈流芳：《论传统的中国礼貌原则》，《学术月刊》1997 年第 7 期。

曲卫国、陈流芳：《汉语招呼分析》，《华东师范大学学报》（哲学社会科学版）2001 年第 3 期。

权立宏：《汉语中男女在称赞和称赞回应使用上的差异分析》，《现代外语》2004 年第 1 期。

冉永平：《外语学习的语用学综览与管见》，《外语研究》2006 年第 1 期。

单力真：《汉语环境下请人帮助言语行动的对话结构类型和语列研究》，《语言文字应用》2004 年第 2 期。

上海外国语学院对外汉语系：《零起点一年制留学生基础汉语教学总体设计》，《语言教学与研究》1986 年第 4 期。

沈家煊：《汉语的主观性和汉语语法教学》，《汉语学习》2009 年第 1 期。

束定芳、张逸岗：《从一项调查看教材在外语教学过程中的地位和作用》，《外语界》2004 年第 2 期。

石定栩：《汉语主题句的特性》，《现代外语》1998 年第 2 期。

施春宏：《现代汉语规范化的规则本位和语用本位》，《语文建设》1999 年第 1 期。

施关淦：《再论语法研究的三个平面》，《汉语学习》1993 年第 2 期。

宋瑜：《语际语用学与外语教学》，《云南师范大学学报》（哲学社会科学版）2003年第1期。

宋振芹：《中国跨文化语用学研究述评》，《南京邮电大学学报》（社会科学版），2010年第3期。

孙晓曦、张东波：《美国大学生汉语"请求"言语行为能力研究》，《世界汉语教学》2008年第3期。

唐韧：《英语信息结构和指称已知性/未知性：语法和非语法限定》，《宁波大学学报》（人文科学版）2010年第6期。

田朝霞：《英语口语语篇中的调核位置与信息焦点》，《外语与外语教学》2005年第4期。

王传经：《间接言语行为及其对英语教学的启示》，《外语教学》1993年第2期。

王春晖：《汉语回谢语类型与使用的社会语言学考察》，《语言教学与研究》2008年第4期。

王德珮：《谈句型教学中交际性原则的运用》，《语言教学与研究》1987年第2期。

王凤兰：《语用能力、语境与对外汉语教学》，《西南民族大学学报》（人文社科版）2005第6期。

王尧美：《对外汉语教材的创新》，《语言教学与研究》2007年第4期。

王银萍：《英语句子结构成分的移位和制约条件》，《外语研究》1993年第2期。

吴伟平：《汉语教学中的语用点：由点到面的教学实践》，《世界汉语教学》2006年第1期。

吴伟平：《社会语言学理论与对外汉语教学实践》，《语言教学与研究》2009年第2期。

肖薇、郭晓华：《英汉指示语用法差异》，《广西社会科学》2005年第5期。

熊学亮：《语用学和认知语境》，《外语学刊》1996年第3期。

徐思益：《汉语的特点及其研究方法》，《语言与翻译》（汉文）2007年第3期。

闫荣、张磊：《讨论式大学英语精读教学对大学生英语语用习得影响的实验研究》，《北京第二外国语学院学报》2008年第8期。

杨春红、刘萍：《显性语用课堂教学实验研究报告》，《重庆文理学院学报》（社会科学版）2008年第1期。

杨文慧：《正负语用迁移与外语语用效应问题探析》，《华南理工大学学报》（社会科学版）2004年第4期。

阴瑛：《英语话语标记语的元语用功能研究》，《语文学刊》2010年第9期。

余广川：《从句法、语义、语用三个平面的结合看"主谓谓语句"的本质》，《西南民族学院学报》2001年第3期。

俞可音：《话语关联的语用效度》，《华南师范大学学报》（社会科学版）2002年第5期。

张巨文：《语用与教学："上而下"路径实施的几点看法》，《郑州大学学报》（哲学社会科学版）2004年第3期。

张积家、陈俊：《汉语称呼语概念结构的研究》，《语言文字应用》2007年第2期。

张克定：《汉语语用语法研究的设想》，《河南大学学报》（社会科学版）2000年第3期。

张黎：《言语策略与语言教学——中高级汉语教学向语用扩展》，《语言文字应用》2002年第2期。

张鲁昌：《对外汉语教学中言语行为的语用条件研究》，《云南师范大学学报》（对外汉语教学与研究版）2005年第5期。

张绍杰、杨忠：《语用学的形成、确立及其发展》，《外语学刊》1990年第4期。

张绍杰、王晓彤：《"请求"言语行为的对比研究》，《现代外语》1997年第3期。

张新红、何自然：《语用翻译：语用学理论在翻译中的应用》，《现代外语》2001年第3期。

章一鸣：《试论语法分析中的语用平面》，《杭州大学学报》1993年第4期。

赵金铭：《对外汉语教材创新略论》，《世界汉语教学》1997年第2期。

赵清永：《从语法研究的三个平面看外国留学生的误句》，《北京师范大学学报》（社会科学版）1994 年第 6 期。

周虹：《对外汉语教学中的语用观》，《语文学刊》2008 第 9 期。

朱炼红：《显性教学对语用能力发展的影响》，《山东外语教学》2008 年第 1 期。

朱志平、江丽莉、马思宇：《1998—2008 十年对外汉语教材述评》，《北京师范大学学报》（社会科学版）2008 年第 5 期。

［瑞典］Allwood, J.：《语用学概观》，沈家煊译，《国外语言学》1985 年第 1 期。

Bardovi-Harlig, K., Hartford, B., "Learning the Rules of Academic Talk: A Longitudinal Study of Pragmatic Change", *Studies in Second Language Acquisition*, 1993, 15.

Bouton, L. F. "Across-cultural Study of Ability to Interpret Implicatures in English", *World English*, 1988, 17.

Bouton, L. F., "Conversational Implicature in the Second Language: Learned Slowly When Not Deliberately Taught", *Journal of Pragmatics*, 1994, 22.

Blum-Kulka, S., "Learning How to Say What You Mean in a Second Language: A Study of Speech Act Performance of Learners of Hebrew as a Second L anguage", *Applied Linguistics*, 1982, 3.

Canale, M., Swan, M., "Theoretical Bases of Communicative Approaches to Second Language Teaching and Testing", *Applied Linguistics*, 1980, 1.

Carrell, P. L., "Indirect Speech Acts in ESL: Indirect Answers", In C. A. Yorio, K. Perkins, J. Schach ter eds., *On TESOL'* 79, Washington, D. C.: TESOL, 1979.

Cohen, A., Olshtain, E., "Developi ng a Measure of Sociolinguistic Competence: The Case of apology", *Language Learning*, 1981, 31.

Cohen, A., "Developing theAbility to Perform Speech Acts", *Studies in Second L anguage Acquisition*, 1996, 18.

Cortazzi, M., Jin, L., "Cultural Mirrors: Materials and Methods in the EFL Classroom", In Hinkel, E. ed., *Culture in Second Language Teaching and Learning*, Cambridge: Cambrige University Press, 1999.

Cutting, J. C., "Comprehension vs. Production", In Sandra, D., Östman, J. O., J. Verschuerent eds., *Cognition and Pragmatics*, Amsterdam / Philadelphia: John Benjamins Publishing Company, 2009.

Ellis, N. C., "Language Acquisition as Rational Contingency Learning", *Applied Linguistics*, 2006, 1.

Grice, H. P., "Logic and Conversation", In Cole, P., Morgan, J. L. eds., *Syntax and Semantics* 3: *Speech Acts*, New York: Academic Pr, 1975.

Harris, Z. S., "Discourse Analysis", *Language*, 1952, 1.

Horn, L. R., "Towards a New Taxonomy for Pragmatic Inference: Q-based and R-based Implicature", In Schiffrin, D. ed., *Meaning, Form, and Use in Context: Linguisitic Applications*, Washington, D. C.: Georgetown University Press, 1984.

House, J., "DevelopingPragmatic Fluency in English as a Foreign Language", *Studies in Second Language Acquisition*, 1996, 18.

House, J., Kasper, G. "Interlanguage Pragmatics: Requesting in a Foreign Language", In W, Lrscher, Schultze, R. eds., *Perspectives on Language in Performance*, Tübingen: Gunter Narr, 1987.

Hymes, D., "On Communication Competence", In Pride, J. B., Holmes, J. eds., *Sociolinguistics*, Hanmondsworth, England: Penguin Books, 1972.

Kaplan, R. B., "Culture Thought Patterns in Intercultural Education", *Langugae Learning*, 1966, 18.

Kasper, G., "Pragmatic Transfer", *Second Language Research*, 1992, 8.

Levinson, S. C., "Pragmatics Reduction of the Binding Conditions Revisited", *Journal of Linguisitics*, 1991, 27.

Maeshiba, N., Yoshinaga, N., Kasper, G., Ross, S., "Transfr and Proficiency in Interlanguage Apologizing", In Gass, S., Neu, J. eds., *Speech Acts Across Cultures*, Berlin: Mouton, 1996.

Mao, L. M. R., "Beyond Politeness Theory: 'Face' Revisited and Renewed", *Journal of Pragmatics*, 1994, 21.

Olshtain, E., "Sociolinguistic Competence and Language Transfer: The

Case of Apology", In Gass, S., Selinker, L. eds., *Language Transfer in Language Learning*, Rowley, MA: Newbury House, 1983.

Robinson, M. A., "Introspectivemet hodology in interlanguage pragmatics research", In Kasper, G. ed., *Pragmatics of Japanese as Native and Target Language, Second Language Teaching and Curriculum* (*Center Technical Report No. 3*), Honolulu, HI: University of Hawaii Press, 1992.

Rose, K. R., "Pragmatic Consciousness-Raising in an EFL Context", *Pragmatics and Language Learning, Monograph Series*, 1994, 5.

Rose, K. R., "Pragmatics in Teacher Education for Nonnative-Speaking Teachers: A Consciousness-Raising Approach", *Language, Culture and Curriculum*, 1997, 2.

Ryan R. M., Deci, E. L., "Intrinsic and Extrinsic motivations: Classic Definitions and New Directions", *Comtemporary Educational Psychology*, 2000, 25.

Searle, J., "Indirect Speech Acts", In Cole, P, Morgan, J. L. eds., *Syntax and Semantics*3: *Speech Acts*, New York: Academic Pr, 1975.

Scarcella, R., "On Speaking Politely in a Second Language", In Yorio, C. A., Perkins, K., Schachter, J. eds., *On TESOL*' 79, Washington, D. C.: TESOL, 1979.

Takahashi, T., Beebe, L. M., "The Development of Pragmatic Competence by Japanese Learners of English", *JALT Journal*, 1987, 8.

Thomas, J., "Cross-Cultural Pragmatic Failure", *Applied Linguisitics*, 1983, 4.

Trosborg, A., "Apology Strategies in Natives/Non-natives", *Journal of Pragmatics*, 1987, 11.

Wildner-Bassett, M., "Intercultural Pragmatics and Proficiency: 'Polite' Noise for Cultural Appropriateness", *International Review of Applied Linguistics*, 1994, 32 (1).

Winddowson, H., "Knowledge of Language and Ability for Use", *Applied Linguisitics*, 1989, 2.

附　　录

附录一　问卷材料

汉语语用能力调查问卷（前测）
第一部分　书面话语填充

1. 你在学校操场碰到了你的老师。

   你说：＿＿＿＿＿＿＿＿＿＿＿＿

   老师说：你好。

2. 小张去杭州旅行的时候给她的朋友小李买了一条围巾，小李收到礼物非常高兴。

   小张说：＿＿＿＿＿＿＿＿＿＿＿＿＿＿＿＿＿＿＿＿＿＿＿＿＿＿＿＿＿＿

   小李说：真漂亮，谢谢你！

   小张说：＿＿＿＿＿＿＿＿＿＿＿＿＿＿＿＿＿＿＿＿＿＿＿＿＿＿＿＿＿＿

3. 你的朋友小王请你星期天中午十二点去他家吃饭，可是因为路上堵车，你十二点半才到他家。

   你说：＿＿＿＿＿＿＿＿＿＿＿＿＿＿＿＿＿＿＿＿＿＿＿＿＿＿＿＿＿＿＿

4. 晚上，你去张老师家做客，快十点的时候你要走。

   你说：＿＿＿＿＿＿＿＿＿＿＿＿＿＿＿＿＿＿＿＿＿＿＿＿＿＿＿＿＿＿＿

   老师送你到门口，说：＿＿＿＿＿＿＿＿＿＿＿＿＿＿＿＿＿＿＿＿＿＿＿

5. 看到你的同学身体不舒服，你想问他是不是病了。

   你说：＿＿＿＿＿＿＿＿＿＿＿＿＿＿＿＿＿＿＿＿＿＿＿＿＿＿＿＿＿＿＿

6. 小红和莉莉一起去买衣服，有一件衣服莉莉很喜欢，她穿上以后问小红怎么样，小红觉得不好看。

   小红说：＿＿＿＿＿＿＿＿＿＿＿＿＿＿＿＿＿＿＿＿＿＿＿＿＿＿＿＿＿＿

7. 你有事要回老家几天，向老师请假。

你说：_____

8. 你到朋友小王家做客，他的妈妈和你聊天。

小王妈妈说：你父母多大年纪了？

你说：_____

9. 你在学校碰到了小王和一个漂亮的女孩在一起。

小王说：这是我的女朋友。

你说：_____

10. 这个周末你想请小王看电影。

你对小王说：_____

11. 小王请小张周末看电影，小张有空，但是不想去。

小张对小王说：_____

12. 小王在杭州旅游，住在如家酒店，有一天他一个人出去逛街找不到回酒店的路了，他向街上的人问路。

小王说：_____

13. 小王和小李每天都一起吃饭，今天小王想吃川菜。

小王对小李说：_____

14. 你在同学家聊天，他房间的窗户开着，你觉得有点冷，想让他把窗户关上。

你说：_____

15. 马克告诉他的同学他会说英语、法语和日语，他们很吃惊。

他的同学说：_____

16. 你到小王家做客，小王的妈妈夸你学习成绩好。

你说：_____

17. 莉莉穿了一件新衣服，你觉得很漂亮。

你说：_____

莉莉说：_____

18. 你的同学期末考试只得了 50 分，你想安慰他。

你说：_____

19. 小王结婚了，你去参加他的婚礼。

你对他们说：_____

20. 坐公交车的时候，小偷偷了你的钱包，你把这件事告诉你的同学。

你说：＿＿＿＿＿＿＿＿＿＿＿＿＿＿＿＿＿＿＿

21. 小偷偷了你的钱包，你很生气。

你说：＿＿＿＿＿＿＿＿＿＿＿＿＿＿＿＿＿＿＿

22. 你和同学约好一起去公园跑步，可下课以后突然下雨了，你跟同学建议第二天再去跑步。

你说：＿＿＿＿＿＿＿＿＿＿＿＿＿＿＿＿＿＿＿

23. 马克写的作业总是有很多错字，老师找他谈话。

老师说：＿＿＿＿＿＿＿＿＿＿＿＿＿＿＿＿＿＿

第二部分　多项选择话语填充

1. 你要去中山公园和女（男）朋友约会，走到学校门口的时候碰到你的中国朋友小王。

小王说：去哪儿啊？

你说：＿＿＿＿＿＿＿＿＿＿＿＿

A. 去约会　　B. 出去一下儿　　C. 去中山公园约会　　D. 去中山公园

好＿＿　＿＿　＿＿　＿＿不好

2. 你在饭店吃饭，服务员给你上菜。

你说：谢谢！

服务员：＿＿＿＿＿＿＿＿＿＿＿＿

A. 不客气！　B. 不用谢！　C. 应该的！　D. 什么也不说

好＿＿　＿＿　＿＿不好

3. 小张和朋友小王要一起去动物园，约好了星期五上午九点在动物园门口见面，可是因为路上堵车，小张九点二十才到。

小张说：＿＿＿＿＿＿＿＿＿＿＿＿

A. 对不起，我迟到了。　B. 真不好意思，让你久等了。　C. 真不好意思啊，路上堵车。

好＿＿　＿＿　＿＿不好

4. 晚上，你去张老师家做客，快十点的时候你要走。

你说：＿＿＿＿＿＿＿＿＿＿＿＿

A. 不早了，我该走了。　　B. 您累了，我该走了。　　C. 张老师，再见。

　　好____　____　____不好

　5. 看到你的同学身体不舒服，你想问他怎么了。

　　你说：_____

　　A. 你身体好吗？　　B. 你是不是不舒服？　　C. 你感冒了吗？

　　好____　____　____不好

　6. 小红和莉莉一起去买衣服，有一件黑色的衣服莉莉很喜欢，她穿上以后问小红怎么样，小红觉得不好看。

　　小红说：_____

　　A. 一点儿也不好看。　　B. 挺好看的。　　C. 我觉得颜色太黑了。

　　好____　____　____不好

　7. 你有事要回家几天，向老师请假。

　　你说：老师_____

　　A. 我想请几天假。　　B. 我有事得回家，想请几天假。　　C. 我想请几天假，我有事得回家。

　　好____　____　____不好

　8. 你到朋友小王家做客，他的妈妈和你聊天。

　　小王妈妈说：你父母多大年纪了？

　　你说：_____

　　A. 他们四十多岁了。　　B. 我爸爸四十五岁，妈妈四十三岁。　　C. 不告诉你。

　　好____　____　____不好

　9. 你在学校碰到小李和一个漂亮的女孩儿在一起。

　　小李：这是我的女朋友。

　　你对那个女孩儿说：_____

　　A. 你好！　　B. 你真漂亮！　　C. 你叫什么名字？

　　好____　____　____不好

　10. 这个周末小王想请你看电影。

　　小王对你说：_____

　　A. 这个周末你有空吗？我想请你看电影。　　B. 这个周末我请你看电影。　　C. 这个周末和我一起看电影吧。

好____ ____ ____不好

11. 小王请你周末看电影，你有空，但是不想去。

你对小王说：_____

A. 我不想看电影。　B. 最近好像没什么特别好看的电影。　C. 周末我没空。

好____ ____ ____不好

12. 小王在杭州旅游，住在如家酒店，有一天他一个人出去逛街找不到回酒店的路了，他向街上的人问路。

小王说：_____

A. 你好，请问去如家酒店怎么走？　B. 对不起，请问去如家酒店怎么走？　C. 不好意思，请问去如家酒店怎么走？

好____ ____ ____不好

13. 小王和小李每天都一起吃饭，今天小王想吃川菜。

小王对小李说：_____

A. 咱们今天吃川菜啊。　B. 咱们今天吃川菜吧。　C. 咱们今天吃川菜嘛。　D. 我要吃川菜。

好____ ____ ____ ____不好

14. 你到小王家做客，小王的妈妈夸你学习成绩好。

你说：_____

A. 哪里，哪里，我还差得远呢。　B. 谢谢！　C. 我还可以吧。　D. 什么也不说。

好____ ____ ____ ____不好

15. 莉莉穿了一件新衣服，你觉得很漂亮。

你说：_____

A. 你今天真漂亮！　B. 这件衣服真漂亮！　C. 我很喜欢你这件衣服。

好____ ____ ____不好

莉莉说：_____

A. 哪里，哪里。　B. 我觉得不太好看。　C. 谢谢！

好____ ____ ____不好

16. 小王的奶奶过生日，小王请你参加奶奶的生日宴会。

你对奶奶说：_____

A. 祝你生日快乐！　　B. 祝您福如东海，寿比南山！　　C. 祝您身体健康！

好____ ____ ____不好

17. 坐公交车的时候，小偷偷了你的钱包，你把这件事告诉你的同学。

你说：_____

A. 我的钱包丢了。　　B. 小偷偷了我的钱包。　　C. 我的钱包被偷了。

好____ ____ ____不好

18. 小偷偷了你的钱包，你很生气。

你说：_____

A. 真气人！　　B. 气死我了！　　C. 我太生气了！

好____ ____ ____不好

19. 你和同学约好一起去公园跑步，可下课以后突然下雨了，你跟同学建议第二天再去跑步。

你说：_____

A. 我看，咱们明天再去吧。　　B. 明天再去好吗？　　C. 今天不能跑了，明天跑。

好____ ____ ____不好

20. 小明写的作业总是有很多错字，老师找他谈话。

老师说：_____

A. 你的作业写得不错，要是没有错字就更好了。　　B. 你太笨了，怎么总是写错字？　　C. 你就不能认真一点儿？

好____ ____ ____不好

21. 你在饭店吃饭，想向服务员要餐巾纸。你说：_____，请给我两张餐巾纸。

你坐出租车时，中途要下车一下儿，请司机等你一会儿。你说：_____，麻烦你等我一下儿。

A. 服务员　　B. 司机　　C. 师傅　　D. 小姐

22. 教室里的窗户开着，天气很冷，风很大，老师说："真冷啊！"

老师的意思是：_____

A. 今天天气很冷。　　B. 问学生是不是觉得冷。　　C. 请把窗户关

上。　　D. 不知道

23. 马克告诉他的同学他会说英语、法语和日语，他们说："真的吗？"

他们的意思是：＿＿＿＿＿＿＿＿＿＿

A. 马克很了不起。　B. 不相信马克说的话。　C. 问马克是不是真的会说这三种语言。

24. 小王感冒了，在医院看病，医生给他开了一些药，说："要按时吃药，完了还要多喝水，多休息。"

"完了"的意思是：＿＿＿＿＿＿＿＿＿＿

A. 吃完药　　B. 感冒好了以后　　C. 没有特别的意思　　D. 不知道

汉语语用能力调查问卷（实验一后测）
第一部分　书面话语填充

1. 小王和小李刚认识不久，小王请小李吃饭。

小王：你看看想吃什么？

小李：＿＿＿＿＿＿＿＿＿＿

小王：那我来点，＿＿＿＿＿＿＿＿＿＿？

2. 小王请小李吃饭，小李没胃口，但还是和小王去了餐厅。

点菜的时候小李说：＿＿＿＿＿＿＿＿＿＿

3. 丈夫肚子饿了想吃面包，可是打开冰箱发现面包不见了，他问妻子。

丈夫：＿＿＿＿＿＿＿＿＿＿？

妻子：儿子吃了。

4. 小王在小李家做客，小王觉得热，希望小李打开空调。

小王说：＿＿＿＿＿＿＿＿＿＿

5. 小丽穿了一件漂亮的新衣服，小红看见了。

小红说：这件衣服真漂亮！

小丽说：＿＿＿＿＿＿＿＿＿＿

6. 王强（男）穿了一件新衣服，很帅，李刚看见了。

李刚说：你今天很帅！

王强说：＿＿＿＿＿＿＿＿＿＿

7. 小王去小李家做客，小李的妈妈在家，她的年纪比小王的父母大，小王跟她打招呼。

小王：＿＿＿＿＿＿＿＿＿＿＿

8. 小王和小李是同事，有一天经理让他们俩一起完成一个工作，但是小王的妈妈生病住院了，小王有点儿忙不过来，他想请小李帮忙多做一些。

小王对小李说：＿＿＿＿＿＿＿＿＿＿＿＿＿＿＿＿＿＿＿＿

9. 火车上人很多，小王在找自己的座位，他想请前面的人让一让。

小王说：＿＿＿＿＿＿＿＿，请让一下。

找着找着，小王不小心踩了一个人的脚。

小王说：＿＿＿＿＿＿＿＿＿＿＿＿＿＿＿＿＿＿＿＿＿＿

10. 小李想买一件奢侈品，但是钱不够，他向小王借钱。

小李对小王说：＿＿＿＿＿＿＿＿＿＿＿＿＿＿＿＿＿＿＿＿

小王不愿意借钱给小李。

小王对小李说：＿＿＿＿＿＿＿＿＿＿＿＿＿＿＿＿＿＿＿＿

第二部分　多项选择话语填充

1. 小王和小李刚认识不久，小王请小李吃饭。

小王：你看看想吃什么？

小李：＿＿＿＿＿＿＿＿＿＿＿

A. 我要吃清蒸鱼。　　B. 你点吧，我吃什么都行。　　C. 我不会点菜。

好＿＿＿ ＿＿＿ ＿＿＿ ＿＿＿不好

小王：那我来点，＿＿＿＿＿＿＿＿＿＿＿＿＿＿＿＿＿＿＿

A. 来个水煮牛肉怎么样？　　B. 来个水煮牛肉。

C. 你喜欢什么口味的菜？有什么东西不吃吗？

好＿＿＿ ＿＿＿ ＿＿＿不好

2. 小王请小李吃饭，小李没胃口，但还是和小王去了餐厅。

点菜的时候小李说：＿＿＿＿＿＿＿＿＿＿＿＿＿＿＿＿＿＿

A. 少点几个菜吧，我今天没胃口。　　B. 你点的菜我都不想吃。

C. 我今天没胃口。

好＿＿＿ ＿＿＿ ＿＿＿不好

3. 丈夫肚子饿了想吃面包，可是打开冰箱发现面包不见了，他问妻子。

  丈夫：_____？

  妻子：儿子吃了。

  A. 面包谁吃了？ B. 面包去哪儿了？ C. 谁吃了面包？

  好____ ____ 不好

  4. 小王在小李家做客，小王觉得热，希望小李打开空调。

  小王说：_____

  A. 你怎么不开空调？ B. 把空调打开好吗？ C. 我觉得很热。

  好____ ____ 不好

  5. 小丽（女）穿了一件漂亮的新衣服，小红看见了。

  小红说：这件衣服真漂亮！

  小丽说：_____

  A. 哪里，哪里！ B. 谢谢，还可以吧。 C. 我也觉得很漂亮。

  好____ ____ 不好

  6. 王强（男）穿了一件新衣服，很帅，李刚看见了。

  李刚说：你今天很帅！

  王强说：_____

  A. 谢谢！ B. 还可以吧。 C. 哪里，哪里！

  好____ ____ 不好

  7. 小王去小李家做客，小李的妈妈在家，她的年纪比小王的父母大，小王跟她打招呼。

  小王：_____

  A. 阿姨你好！ B. 伯母你好！ C. 阿姨您好！ D. 伯母您好！

  好____ ____ ____ ____不好

  8. 小王和小李是同事，有一天经理让他们俩一起完成一个工作，但是小王的妈妈生病住院了，小王有点儿忙不过来，他想请小李帮忙多做一些。

  小王对小李说：_____

  A. 这个工作你帮忙多做一点儿好吗？

  B. 我妈妈生病住院了，我这几天忙不过来，工作你帮我多做点好吗？

  C. 工作你帮我多做点好吗？我妈妈生病住院了，我这几天忙不过来。

  好____ ____ ____ 不好

9. 火车上人很多，小王在找自己的座位，他想请前面的人让一让。

小王说：_____，请让一下。

A. 不好意思　　B. 对不起

好____ ____ 不好

找着找着，小王不小心踩了一个人的脚。

小王说：_____

A. 不好意思。　　B. 对不起。

好____ ____ 不好

10. 小李想买一件奢侈品，但是钱不够，他向小王借钱。

小李对小王说：_____

A. 能借我 1000 块钱吗？　　B. 能借我 1000 块钱吗？我想买个高级手机。

C. 我想买个高级手机，能借我 1000 块钱吗？

好____ ____ ____ 不好

小王不愿意借钱给小李。

小王对小李说：_____

A. 我不愿意借钱给你。　　B. 我没那么多钱。

C. 你应该节省一点儿，别大手大脚。

好____ ____ ____ 不好

汉语语用能力调查问卷（实验二后测）
第一部分　书面话语填充

1. 你坐公交车的时候把手机放在上衣口袋里，下车以后你发现手机不见了，你觉得一定是小偷偷了你的手机。

你把这件事告诉你的朋友：_____。

2. 小王和小李在谈论他们刚买的面包。

小王说：_____。

小李说：我买了三个。

3. 小王听说 SM 周末有很多东西都打折，想去逛逛，她想叫小李和她一起去。

小王对小李说：_____。

4. 小王数学考了 100 分。

小李说：你真了不起！

小王说：_____

5. 小丽（女）穿了一件漂亮的新衣服，小红看见了。

小红说：这件衣服真漂亮！

小丽说：_____

6. 王强（男）穿了一件新衣服，很帅，李刚看见了。

李刚说：你今天很帅！

王强说：_____

7. 李刚看见王强和一个漂亮的女生走在一起，就问王强那个女生是不是王强的女朋友，王强说不是。

李刚说：王强，那天和你在一起的女生是你女朋友吧？

王强说：_____。

8. 小王和小李约好一起去看电影，可是小王突然有事不能去了，她打电话告诉小李。

小王说：_____。

9. 小张要去机场接一个朋友，但是不知道怎么坐公交车。小赵也要去机场接人，而且知道怎么坐车，他建议小张和他一起去。

小赵说：_____。

小张说：_____。

10. 小王请小李吃饭。

小王：你看看想吃什么？今天我请客。

小李：_____

小王：_____

第二部分　多项选择话语填充

1. 你坐公交车的时候把手机放在上衣口袋里，下车以后你发现手机不见了，你觉得一定是小偷偷了你的手机。

你把这件事告诉你的朋友：_____。

A. 我的手机丢了。　　B. 我的手机被偷了。　　C. 小偷偷了我的手机。

好____ ____ ____ 不好

2. 小王和小李在谈论他们刚买的面包。

小王说：＿＿＿＿＿＿＿＿＿＿。

小李说：我买了三个。

A. 我买了四个面包。　B. 我买了四个。　C. 面包我买了四个。

好＿＿　＿＿　＿＿　不好

3. 小王听说 SM 周末有很多东西都打折，想去逛逛，她想叫小李和她一起去。

小王对小李说：＿＿＿＿＿＿＿＿＿＿。

A. 咱们一起去 SM 逛逛吧！　B. 你想去 SM 逛逛吗？

C. 听说 SM 有很多东西都打折，咱们去逛逛吧！

好＿＿　＿＿　＿＿　不好

4. 小王数学考了 100 分。

小李说：你真了不起！

小王说：＿＿＿＿＿＿＿＿＿＿

A. 哪里，哪里！　B. 谢谢！　C. 还可以吧。

好＿＿　＿＿　＿＿　不好

5. 小丽（女）穿了一件漂亮的新衣服，小红看见了。

小红说：这件衣服真漂亮！

小丽说：＿＿＿＿＿＿＿＿＿＿

A. 哪里，哪里！　B. 谢谢！　C. 我也觉得很不错。

好＿＿　＿＿　＿＿　不好

6. 王强（男）穿了一件新衣服，很帅，李刚看见了。

李刚说：你今天很帅！

王强说：＿＿＿＿＿＿＿＿＿＿

A. 谢谢！　B. 还可以吧。　C. 哪里，哪里！

好＿＿　＿＿　＿＿　不好

7. 小王和小李认识时间不长，一天小王请小李吃饭。

小王：你看看想吃什么？今天我请客。

小李：＿＿＿＿＿＿＿＿＿＿

A. 那我就不客气了，来个清蒸鱼吧。　B. 你点菜吧，我吃什么都行。

C. 我想吃清蒸鱼。

好＿＿　＿＿　＿＿　不好

小王：＿＿＿＿＿＿＿＿＿＿＿＿

A. 你喜欢吃什么口味的菜？　B. 你能吃辣的吗？来个辣子鸡丁怎么样？

C. 来个辣子鸡丁，再来个麻婆豆腐。

好＿＿ ＿＿ ＿＿ 不好

8. 小王和小李约好一起去看电影，可是小王突然有事不能去了，她打电话告诉小李。

小王说：＿＿＿＿＿＿＿＿＿＿＿＿。

A. 我不能和你去看电影了。B. 真不好意思，我不能和你去看电影了。

C. 我突然有事，不能和你去看电影了，真不好意思。

好＿＿ ＿＿ ＿＿ 不好

9. 小张要去机场接一个朋友，但是不知道怎么坐公交车。小赵也要去机场接人，而且知道怎么坐车，他建议小张和他一起去。

小赵说：＿＿＿＿＿＿＿＿＿＿＿＿。

A. 我也要去机场，你和我一起去吧。　B. 我也要去机场，你和我一起去怎么样？

C. 我也要去机场，你和我一起去，好不好？

好＿＿ ＿＿ ＿＿ 不好

小张说：＿＿＿＿＿＿＿＿＿＿＿＿。

A. 你真好！　B. 太好了！　C. 谢谢你！

好＿＿ ＿＿ ＿＿ 不好

10. 李刚看见王强和一个漂亮的女生走在一起，就问王强那个女生是不是王强的女朋友。

李刚说：王强，那天和你在一起的女生是你女朋友吧？

王强说：哪儿啊！

王强的意思是：＿＿＿＿＿＿＿。

A. 她不是我女朋友。　B. 你在哪里看见我们在一起？　C. 那个女生在哪儿？

附录二　不同受试多项选择话语填充部分具体情况

实验一 MDCT 前测选择情况对比　　　　　　　　　　（单位:%）

题号	A 中国	A 实验组	A 控制组	B 中国	B 实验组	B 控制组	C 中国	C 实验组	C 控制组	D 中国	D 实验组	D 控制组
1	5	0	5	82.5	5	10	0	95	65	12.5	0	20
2	32.5	60	45	42.5	30	30	17.5	5	25	7.5	5	0
3	7.5	20	35	25	75	65	67.5	5	0	—	—	—
4	52.5	20	25	45	75	60	2.5	5	15	—	—	—
5	2.5	35	30	87.5	45	50	10	20	20	—	—	—
6	0	40	25	22.5	5	0	77.5	55	75	—	—	—
7	2.5	5	5	80	30	45	17.5	65	50	—	—	—
8	72.5	15	25	27.5	85	75	0	0	0	—	—	—
9	95	50	70	5	35	25	0	15	5	—	—	—
10	85	95	100	5	5	0	10	0	0	—	—	—
11	2.5	30	15	70	45	45	27.5	25	40	—	—	—
12	47.5	35	30	0	25	40	52.5	40	30	—	—	—
13	0	20	15	95	65	55	5	10	20	0	5	10
14	57.5	85	85	27.5	10	15	12.5	5	0	2.5	0	0
15_1	12.5	45	65	85	20	15	2.5	35	20	—	—	—
15_2	32.5	60	65	0	0	0	67.5	40	35	—	—	—
16	2.5	45	30	80	50	35	17.5	5	35	—	—	—
17	20	15	10	2.5	45	50	77.5	40	40	—	—	—
18	12.5	5	15	87.5	50	55	0	45	30	—	—	—
19	70	15	35	30	70	40	0	15	25	—	—	—
20	57.5	75	70	0	0	0	42.5	25	30	—	—	—
21_1	52.5	75	75	0	0	0	0	0	0	47.5	15	5
21_2	0	20	0	2.5	10	30	95	65	60	0	0	0
22	5	15	15	2.5	15	0	92.5	70	85	0	0	0
23	85	35	25	10	10	30	5	55	45	—	—	—
24	10	55	55	0	45	35	90	0	10	0	0	0

实验二 MDCT 前测选择情况对比 （单位:%）

题号	A 中国	A 实验组	A 控制组	B 中国	B 实验组	B 控制组	C 中国	C 实验组	C 控制组	D 中国	D 实验组	D 控制组
1	5.56	0	0	80.56	0	9.68	0	88.46	77.42	13.89	11.54	12.9
2	33.33	46.15	54.84	41.67	50	35.48	16.67	3.85	6.45	8.33	0	3.23
3	8.33	65.38	38.71	27.78	19.23	32.26	63.89	15.38	29.03	—	—	—
4	55.56	15.38	19.35	41.67	38.46	35.48	2.78	46.15	45.16	—	—	—
5	2.78	53.85	51.61	88.89	23.08	29.03	8.33	23.08	19.35	—	—	—
6	0	19.23	29.03	19.44	19.23	19.35	80.56	61.54	51.61	—	—	—
7	2.78	19.23	6.45	77.78	57.69	41.94	19.44	23.08	51.61	—	—	—
8	69.44	7.69	38.71	30.56	88.46	61.29	0	3.85	0	—	—	—
9	94.44	61.54	77.42	5.56	19.23	22.58	0	19.23	0	—	—	—
10	83.33	73.08	67.74	5.56	23.08	12.9	11.11	3.85	19.35	—	—	—
11	2.78	50	48.39	66.67	38.46	35.48	30.56	11.54	16.13	—	—	—
12	52.78	53.85	51.61	0	26.92	16.13	47.22	19.23	32.26	—	—	—
13	0	15.38	19.35	94.44	50	45.16	5.56	26.92	22.58	0	7.69	12.9
14	52.78	7.69	58.06	30.56	80.77	35.48	13.87	7.69	6.45	2.78	3.85	0
15_1	13.87	38.46	25.81	83.33	15.38	35.48	2.78	46.15	38.71	—	—	—
15_2	25	11.54	54.84	0	7.69	3.23	75	80.77	41.94	—	—	—
16	2.78	50	48.39	83.33	34.62	22.58	13.87	15.38	29.03	—	—	—
17	16.67	26.92	16.13	2.78	57.69	35.48	80.56	15.38	48.39	—	—	—
18	11.11	30.77	25.81	88.89	19.23	29.03	0	50	45.16	—	—	—
19	69.44	30.77	25.81	30.56	46.15	51.61	0	23.08	22.58	—	—	—
20	55.56	69.23	61.29	0	7.69	12.9	44.44	23.08	25.81	—	—	—
21_1	52.78	53.85	54.84	0	3.85	0	0	0	0	47.22	42.31	45.16
21_2	0	7.69	0	2.78	42.31	61.29	97.22	42.31	35.48	0	7.69	3.23
22	5.56	34.62	70.97	2.78	23.08	3.23	91.67	38.46	25.81	0	3.85	0
23	86.11	19.23	9.68	11.11	30.77	22.58	2.78	50	67.74	—	—	—
24	8.33	42.31	48.39	0	42.31	32.26	91.67	3.85	9.68	0	11.54	9.68

附　录

实验一 MDCT 后测选择情况对比　　　　　　　　　　　（单位:%）

题号	A 中国	A 实验组	A 控制组	B 中国	B 实验组	B 控制组	C 中国	C 实验组	C 控制组	D 中国	D 实验组	D 控制组
1_1	0	0	10	100	90	65	0	10	25	—	—	—
1_2	5	10	75	0	0	0	95	90	25	—	—	—
2	100	90	75	0	0	0	0	10	25	—	—	—
3	7.5	25	5	92.5	70	60	0	5	35	—	—	—
4	0	0	5	35	40	50	65	60	45	—	—	—
5	17.5	10	55	82.5	80	25	0	10	20	—	—	—
6	60	50	35	5	10	10	35	40	55	—	—	—
7	0	5	15	5	0	0	7.5	25	55	87.5	70	30
8	0	0	0	97.5	100	40	2.5	0	60	—	—	—
9_1	95	95	75	5	5	25	—	—	—	—	—	—
9_2	10	30	35	90	70	65	—	—	—	—	—	—
10_1	7.5	15	20	25	20	50	67.5	65	30	—	—	—
10_2	0	0	5	67.5	70	65	32.5	30	30	—	—	—

实验二 MDCT 后测选择情况对比　　　　　　　　　　　（单位:%）

题号	A 中国	A 实验组	A 控制组	B 中国	B 实验组	B 控制组	C 中国	C 实验组	C 控制组
1	27.78	23.08	32.26	72.22	73.08	29.03	0	3.85	38.71
2	2.78	30.77	87.1	27.78	26.92	9.68	69.44	42.31	3.22
3	2.78	15.38	19.35	0	19.23	19.35	97.22	65.38	61.29
4	52.78	65.38	41.94	38.89	34.62	45.16	8.33	0	12.9
5	8.33	3.85	45.16	80.56	88.46	38.71	11.11	6.45	16.13
6	72.22	84.62	41.94	13.89	6.45	9.68	13.89	6.45	48.39
7_1	5.56	26.92	64.52	94.44	57.69	19.35	0	15.38	16.13
7_2	58.33	42.31	9.68	41.67	42.31	74.2	0	15.38	16.13
8	0	11.54	9.68	13.89	15.38	29.03	86.11	73.08	61.29
9_1	55.56	38.46	19.35	44.44	30.77	45.16	0	30.77	35.48
9_2	2.78	6.45	12.9	91.67	46.15	41.94	5.56	46.15	45.16
10	100	92.31	80.65	0	6.45	16.13	0	0	3.22

附录三 问卷 SPSS17.0 数据处理结果

实验一 WDCT 后测单项得分 ANOVA 分析

因变量	(I) 分组	(J) 分组	均值差 (I-J)	标准误	显著性	95% 置信区间 下限	95% 置信区间 上限
题1.1	1	2	0.71250*	0.14594	0.000	0.3360	1.0890
	1	3	0.83750*	0.12200	0.000	0.5245	1.1505
	2	1	-0.71250*	0.14594	0.000	-1.0890	-0.3360
	2	3	0.12500	0.18092	0.870	-0.3276	0.5776
	3	1	-0.83750*	0.12200	0.000	-1.1505	-0.5245
	3	2	-0.12500	0.18092	0.870	-0.5776	0.3276
题1.2	1	2	0.15000	0.11511	0.495	-0.1434	0.4434
	1	3	0.32500	0.15042	0.119	-0.0623	0.7123
	2	1	-0.15000	0.11511	0.495	-0.4434	0.1434
	2	3	0.17500	0.17798	0.702	-0.2713	0.6213
	3	1	-0.32500	0.15042	0.119	-0.7123	0.0623
	3	2	-0.17500	0.17798	0.702	-0.6213	0.2713
题2	1	2	0.00000	0.12211	1.000	-0.3069	0.3069
	1	3	0.45000*	0.10216	0.000	0.1960	0.7040
	2	1	0.00000	0.12211	1.000	-0.3069	0.3069
	2	3	0.45000*	0.13154	0.005	0.1205	0.7795
	3	1	-0.45000*	0.10216	0.000	-0.7040	-0.1960
	3	2	-0.45000*	0.13154	0.005	-0.7795	-0.1205
题3	1	2	0.22500	0.09230	0.073	-0.0166	0.4666
	1	3	0.42500*	0.13705	0.018	0.0663	0.7837
	2	1	-0.22500	0.09230	0.073	-0.4666	0.0166
	2	3	0.20000	0.16524	0.552	-0.2154	0.6154
	3	1	-0.42500*	0.13705	0.018	-0.7837	-0.0663
	3	2	-0.20000	0.16524	0.552	-0.6154	0.2154

续表

因变量	(I) 分组	(J) 分组	均值差 (I-J)	标准误	显著性	95% 置信区间 下限	95% 置信区间 上限
题4	1	2	0.18750	0.10247	0.215	-0.0723	0.4473
	1	3	0.33750*	0.11743	0.024	0.0378	0.6372
	2	1	-0.18750	0.10247	0.215	-0.4473	0.0723
	2	3	0.15000	0.14189	0.653	-0.2048	0.5048
	3	1	-0.33750*	0.11743	0.024	-0.6372	-0.0378
	3	2	-0.15000	0.14189	0.653	-0.5048	0.2048
题5	1	2	0.08750	0.11304	0.829	-0.1977	0.3727
	1	3	0.48750*	0.12519	0.002	0.1699	0.8051
	2	1	-0.08750	0.11304	0.829	-0.3727	0.1977
	2	3	0.40000*	0.14956	0.033	0.0262	0.7738
	3	1	-0.48750*	0.12519	0.002	-0.8051	-0.1699
	3	2	-0.40000*	0.14956	0.033	-0.7738	-0.0262
题6	1	2	0.23750	0.12645	0.196	-0.0822	0.5572
	1	3	0.76250*	0.12395	0.000	0.4495	1.0755
	2	1	-0.23750	0.12645	0.196	-0.5572	0.0822
	2	3	0.52500*	0.15591	0.005	0.1356	0.9144
	3	1	-0.76250*	0.12395	0.000	-1.0755	-0.4495
	3	2	-0.52500*	0.15591	0.005	-0.9144	-0.1356
题7	1	2	0.27500	0.12274	0.092	-0.0327	0.5827
	1	3	0.45000*	0.15228	0.019	0.0635	0.8365
	2	1	-0.27500	0.12274	0.092	-0.5827	0.0327
	2	3	0.17500	0.17158	0.678	-0.2550	0.6050
	3	1	-0.45000*	0.15228	0.019	-0.8365	-0.0635
	3	2	-0.17500	0.17158	0.678	-0.6050	0.2550
题8	1	2	0.07500	0.07304	0.676	-0.1103	0.2603
	1	3	0.37500*	0.11035	0.008	0.0905	0.6595
	2	1	-0.07500	0.07304	0.676	-0.2603	0.1103
	2	3	0.30000	0.12434	0.064	-0.0134	0.6134
	3	1	-0.37500*	0.11035	0.008	-0.6595	-0.0905
	3	2	-0.30000	0.12434	0.064	-0.6134	0.0134

续表

因变量	（I）分组	（J）分组	均值差（I－J）	标准误	显著性	95％置信区间 下限	95％置信区间 上限
题9.1	1	2	0.20000	0.13426	0.381	－0.1413	0.5413
	1	3	0.17500	0.13091	0.473	－0.1574	0.5074
	2	1	－0.20000	0.13426	0.381	－0.5413	0.1413
	2	3	－0.02500	0.16966	0.998	－0.4487	0.3987
	3	1	－0.17500	0.13091	0.473	－0.5074	0.1574
	3	2	0.02500	0.16966	0.998	－0.3987	0.4487
题9.2	1	2	0.02500	0.11328	0.995	－0.2646	0.3146
	1	3	0.12500	0.09426	0.479	－0.1139	0.3639
	2	1	－0.02500	0.11328	0.995	－0.3146	0.2646
	2	3	0.10000	0.13475	0.845	－0.2373	0.4373
	3	1	－0.12500	0.09426	0.479	－0.3639	0.1139
	3	2	－0.10000	0.13475	0.845	－0.4373	0.2373
题10.1	1	2	0.10000	0.12789	0.824	－0.2220	0.4220
	1	3	0.47500*	0.10915	0.000	0.2028	0.7472
	2	1	－0.10000	0.12789	0.824	－0.4220	0.2220
	2	3	0.37500*	0.14131	0.035	0.0213	0.7287
	3	1	－0.47500*	0.10915	0.000	－0.7472	－0.2028
	3	2	－0.37500*	0.14131	0.035	－0.7287	－0.0213
题10.2	1	2	0.22500	0.09350	0.068	－0.0128	0.4628
	1	3	0.67500*	0.13881	0.000	0.3168	1.0332
	2	1	－0.22500	0.09350	0.068	－0.4628	0.0128
	2	3	0.45000*	0.15791	0.023	0.0524	0.8476
	3	1	－0.67500*	0.13881	0.000	－1.0332	－0.3168
	3	2	－0.45000*	0.15791	0.023	－0.8476	－0.0524

＊"1"指中国受试，"2"指实验组，"3"指控制组。以下各表均同。

实验一 MDCT 后测单项得分 ANOVA 分析

因变量	(I) 分组	(J) 分组	均值差 (I-J)	标准误	显著性	95% 置信区间 下限	95% 置信区间 上限
题1.1	1	2	0.05000	0.03441	0.413	-0.0401	0.1401
		3	0.22500*	0.07673	0.025	0.0242	0.4258
	2	1	-0.05000	0.03441	0.413	-0.1401	0.0401
		3	0.17500	0.08410	0.135	-0.0394	0.3894
	3	1	-0.22500*	0.07673	0.025	-0.4258	-0.0242
		2	-0.17500	0.08410	0.135	-0.3894	0.0394
题1.2	1	2	0.02500	0.03858	0.891	-0.0727	0.1227
		3	0.32500*	0.05539	0.000	0.1825	0.4675
	2	1	-0.02500	0.03858	0.891	-0.1227	0.0727
		3	0.30000*	0.06283	0.000	0.1419	0.4581
	3	1	-0.32500*	0.05539	0.000	-0.4675	-0.1825
		2	-0.30000*	0.06283	0.000	-0.4581	-0.1419
题2	1	2	0.05000	0.03441	0.413	-0.0401	0.1401
		3	0.12500	0.04967	0.062	-0.0050	0.2550
	2	1	-0.05000	0.03441	0.413	-0.1401	0.0401
		3	0.07500	0.06043	0.531	-0.0768	0.2268
	3	1	-0.12500	0.04967	0.062	-0.2550	0.0050
		2	-0.07500	0.06043	0.531	-0.2268	0.0768
题3	1	2	0.13750	0.06895	0.164	-0.0400	0.3150
		3	0.33750*	0.11010	0.018	0.0513	0.6237
	2	1	-0.13750	0.06895	0.164	-0.3150	0.0400
		3	0.20000	0.12644	0.327	-0.1189	0.5189
	3	1	-0.33750*	0.11010	0.018	-0.6237	-0.0513
		2	-0.20000	0.12644	0.327	-0.5189	0.1189
题4	1	2	0.02500	0.06794	0.977	-0.1450	0.1950
		3	0.12500	0.07702	0.306	-0.0691	0.3191
	2	1	-0.02500	0.06794	0.977	-0.1950	0.1450
		3	0.10000	0.08736	0.594	-0.1185	0.3185
	3	1	-0.12500	0.07702	0.306	-0.3191	0.0691
		2	-0.10000	0.08736	0.594	-0.3185	0.1185

续表

因变量	(I) 分组	(J) 分组	均值差 (I-J)	标准误	显著性	95%置信区间 下限	95%置信区间 上限
题5	1	2	0.06250	0.07950	0.823	-0.1405	0.2655
	1	3	0.38750*	0.08254	0.000	0.1764	0.5986
	2	1	-0.06250	0.07950	0.823	-0.2655	0.1405
	2	3	0.32500*	0.10622	0.012	0.0597	0.5903
	3	1	-0.38750*	0.08254	0.000	-0.5986	-0.1764
	3	2	-0.32500*	0.10622	0.012	-0.5903	-0.0597
题6	1	2	0.08750	0.08943	0.706	-0.1371	0.3121
	1	3	0.16250	0.08548	0.184	-0.0516	0.3766
	2	1	-0.08750	0.08943	0.706	-0.3121	0.1371
	2	3	0.07500	0.10435	0.857	-0.1857	0.3357
	3	1	-0.16250	0.08548	0.184	-0.3766	0.0516
	3	2	-0.07500	0.10435	0.857	-0.3357	0.1857
题7	1	2	0.15625	0.09109	0.267	-0.0763	0.3888
	1	3	0.48125*	0.09358	0.000	0.2421	0.7204
	2	1	-0.15625	0.09109	0.267	-0.3888	0.0763
	2	3	0.32500*	0.12078	0.031	0.0233	0.6267
	3	1	-0.48125*	0.09358	0.000	-0.7204	-0.2421
	3	2	-0.32500*	0.12078	0.031	-0.6267	-0.0233
题8	1	2	-0.01250	0.01250	0.690	-0.0437	0.0187
	1	3	0.28750*	0.05757	0.000	0.1381	0.4369
	2	1	0.01250	0.01250	0.690	-0.0187	0.0437
	2	3	0.30000*	0.05620	0.000	0.1529	0.4471
	3	1	-0.28750*	0.05757	0.000	-0.4369	-0.1381
	3	2	-0.30000*	0.05620	0.000	-0.4471	-0.1529
题9.1	1	2	0.00000	0.03049	1.000	-0.0762	0.0762
	1	3	0.10000	0.05265	0.195	-0.0352	0.2352
	2	1	0.00000	0.03049	1.000	-0.0762	0.0762
	2	3	0.10000	0.05561	0.229	-0.0412	0.2412
	3	1	-0.10000	0.05265	0.195	-0.2352	0.0352
	3	2	-0.10000	0.05561	0.229	-0.2412	0.0412

续表

因变量	(I) 分组	(J) 分组	均值差 (I-J)	标准误	显著性	95% 置信区间 下限	95% 置信区间 上限
题 9.2	1	2	0.10000	0.05779	0.259	-0.0470	0.2470
	1	3	0.12500	0.05975	0.132	-0.0272	0.2772
	2	1	-0.10000	0.05779	0.259	-0.2470	0.0470
	2	3	0.02500	0.07587	0.983	-0.1645	0.2145
	3	1	-0.12500	0.05975	0.132	-0.2772	0.0272
	3	2	-0.02500	0.07587	0.983	-0.2145	0.1645
题 10.1	1	2	0.03750	0.10042	0.976	-0.2145	0.2895
	1	3	0.21250	0.09658	0.099	-0.0293	0.4543
	2	1	-0.03750	0.10042	0.976	-0.2895	0.2145
	2	3	0.17500	0.11684	0.369	-0.1169	0.4669
	3	1	-0.21250	0.09658	0.099	-0.4543	0.0293
	3	2	-0.17500	0.11684	0.369	-0.4669	0.1169
题 10.2	1	2	0.00000	0.06410	1.000	-0.1602	0.1602
	1	3	0.05000	0.07629	0.887	-0.1426	0.2426
	2	1	0.00000	0.06410	1.000	-0.1602	0.1602
	2	3	0.05000	0.08507	0.915	-0.1630	0.2630
	3	1	-0.05000	0.07629	0.887	-0.2426	0.1426
	3	2	-0.05000	0.08507	0.915	-0.2630	0.1630

实验二 WDCT 后测单项得分 ANOVA 分析

因变量	(I) 分组	(J) 分组	均值差 (I-J)	标准误	显著性	95% 置信区间 下限	95% 置信区间 上限
题 1	1	2	0.07692	0.05329	0.410	0.0000	0.0000
	1	3	0.66129*	0.07824	0.000	0.4635	0.8591
	2	1	-0.07692	0.05329	0.410	0.0000	0.0000
	2	3	0.58437*	0.09467	0.000	0.4635	0.8591
	3	1	-0.66129*	0.07824	0.000	-0.8591	-0.4635
	3	2	-0.58437*	0.09467	0.000	-0.8591	-0.4635

续表

因变量	（I）分组	（J）分组	均值差（I-J）	标准误	显著性	95%置信区间 下限	95%置信区间 上限
题2	1	2	0.07372	0.07089	0.665	-0.1178	0.1883
题2	1	3	0.87769*	0.06068	0.000	0.7277	1.0277
题2	2	1	-0.07372	0.07089	0.665	-0.1883	0.1178
题2	2	3	0.80397*	0.08206	0.000	0.6584	1.0265
题2	3	1	-0.87769*	0.06068	0.000	-1.0277	-0.7277
题2	3	2	-0.80397*	0.08206	0.000	-1.0265	-0.6584
题3	1	2	0.49786*	0.11890	0.000	0.2028	0.7929
题3	1	3	0.72491*	0.08885	0.000	0.5071	0.9427
题3	2	1	-0.49786*	0.11890	0.000	-0.7929	-0.2028
题3	2	3	0.22705	0.11779	0.171	-0.0657	0.5198
题3	3	1	-0.72491*	0.08885	0.000	-0.9427	-0.5071
题3	3	2	-0.22705	0.11779	0.171	-0.5198	0.0657
题4	1	2	0.54167*	0.10352	0.000	0.2874	0.7959
题4	1	3	0.31586*	0.12740	0.047	0.0028	0.6290
题4	2	1	-0.54167*	0.10352	0.000	-0.7959	-0.2874
题4	2	3	-0.22581	0.12142	0.192	-0.5256	0.0740
题4	3	1	-0.31586*	0.12740	0.047	-0.6290	-0.0028
题4	3	2	0.22581	0.12142	0.192	-0.0740	0.5256
题5	1	2	-0.02778	0.01936	0.408	-0.0763	0.0208
题5	1	3	0.45609*	0.09327	0.000	0.2214	0.6908
题5	2	1	0.02778	0.01936	0.408	-0.0208	0.0763
题5	2	3	0.48387*	0.09124	0.000	0.2532	0.7146
题5	3	1	-0.45609*	0.09327	0.000	-0.6908	-0.2214
题5	3	2	-0.48387*	0.09124	0.000	-0.7146	-0.2532
题6	1	2	-0.38889*	0.07996	0.000	-0.5894	-0.1884
题6	1	3	0.25627	0.11379	0.081	-0.0227	0.5352
题6	2	1	0.38889*	0.07996	0.000	0.1884	0.5894
题6	2	3	0.64516*	0.08097	0.000	0.4404	0.8499
题6	3	1	-0.25627	0.11379	0.081	-0.5352	0.0227
题6	3	2	-0.64516*	0.08097	0.000	-0.8499	-0.4404

续表

因变量	(I) 分组	(J) 分组	均值差 (I-J)	标准误	显著性	95%置信区间 下限	95%置信区间 上限
题7	1	2	0.25641	0.11548	0.092	-0.0306	0.5434
		3	0.22043	0.09933	0.089	-0.0238	0.4647
	2	1	-0.25641	0.11548	0.092	-0.5434	0.0306
		3	-0.03598	0.12672	0.989	-0.3490	0.2770
	3	1	-0.22043	0.09933	0.089	-0.4647	0.0238
		2	0.03598	0.12672	0.989	-0.2770	0.3490
题8	1	2	0.60684*	0.09217	0.000	0.3724	0.8412
		3	0.87545*	0.09869	0.000	0.6270	1.1239
	2	1	-0.60684*	0.09217	0.000	-0.8412	-0.3724
		3	0.26861	0.13224	0.135	-0.0570	0.5943
	3	1	-0.87545*	0.09869	0.000	-1.1239	-0.6270
		2	-0.26861	0.13224	0.135	-0.5943	0.0570
题9.1	1	2	0.58226*	0.09715	0.000	0.3344	0.8301
		3	1.03450*	0.07227	0.000	0.8525	1.2165
	2	1	-0.58226*	0.09715	0.000	-0.8301	-0.3344
		3	0.45223*	0.11948	0.001	0.1566	0.7479
	3	1	-1.03450*	0.07227	0.000	-1.2165	-0.8525
		2	-0.45223*	0.11948	0.001	-0.7479	-0.1566
题9.2	1	2	0.54487*	0.10127	0.000	0.2950	0.7947
		3	0.89785*	0.09871	0.000	0.6555	1.1402
	2	1	-0.54487*	0.10127	0.000	-0.7947	-0.2950
		3	0.35298*	0.10983	0.007	0.0824	0.6236
	3	1	-0.89785*	0.09871	0.000	-1.1402	-0.6555
		2	-0.35298*	0.10983	0.007	-0.6236	-0.0824
题10.1	1	2	0.52030*	0.09754	0.000	0.2803	0.7603
		3	0.93593*	0.10054	0.000	0.6891	1.1827
	2	1	-0.52030*	0.09754	0.000	-0.7603	-0.2803
		3	0.41563*	0.07921	0.000	0.2206	0.6107
	3	1	-0.93593*	0.10054	0.000	-1.1827	-0.6891
		2	-0.41563*	0.07921	0.000	-0.6107	-0.2206

续表

因变量	(I) 分组	(J) 分组	均值差 (I-J)	标准误	显著性	95% 置信区间 下限	95% 置信区间 上限
题10.2	1	2	0.31944*	0.11630	0.024	0.0334	0.6055
	1	3	0.71461*	0.09869	0.000	0.4724	0.9568
	2	1	-0.31944*	0.11630	0.024	-0.6055	-0.0334
	2	3	0.39516*	0.10220	0.001	0.1418	0.6485
	3	1	-0.71461*	0.09869	0.000	-0.9568	-0.4724
	3	2	-0.39516*	0.10220	0.001	-0.6485	-0.1418

实验二 MDCT 后测单项得分 ANOVA 分析

因变量	(I) 分组	(J) 分组	均值差 (I-J)	标准误	显著性	95% 置信区间 下限	95% 置信区间 上限
题1	1	2	0.01496	0.06582	0.994	-0.1479	0.1779
	1	3	0.40950*	0.08367	0.000	0.2020	0.6170
	2	1	-0.01496	0.06582	0.994	-0.1779	0.1479
	2	3	0.39454*	0.09201	0.000	0.1676	0.6215
	3	1	-0.40950*	0.08367	0.000	-0.6170	-0.2020
	3	2	-0.39454*	0.09201	0.000	-0.6215	-0.1676
题2	1	2	0.17949	0.08922	0.145	0.0368	0.5145
	1	3	0.75269*	0.06041	0.000	0.6046	0.9007
	2	1	-0.17949	0.09570	0.145	-0.5145	-0.0368
	2	3	0.57320*	0.08741	0.000	0.2417	0.7124
	3	1	-0.75269*	0.06041	0.000	-0.9007	-0.6046
	3	2	-0.57320*	0.08741	0.000	-0.7124	-0.2417
题3	1	2	0.25534*	0.08077	0.012	0.0495	0.4612
	1	3	0.27643*	0.07381	0.002	0.0906	0.4623
	2	1	-0.25534*	0.08077	0.012	-0.4612	-0.0495
	2	3	0.02109	0.10764	0.996	-0.2443	0.2865
	3	1	-0.27643*	0.07381	0.002	-0.4623	-0.0906
	3	2	-0.02109	0.10764	0.996	-0.2865	0.2443

续表

因变量	（I）分组	（J）分组	均值差（I-J）	标准误	显著性	95%置信区间 下限	95%置信区间 上限
题4	1	2	-0.10470	0.07223	0.391	-0.2821	0.0727
		3	0.07706	0.08259	0.731	-0.1256	0.2797
	2	1	0.10470	0.07223	0.391	-0.0727	0.2821
		3	0.18176	0.07830	0.071	-0.0112	0.3748
	3	1	-0.07706	0.08259	0.731	-0.2797	0.1256
		2	-0.18176	0.07830	0.071	-0.3748	0.0112
题5	1	2	-0.05662	0.07871	0.855	-0.2501	0.1369
		3	0.25045*	0.08421	0.012	0.0438	0.4571
	2	1	0.05662	0.07871	0.855	-0.1369	0.2501
		3	0.30707*	0.08415	0.002	0.0998	0.5143
	3	1	-0.25045*	0.08421	0.012	-0.4571	-0.0438
		2	-0.30707*	0.08415	0.002	-0.5143	-0.0998
题6	1	2	-0.07906	0.08364	0.723	-0.2846	0.1265
		3	0.16039	0.08373	0.169	-0.0448	0.3656
	2	1	0.07906	0.08364	0.723	-0.1265	0.2846
		3	0.23945*	0.08151	0.014	0.0387	0.4402
	3	1	-0.16039	0.08373	0.169	-0.3656	0.0448
		2	-0.23945*	0.08151	0.014	-0.4402	-0.0387
题7.1	1	2	0.26603*	0.08459	0.011	0.0531	0.4789
		3	0.44220*	0.06238	0.000	0.2879	0.5965
	2	1	-0.26603*	0.08459	0.011	-0.4789	-0.0531
		3	0.17618	0.09571	0.201	-0.0610	0.4134
	3	1	-0.44220*	0.06238	0.000	-0.5965	-0.2879
		2	-0.17618	0.09571	0.201	-0.4134	0.0610
题7.2	1	2	0.15705	0.08234	0.178	-0.0478	0.3619
		3	0.32392*	0.06206	0.000	0.1717	0.4762
	2	1	-0.15705	0.08234	0.178	-0.3619	0.0478
		3	0.16687	0.08462	0.156	-0.0432	0.3769
	3	1	-0.32392*	0.06206	0.000	-0.4762	-0.1717
		2	-0.16687	0.08462	0.156	-0.3769	0.0432

续表

因变量	（I）分组	（J）分组	均值差（I-J）	标准误	显著性	95% 置信区间 下限	95% 置信区间 上限
题8	1	2	0.12286	0.07436	0.289	-0.0638	0.3095
		3	0.15636	0.06731	0.073	-0.0108	0.3235
	2	1	-0.12286	0.07436	0.289	-0.3095	0.0638
		3	0.03350	0.09139	0.977	-0.1919	0.2589
	3	1	-0.15636	0.06731	0.073	-0.3235	0.0108
		2	-0.03350	0.09139	0.977	-0.2589	0.1919
题9.1	1	2	0.23932*	0.09288	0.041	0.0073	0.4714
		3	0.37455*	0.07585	0.000	0.1876	0.5615
	2	1	-0.23932*	0.09288	0.041	-0.4714	-0.0073
		3	0.13524	0.10418	0.489	-0.1223	0.3928
	3	1	-0.37455*	0.07585	0.000	-0.5615	-0.1876
		2	-0.13524	0.10418	0.489	-0.3928	0.1223
题9.2	1	2	0.25214*	0.07076	0.003	0.0756	0.4287
		3	0.29928*	0.07050	0.000	0.1247	0.4739
	2	1	-0.25214*	0.07076	0.003	-0.4287	-0.0756
		3	0.04715	0.08816	0.934	-0.1700	0.2643
	3	1	-0.29928*	0.07050	0.000	-0.4739	-0.1247
		2	-0.04715	0.08816	0.934	-0.2643	0.1700
题10	1	2	0.07692	0.05329	0.410	-0.0594	0.2133
		3	0.16129	0.06715	0.067	-0.0085	0.3311
	2	1	-0.07692	0.05329	0.410	-0.2133	0.0594
		3	0.08437	0.08573	0.698	-0.1269	0.2956
	3	1	-0.16129	0.06715	0.067	-0.3311	0.0085
		2	-0.08437	0.08573	0.698	-0.2956	0.1269

后 记

时光如水，日月如梭，我来到厦门已经十个年头了。十年前，我只身来厦工作，举目无亲，如今我已在此安家立业；十年前，一个站在学术研究门外向内张望的懵懂少年，如今已成长为一名逐渐学会独立思考的青年教师，其中的酸甜苦辣非未经历之人所能体会。婉转迂回走到今天，离不开师长、朋友、亲人一路上的提携与帮助。回首往事，感激之情难以言表，谨以此书作为我对工作单位集美大学及母校厦门大学知遇之恩的涓滴回报。

本书源自我的博士毕业论文。在此首先衷心感谢我的导师郑通涛教授。尽管政务缠身、工作繁忙，在我读博期间，郑老师仍然对我的毕业论文进行了悉心指导和严格把关。是郑老师引导我开始了对语用学和汉语教学的探索，使我的学术视野更加广阔，并让我找到了自己的研究兴趣所在。郑老师善于启发、鼓励学生在科研道路上大胆探索、勇于创新，不循规蹈矩，使我更加深刻地体会到了学术研究的意义。老师精益求精的工作作风、严谨求实的治学精神、直爽率真的处事风格，深深感染了我，使我增强了不畏艰险的力量和追求真理的勇气。在未来的学术道路上，我将铭记恩师教诲，认真读书，踏实钻研，努力进取。

我还要特别感谢李如龙教授。李先生是我曾经只能遥遥仰望的语言学大师，博士在读期间能有机会聆听先生的教诲，使我在深感荣幸的同时也深受启发。先生为人坦荡豁达，学识渊博，学术思想开阔，有海纳百川的气度，他身上体现出的大家风范令我由衷地敬重，先生的言行也让我看到了一个令人肃然起敬的灵魂。除了学习上的指导和影响，李老师和师母在我生活上遇到困难和困扰的时候也会伸出援助之手，两位前辈的宽容善良所给予我的温暖，我将终生感念，并尽量传播给更多的人。此外，还要感谢厦门大学的方环海教授。方老师幽默睿智，擅长西方理论，对我的博士论文提出了很多宝贵意见。

感谢我的硕士导师杨文全教授一直以来的关心和帮助。是杨老师的引导和激励使我踏上科学研究之路，在我工作和读博期间，杨老师还时常关心我的生活和学习，令我非常感动。

感谢集美大学文学院为我提供了我所热爱的工作机会与和谐的工作环境，在这里，我有幸遇到了真诚友善的领导和同事。感谢苏涵教授和夏敏教授在我读博期间的关心和照顾，感谢张克锋教授和付义荣教授在本书出版过程中的无私帮助，感谢各位同仁在我工作成长过程中的友善和支持。

为了完成此次研究，我做了两次教学实验和大量问卷调查。感谢厦门大学海外教育学院和集美大学海外教育学院给我提供了进行教学实验的班级和条件，感谢叶衍、梁明珠帮助我实施了第二次教学实验，感谢太原市杏花岭区第四中学的李晓鸣老师协助我进行问卷调查，谢谢我的外国学生和中国学生在问卷调查中给予的配合。

读博深造期间，我还结识了不少好朋友，与何山燕、杜迎洁、刘杨、臧胜楠、胡兴莉、李康澄、曹祝兵、杨杏红、罗春英、杨正超等同学共同度过的欢乐时光令人难忘，我想说："认识你们真好！"尤其要感谢同门何山燕博士，她像亲人一样关心照顾我，我们在学习和生活中相互扶持，相互鼓励，结下了深厚的情谊。

本书得以出版，要特别感谢中国社会科学出版社，尤其是任明老师的支持和帮助。审稿编辑极度认真细致的审校，令我在深受感动的同时也深感惭愧。书中如有任何纰漏，由我本人承担全部责任。

最后，我还想对我的家人表达感谢。我的丈夫沈惠平博士在生活中主动承担了大量的家务，在工作和学习中也给我提供了很多意见和建议，如果没有他的敦促和鼓励，也许我还在原地止步不前。在本书积淀修改期间，我们迎来了上天恩赐的小天使。女儿的降临给我们的生活带来了更多的欢声笑语，也使我体会到为人母的艰巨责任。远在山西的父母为了让我仍有较多的时间精力工作学习，不远千里专程来厦帮我照看孩子，姐姐姐夫也在各方面给了我很大的帮助，他们永远都是我前进道路上最坚实的后盾。

由于本人才疏学浅，虽已尽全力，但书中难免存在粗浅之见和疏漏之处，敬请方家批评指正。学术研究之路漫长而艰辛，我才刚刚踏上征程。我想，我要做的是积极、乐观、健康、坚强、奋斗、向前，努力走好未来人生的每一步。

董于雯
2015 年 9 月于厦门家中